플랫폼과 공정거래

유민총서
30

플랫폼과 공정거래

박세환 지음

홍진기법률연구재단

머리말

필자는 감사하게도 공정위에서 근무하던 중에 프랑스에서 공부할 수 있는 기회를 부여받았다. 박사논문을 프랑스 현지에서 출판한 저자의 첫 책인 "Les abus de puissance économique dans les relations commerciales déséquilibrées", L'Harmattan(Paris, 2018) (번역: 불균등한 상거래관계에서의 경제력 남용행위)은 불공정거래행위를 강하게 규제하는 프랑스, EU, 대한민국을 비교법적으로 연구한 것이었다.

필자가 공정위에서 근무할 때나, 프랑스에서 체류할 때는 온라인 플랫폼이 한창 성장하던 시기였고, 여전히 대형 제조사업자와 오프라인 유통사업자가 주도권을 잡고 있던 때였다. 자연스럽게 필자의 실무나 연구에 있어서 온라인 플랫폼이 차지하는 비중이 당시에는 작았다. 그러한 이유로 필자가 플랫폼 관련 공정거래법 전문가인지에 대해서는 머뭇거려지는 것이 사실이다.

그런데 '플랫폼의 부상'이라는 시대상이 반영된 것일까. 학교로 온 뒤 최근 5년간의 연구물을 되새겨보니, 플랫폼과 관련된 논문, 발표, 토론, 회의가 유난히 많았다. 이 책은 필자의 최근 5년간의 플랫폼 관련 연구물을 수정·보완하고 부족한 부분을 새로이 추가한 것이다. 이 책의 집필 과정에서 플랫폼과 관련된 공정거래 정책, 법, 이론에 대한 논의는 양적으로나 질적으로나 빠르게 발전하고 변하고 있음을 확인하게 되었다. 그래서 2~3년 전에 기술하였던 글을 업데이트함에 있어서도 주의를 필요로 하였다.

'플랫폼과 공정거래' 책은 플랫폼의 지위에서 시작하여, 실체법상 쟁점인 시장지배적지위남용행위, 그 중에서도 착취남용, 불공정거래행위 중 경영간섭, 다크패턴을 검토한 후 절차법상 쟁점인 자율규제, 동의의결, 구조적 조치, EU Digital Markets Act의 집행에 대해서 기술하고 있다. 필자가 유럽에서 공부하였기에 내용적으로 이 책은 미국에서의 논의보다는 EU와 프랑스에서 논의된 내용이 많은 편이다. 물론 유럽의 법제도를 우리나라에 그대로 무비판적으로 들여와야 한다고 주장하면 안 될 것이지만, 우리나라 법체계(성문법), 법이론, 국민의 법감정에 가까운 유럽의 경우에 대해서 정확하게 이해할 필요는 있을 것이다. 그동안 우리나라의 비교 경쟁법은 미국 중심으로 다소 기울어져 있었는데 앞으로는 미국과 유럽이 균형점을 찾을 것으로 기대한다.

책 발간을 지원해주신 홍진기법률연구재단과 꼼꼼하게 편집·교정을 해주신 경인문화사에게 감사하다. 그리고 어려운 학자의 길을 갈 수 있게 지원하고 지지해 준 가족에게 감사를 표한다. 주제나 분량상으로는 한 권의 책의 형태를 이루게 되었지만, 이번에 책을 출간하다보니 필자가 플랫폼 연구에서 분발할 점이 많음을 새삼 깨닫는다. 플랫폼에 관련한 주요 쟁점, 최신 판례, 새로운 법안들이 우리나라에 속속 등장하고 있어 이들을 계속해서 주시하여야 한다. 플랫폼뿐만 아니라 다른 분야에 있어서도 경쟁법 학자로서 균형 잡힌 시각으로 연구를 해나가고 싶다.

차 례

제1장

플랫폼의 이중적 지위

플랫폼 규율 방향성에 대한 논란이 많은 바, 플랫폼이 어떠한 지위를 가지는가는 플랫폼 규율에 있어서 논의의 출발점이 된다. 또한 플랫폼의 지위 문제는 관심이 집중되고 있는 자사우대와도 관련이 있다. 그런데 플랫폼은 중개자와 판매자 역할을 겸하는 경우가 많다는 특징이 있다. 즉, 수직통합된 플랫폼은 중개자이자 판매자로서의 이중적 지위를 가지는 경우가 많은바, 이 경우 필연적으로 상당한 이해상충 우려가 발생하기 때문에 플랫폼으로써는 이러한 우려를 불식시키기 위해서 많은 노력을 끊임없이 기울여야 할 운명이고, 이러한 노력이 미진할 경우에는 언제든지 강한 사후·사전 규제론이 부상할 것으로 예상한다. 아래에서는 미국의 뉴 브랜다이즈 운동과 EU의 DMA를 간략히 이야기하고, 플랫폼의 지위를 정리한다.

Ⅰ. 중개자이자 판매자: 이해상충

플랫폼의 지위와 역할에 대한 논란은 공급자와 중개자 역할을 동시에 수행하는 플랫폼의 이중적 지위에서 비롯되는 이해상충 문제에서 뿌리를 찾을 수 있다. 플랫폼이 자신의 플랫폼에서 관련 상품·서비스를 직접 제공하는 경우 해당 시장에서 공급자 역할을 하게 되는데, 플랫폼은 본연의 중개자 역할도 동시에 수행하기 때문에 플랫폼은 이중적 지위를 가지게 된다. 즉, 플랫폼은 '제3의 사업자를 위한 중개 사업자 역할'과 '직접 상품이나 서비스를 제공하는 사업자' 역할을 병행하는 이중적 지위를 가진다. 결과적으로 플랫폼은 입점사업자의 거래상대방이면서 동시에 그의 경쟁사업자가 된다. 이처럼 이중적 지위를 가지는 플랫폼의 경우, 플랫폼 내 알고리즘 설정이나 노출 방식 결정 등과 관련하여 경쟁사업자이자 동시에 자신의 서비스를 이용하는 거래상대방과의 관계에서 이해상충 문제가 발생하기 쉽다. 특히 시장점유율이 높고 이용자가 많아 지배력이 큰 대형 플랫폼일수록 이러한 이해상충 문제가 커진다. 예컨대 시장지배적인 지위를 가진 플랫폼 사업자가 알고리즘을 수시로 변경하였는데 이를 통하여 해당 사업자의 지위가 강해지고 자사상품 혹은 서비스의 매출과 비중이 증가했다면 이해상충에 대한 우려와 비판이 커질 수 있다.

다만, 여기에서 플랫폼이 중개자 및 공급자라는 이중적 지위를 가지고 이로 인하여 이해상충 문제가 발생할 수 있다고 지적하는 것은, 상품·서비스 공급자로서의 지위를 가지는 플랫폼이 규칙의 제정·운영자로서 타인의 영업활동을 자의적으로 좌지우지한다고 보는 것과는 의미가 다소 다르다. 후자의 입장으로는 미국의 Elizabeth Warren 상원의원이 2021. 10.14. 아마존과 다른 중소기업간의 불균형 문제를 언급하면서, "당신은 심판이 될 수도 있고, 선수가 될 수도 있지만 - 둘 다 동시에 될 수는 없다"고 언급한 것을 들 수 있다.[1] 또한 우리나라에서도 EU와 미국에서는 플랫폼 사업자가 '심판(노출순위 결정)'과 '선수(플랫폼 이용업체와 상품·서비스 판매 경쟁)' 지위를 겸하는 이해상충을 막기 위하여 강력한 규제안을 마련하고 있다고 보거나,[2] 플랫폼 사업자의 자사우대 규제 필요성과 관련하여, 검색 알고리즘과 화면 노출방식이라는 경기 규칙을 설정하

1) "You can be an umpire, or you can be a player-but you can't be both". https://twitter.com/ewarren/status/1448735964927610882.

2) 강지원, "빅테크 규율 강화하는 미국과 EU", 「나라경제」 해외입법동향, KDI경제정보센터(372권, 2021.11), 16면. 최은진, "온라인플랫폼법(안)의 향방과 주요국의 플랫폼 규제 동향", 「상사법연구」, 한국상사법학회(제41권 제1호, 2022), 157면.

고 운영하는 '심판'인 동시에 해당 규칙 내에서 상품·서비스 제공 경쟁에 참가하는 '선수' 역할을 하는 플랫폼 사업자는 '특별한 책임'이 있다고 보기도 하는데[3], 이 역시 후자의 입장에 가깝다. 비슷한 취지에서, 거대 플랫폼들은 심판과 선수 역할을 겸하는 이중적 지위를 악용하여 노출순서 조작 등 자기에게 유리한 방식으로 경쟁을 왜곡하기도 한다는 지적이 있었다. 이하에서는 플랫폼을 강력하게 규율하고자 하는 미국의 뉴 브랜다이즈 사상과 EU의 Digital Market Act를 간략히 살펴보고, 플랫폼의 지위를 검토한다.

II. 미국에서의 플랫폼 독과점 방지 움직임과 플랫폼의 지위

1. 미국의 뉴 브랜다이즈 운동(new Brandeis movement)

뉴 브랜다이즈 운동은 반독점법에 있어서 시카고 학파와의 결별을 선언하고 대기업에 대한 강력한 규제론를 주장했던 브랜다이스의 사상을 따르는 학군 운동이다. 소비자 후생과 효율성을 강조하는 시카고 학파와 달리, 뉴브랜다이즈는 미국의 반독점 법제가 거대 플랫폼의 독점 문제에 대하여 제대로 기능하지 못하고 있다고 비판한다.[4] 뉴 브랜다이즈의 대

3) 강지원·임지영, "온라인 플랫폼 사업자의 자사우대에 대한 경쟁법상 허용 범위의 한계 - 네이버쇼핑 사건과 EU Google Shopping 사건, 영국 Streetmap 사건을 중심으로 -", 「경쟁법연구」, 한국경쟁법학회(제44권, 2021), 178, 217면.

4) 정혜련, "주요국의 온라인 플랫폼 규제 동향", 「법학논총」, 단국대학교 법학연구소(제46권 제1호, 2022), 35면. 지인엽·전주용, "플랫폼 경제와 최근의 미국 내 반독점 관련 논의 : 뉴 브랜다이스(New Brandeis) 운동을 중심으로", 「산업조직연구」, 한국산업조직학회(제29권 6호, 2021), 47-50면.

표자로는 Lina Khan, Tim Wu 교수와 Jonathan Kanter 변호사를 들 수 있다. 특히 2019년 민주당 대선 경선에 나섰던 Elizabeth Warren 상원의원이 Lina Khan의 Amazon's Antitrust Paradox(2017) 논문을 언급하면서 아마존의 분할을 공약으로 삼음에 따라 Lina Khan의 주장은 사회적으로 상당한 반향을 일으켰었다.[5] 나아가 미국 미국 바이든 정부가 2021년 Lina Khan을 경쟁당국(FTC) 위원장으로, Tim Wu를 백악관 국가경제 위원회 보좌관으로, Jonathan Kanter 변호사를 법무부 반독점국 차관보로 각각 임명함에 따라,[6] 바이든 정부에서는 뉴 브랜다이즈 인사가 미국 경쟁법 집행 실무에 있어서 중요한 역할을 하였다.

뉴 브랜다이즈 연구자들은 기존의 소비자후생 원리 대신 경쟁의 보호 원리를 제안하고, '경쟁의 결과'보다는 '경쟁의 과정'과 '시장의 구조'를 중시한다. 또한 뉴 브랜다이즈는 반독점은 민주주의하에서 사회를 구성하는 중요한 도구이자 토대에 해당한다고 보면서, 독점규제에 있어서 경제적 고려 외에 사회·정치적 목표도 반영해야 한다고 주장한다.[7]

2. 미국의 플랫폼 규제 법안(2021)

이러한 뉴 브랜다이즈 운동의 영향을 받아 미국에서는 2021년에 거대 플랫폼 사업자의 독과점을 강력하게 규제하는 법안들이 제출된 바 있다: 'The Ending Platform Monopolies Act', 'The American Innovation and Choice Online Act', 'The Platform Competition and Opportunity Act', 'The

5) 지인엽·전주용, 위의 글, 49-50, 58면.

6) 정혜련, 위의 글, 35면.

7) 지인엽·전주용, 위의 글, 49-50, 56면 이하. 정인석, "디지털플랫폼의 규제와 경쟁정책에 관한 고찰", 「산업조직연구」 한국산업조직학회(제29권 제2호, 2021), 2-8면. 정혜련, 위의 글, 35면.

Augmenting Compatibility and Competition by Enabling Service Switching Act'. 위 법안들은 월간 사용자 수·월간 이용사업자 수·연간 매출액 또는 시가 총액이나 핵심 거래상대방 여부 같은 요건을 충족하는 'covered platform'에 대해서 사업확장 제한 같은 사전규제를 포함한 다양한 의무를 부담시키고 운영자의 차별행위를 금지하였으며 이해상충 문제에 대하여 규정하였다.[8] 그런데 위 법안들은 2021.6.25. 하원 법제사법위원회 통과 후 진행이 정체되다가 임기만료로 폐기되었다.

3. 미국 뉴 브랜다이즈에서의 플랫폼의 지위

위에서 본 바와 같이 뉴 브랜다이즈는 소비자후생 증가를 중시하는 기존의 시카고 학파를 비판하고 빅테크에 대한 규제 강화를 주장한 바 있다. 예컨대 Tim Wu는 소비자 후생에 대한 대안으로 '경쟁보호 기준'을 제시하면서 경제학적 개념에 전적으로 의존하기 보다는 사회·정치적 가치까지 고려하는 '경쟁 보호기준'에 기초하여 위법성을 판단하여야 한다고 주장한 바 있다.[9] 그런데 Tim Wu가 측정이 사실상 불가능한 소비자 후생기준과 비교할 때 경쟁보호기준은 시장참여자들 입장에서 보다 구체적이라고 주장하면서 다음의 예를 제시하였다는 점을 참고할만하다: "축구경기를 관람하러 온 관중(소비자)의 후생은 측정할 수 없지만 심판(규제자)에게 축구팀(기업)의 경기가 경쟁적으로 진행되도록 요구하는 것은 현실적이고 가능하다"[10]. 이처럼 뉴 브랜다이즈 학자도 축구경기를

8) 모준성·고수윤, "미국의 온라인 플랫폼 규제 동향과 시사점 -미 연방하원 법제사법위원회의 디지털 경쟁 조사를 중심으로-", 「외법논집」, 한국외국어대학교 법학연구소(제45권 제4호, 2021), 15-17면, 정혜련, 위의 글, 48-50면, 최은진, 위의 글, 156-158면.

9) 지인엽·전주용, 위의 글, 60-61면 인용.

예로 들면서 소비자=관중, 사업자=축구팀, 규제자=심판이라고 이야기 하고 있다. 즉, 규제자인 입법·행정·사법부가 심판에 해당하고 플랫폼 사업자는 축구팀에 해당한다고 본 것이다.

Ⅲ. EU에서의 플랫폼 독과점 방지 움직임과 플랫폼의 지위

EU에서는 온라인 플랫폼의 지위를 어떻게 바라보고 있는지를 EU Digital Markets Act(이하 'DMA')를 중심으로 검토해 본다.

1. EU의 DMA 제정

EU 의회는 '게이트키퍼'(Gatekeeper) 역할을 하는 빅테크 기업들의 남용행위를 방지하고 경쟁을 강화하기 위한 다양한 사전규제를 도입하는 DMA를 2022.7.5. 압도적인 표차로 통과시켰다. DMA는 온라인 검색엔진 같은 특정 온라인 서비스를 '핵심 플랫폼 서비스'(core platform service)라고 명명하고 이러한 서비스를 제공하는 플랫폼 사업자 중에서 '게이트키퍼'를 지정하여 각종 의무와 금지를 부과하는 체계를 택하고 있다(art 2.2). 이어서 DMA는 게이트키퍼(지배적인 지위를 가져서 소비자가 해당 플랫폼을 피하기 어렵게 만들 수 있는 플랫폼)에 대한 다양한 'DO', 'DO NOT' 의무 리스트를 설정하였다.

DMA는 전문에서 핵심 플랫폼 서비스, 게이트키퍼, 입법 이유 등에 대

10) Wu, Tim(2018), "The Curse of Bigness: Antitrust law in the New Gilded Age". 지인엽·전주용, 위의 글, 61면에서 재인용.

하여 기재하고 있다. 그런데 DMA의 전문이나 개별 조문은 플랫폼이 어떠한 특별한 지위를 차지하고 있다고 직접적으로 정의를 내리고 있지는 아니하다. 예를 들어 DMA Article 1~31뿐만 아니라 전문의 플랫폼 규제 이유와 방향에 관한 설명 부분에서도 심판에 해당하는 referee, umpire, judge 같은 용어는 등장하지 아니하고 있다. 대신에 DMA는 플랫폼 사업자의 수직통합을 '핵심 플랫폼 서비스'나 게이트키퍼의 주요한 특징 중의 하나로 언급하고 있고, DMA는 자사우대 행위와 관련해서 이해상충 문제와 플랫폼의 중개자와 공급자로서의 이중적 지위를 강조하고 있다.

2. DMA에서의 수직통합과 자사우대

DMA는 '수직통합'은 '핵심 플랫폼 서비스(core platform service)'와 '게이트키퍼 플랫폼'이 가지는 주요 특징(초대형규모, 대기업집단 구조, 강한 네트워크 효과, 이용자들의 플랫폼에 대한 의존성, lock-in 효과, 멀티호밍 부족 등) 중 하나에 해당한다고 보고 있다(2, 25, 51). 게이트키퍼 플랫폼은 수직통합 형태를 이루는 경우가 많은데, 게이트키퍼 플랫폼은 최종 이용자에게 상품·용역을 제공함에 있어서 자기 자신의 핵심 플랫폼 서비스를 통하여 제공하거나 게이트키퍼가 통제하는 비즈니스 이용자를 통하여 제공하기도 하는바, 이 과정에서 종종 이해상충 문제를 발생시키게 된다(51). 이처럼 DMA는 수직통합을 '핵심 플랫폼 서비스'와 게이트키퍼 플랫폼의 주요 특징 중 하나라고 보면서 이로 인하여 이해상충이 발생할 수 있음을 지적하고 있으나, 그렇다고 해서 거대 플랫폼의 수직통합 자체를 금지하고 있는 것은 아니다.

DMA Article 6.5의 자사우대 조항도 플랫폼의 지위와 관련이 있는 바, Article 6.5에 따라 게이트키퍼는 순위, 색인, 크롤링에 있어서 자신이 제공하는 상품과 서비스를 제3자의 유사한 상품과 서비스보다 유리하게 대우하면 아니 된다. 게이트키퍼는 이러한 순위에 있어서 투명하고 공정하며 비차별적인 조건을 적용해야 한다. 그리하여 게이트키퍼는 법적·상업적·기술적 수단을 막론하고 핵심 플랫폼 서비스상의 순위, 연관 색인, 크롤링에 있어서 어떠한 형태로든 게이트키퍼가 직접 공급하거나 자신이 통제하는 비즈니스 유저를 통한 상품·서비스가 유리하도록 차별취급하거나 우대를 해서는 아니 된다. 위와 같은 의무가 실효성을 가지기 위해서는 이러한 순위에 적용되는 조건들이 일반적으로 공정하고 투명해야 한다(52).

3. DMA에서의 플랫폼의 이중적 지위(중개자 및 공급자)

플랫폼의 지위에 대하여, DMA는 중개자이자 공급자의 이중적 지위를 가진다고 직접 명시하고 있어 주목할만하다. 플랫폼이 상품이나 서비스를 직접 제공하기도 하는 경우, 해당 플랫폼은 시장에서 공급자 역할을 하면서 플랫폼 본연의 기능인 '중개자' 역할도 동시에 수행하게 되는데 그 결과 해당 플랫폼은 이중적 지위를 보유하게 된다. 이 문제에 있어서 DMA는 전문 하단에서 명시적으로 게이트키퍼는 제3의 사업자를 위한 중개자로서의 역할과 상품이나 서비스를 직접 공급하는 사업자로서의 역할이라는 이중적 지위를 가진다고 밝히고 있다(51).

IV. 정리

1. 공급자 및 중개자 역할에 주목하여야

플랫폼의 지위에 대한 이론적 논의는, 게이트키퍼 플랫폼의 주요 특징인 수직통합에 주목하면서, 플랫폼은 '제3의 사업자를 위한 중개 사업자 역할'과 '직접 상품이나 서비스를 제공하는 사업자' 역할을 동시에 하는 이중적 지위를 가지므로 이해상충이 발생할 가능성이 크므로 이에 유의할 필요가 있다는 점에서 출발함이 적절해 보인다. 이는 상품·서비스를 직접 공급하는 플랫폼이 심판으로써 플랫픔 내 영업활동을 임의로 좌지우지한다고 보는 것과는 관점이 다소 다르다. 위에서 본 바와 같이 DMA도 게이트키퍼의 수직통합을 주시하면서 게이트키퍼는 중개자 및 공급사업자라는 이중적 지위를 가진다고 명시하고 있고, 뉴 브랜다이즈 법학자인 Tim Wu 교수도 축구경기를 예로 들면서 규제자인 입법·행정·사법부가 심판에 해당하고 플랫폼 사업자는 축구팀에 해당한다고 지적한 바 있다.[11] 따라서 플랫폼이 규칙을 임의로 정하고 판단하는 심판 역할을 한다는 주장이 해외에서 일반적으로 받아들여진다고 보기는 어렵다.

개인적으로는 플랫폼의 이중적 지위(중개자-공급자)와 이해상충 이슈를 감안하여 축구경기를 예로 들어보면, 플랫폼은 플레잉 코치에 비유할 수 있다고 생각된다. 선수와 코치의 역할을 겸하는 플레잉 코치의 경우, 코치로서 결정을 내림에 있어서 팀 전체의 유리함보다 본인의 선수로서의 이득을 우선시킬 염려가 있다. 이처럼 플레잉 코치는 팀 전체나 팀 구성원들과 이해상충 문제를 발생시킬 수 있으므로, 플레잉 코치는 선수

---

11) Wu, Tim(2018), "The Curse of Bigness: Antitrust law in the New Gilded Age". 지인엽·전주용, 위의 글, 61면에서 재인용.

기용이나 전술을 행함에 있어서 공정하고 객관적인 기준에 의하여야 한다. 만약 플레잉 코치가 편파적이고 자신에게만 유리하게 팀을 이끌어가면 팀 구성원들의 불만과 갈등이 쌓일 것이고 그 팀은 좋은 성적을 거두기 어렵다. 그러면 관중이자 팬인 소비자가 그 팀을 외면하게 되고 그렇다고 해서 팀이 규칙을 무시한다면 경쟁당국 등 규제기관이 심판으로써 이러한 행동을 제재할 것이다.

2. '온라인 플랫폼 심사지침'에서의 플랫폼의 이중적 지위

공정위는 현재까지 누적된 플랫폼 분야의 법집행 사례 등을 토대로 현행 공정거래법에서 규정하고 있는 독과점 남용행위의 심사기준을 구체화한다는 취지에서 온라인 플랫폼 심사지침(공정위 예규 제418호, 2023. 1.12. 시행)을 제정하였는데, 위 지침의 자사우대 부분에는 플랫폼의 지위에 관한 내용이 기재되어 있다.

> Ⅲ. 행위 유형별 심사기준
> 2. 행위 유형별 위법성 심사기준
> 다. 자사우대(Self-preferencing)
> (2) 경쟁제한 우려
> 온라인 플랫폼 사업자는 자사 플랫폼 내 규칙을 제정하고 운영하는 동시에 해당 플랫폼에서 직접 자사 상품 또는 서비스를 판매하는 등의 이유로 온라인 플랫폼 이용사업자와 경쟁관계에 있을 수 있다. 온라인 플랫폼 사업자는 이러한 이중적 지위를 이용하여 자사 상품 또는 서비스에 대한 접근성을 높이고 경쟁사업자의 상품 또는 서비스에 대한 접근성을 낮추는 방식으로 플랫폼을 운영할 수 있다.

이처럼 플랫폼의 이중적 지위에서 출발하여 이해상충의 한 갈래인 자사우대행위를 설명하고 있는 플랫폼 심사지침은 플랫폼이 '규칙 제정·운영자'이자 '상품·서비스 공급자'로서의 이중적 지위를 가진다는 입장에 기초하고 있다. 이러한 심사지침의 태도는 플랫폼을 규칙을 제정·운영하는 심판이자 직접 상품·서비스를 공급하는 선수라고 보는 입장과 비슷하다. 그런데 논리적으로 볼 때 '플랫폼 내 규칙 제정·운영 + 직접 상품·서비스 제공 = 이용사업자와의 경쟁관계' 가 성립한다고 보기는 어렵다. 따라서 개인적으로는 플랫폼 심사지침상 자사우대에서의 이중적 지위 관련 부분을 '중개자 및 공급자'라는 관점으로 수정하는 것을 고려해볼만하다고 생각한다. 플랫폼을 '규칙 제정·운영자'이자 '상품·서비스 공급자'라는 관점에서 바라볼 경우 이는 자사우대행위의 위법성 판단기준에 영향을 미칠 수 있다.

3. 정리

이처럼 자사우대 문제의 출발점이 되는 플랫폼의 지위에 대해서 검토하였다. 상품이나 서비스를 제공하는 플랫폼의 경우 플랫폼 본연의 중개자 역할과 공급자 역할을 겸하는 이중적 지위를 가지게 되고, 플랫폼은 입점사업자의 거래상대방인 동시에 경쟁사업자로써 활동하게 된다. 따라서 플랫폼 내 알고리즘이나 노출방식 결정 등과 관련하여 경쟁사업자이면서 자신의 서비스를 이용하는 거래상대방과의 관계에서 이해상충이 발생하기 쉽다. 그래서 플랫폼은 이해상충 우려를 불식시키기 위해서 많은 노력을 끊임없이 기울여야 한다. 다만, 이러한 분석은 플랫폼은 '규칙 제정·운영자'이자 '상품·서비스 공급자'로서의 이중적 지위를 가진다고 보거나, 플랫폼을 규칙을 제정·운영하는 심판이자 상품·서비스를 공급하는 선수라고 보는 입장과는 다소 다르다.

제2장

인터넷 검색광고 중개플랫폼의 시장지배적지위 남용행위

이 장은 EU에서 인터넷 검색광고 중개플랫폼의 시장지배적지위 남용행위가 문제되었던 구글 AdSense 사건[1]을 언급한다. 구글 비교쇼핑 사건(2017년), 구글 안드로이드 사건(2018년)[2] 다음에 발생한 구글 AdSense 사건(2019년)의 경우 인터넷 검색광고 중개 시장의 시장지배적사업자인 구글이 인터넷 검색광고 중개 시장의 경쟁자들이 광고를 실을만한 제3자 사이트의 장소들을 독점해 버리거나 혹은 주요 장소들을 선점해 버린 행위가 문제 되었다. 구글 AdSense 사건은 온라인 플랫폼 사업자의 핵심사업인 인터넷 일반검색과 인터넷 광고를 배경으로 한다는 점에서 의미가 있다.[3] 아래에서는 EU 구글 AdSense 사건에 대해서 위법성을 중심으로 검토한 후 온라인 플랫폼 사업자의 시장지배적지위 남용행위 규율에 대해서 고민해 보았다. 법리 측면에서 보면 구글 AdSense 사건은 기존의 시장지배적지위를 가진 사업자의 특별한 책임론과 배제남용 법리에 기초한 사건에 속한다. 유럽의 인터넷 광고 시장과 검색광고 중개플랫폼에 대해서 개관한 후 이 사건의 관련 시장, 반경쟁적인 행위의 내용, 남용행위의 판단 근거, 제재 내용, 법원의 판단을 순차적으로 본다.

---

1) European Commission, Summary of Decision of 20 March 2019 relating to a proceeding under Article 102 of the Treaty on the Functioning of the European Union and Article 54 of the EEA Agreement (Case AT.40411 - Google Search (AdSense)).

2) Commission UE, décision, 18 juillet 2018, Google Android, 40099, IP/18/4581.

3) 참고로 인터넷 광고 시장은 우리나라와 유럽이 형태가 달라 이 사건을 우리나라에 직접 대입하기는 곤란하다는 점을 미리 밝혀 둔다.

Ⅰ. 인터넷 광고와 플랫폼

1. 인터넷 일반검색과 인터넷 광고 시장

구글은 AdSense 사건의 배경이 된 EU 인터넷 일반검색 시장에서 90% 이상, 인터넷 광고 시장(중개 시장 포함)에서 80% 이상이라는 매우 높은 시장점유율을 보유하고 있다. 이처럼 구글이 서로 밀접한 관련이 있는 위 2개 시장에서 강력한 시장지배적지위를 보유하고 있다는 점은 EU 집행위원회가 구글을 조사하게 되는 출발점이 되었다. 구글의 인터넷 일반검색 서비스는 이용자가 검색창에 키워드를 넣으면 검색 결과뿐만 아니라 해당 키워드와 연관성이 높은 인터넷 광고도 같이 표시하여 준다. 그러므로 구글이 이러한 검색광고 서비스로부터 많은 이익을 얻기 위해서는 기본적으로 최대한 많은 인터넷 이용자들이 자신이 설치한 광고를 접하도록 할 필요가 있다. 이는 광고가 나타나는 위치가 자신의 Google Search 웹사이트이던지 아니면 제3자의 웹사이트이던지 마찬가지이다.[4] 즉, 구글의 인터넷 일반 검색 서비스 시장에서의 지위가 강할수록 구글은 인터넷 광고 시장에서도 강력한 지위를 보유하게 되고, 이어서 구글은 인터넷 광고에서 취득한 막대한 수입을 바탕으로 인터넷 사용자들이 계속해서 자신의 Google Search를 사용하여 검색을 하도록 함으로써 인터넷 사용자들이 검색과정에서 구글이 설치한 광고를 최대한 많이 접하도록 할 유인이 생긴다.

4) European Commission, Press release, "Antitrust: Commission takes further steps in investigations alleging Google's comparison shopping and advertising-related practices breach EU rules", 14 July 2016.

2. 구글의 인터넷 검색광고 중개플랫폼 'AdSense for Search'

이 사건에서 구글 AdSense는 제3의 사이트와 광고주를 연결해주는 '인터넷 검색광고 중개플랫폼(online search advertising intermediation platform)' 역할을 한다는 특색이 있다.[5] 즉, 구글은 자신의 Google Search 웹사이트의 검색 결과에 직접 검색광고를 게재하고 있을 뿐만 아니라, AdSense라는 플랫폼을 통해서 중개 형태로 '제3의 웹사이트'에 광고를 게재하기도 하고 있다. 여기에서 '제3의 웹사이트'는 인터넷 사용자가 정보검색을 할 수 있는 검색창(search box)을 자신의 웹사이트 내에 두는데, 인터넷 사용자가 위 검색창에 검색어를 치면 검색결과 뿐만 아니라 검색광고도 같이 나타나게 된다. 이 때에 인터넷 사용자가 검색광고를 클릭하면 구글과 '제3의 웹사이트'가 광고주로부터 수수료를 받게 되는 구조이다.[6] 이처럼 구글은 AdSense를 통하여 웹사이트 운영자에게 알맞은 검색광고를 제공해 주는데, 이 경우 구글은 '자신의 사이트의 검색결과 페이지 주변 공간을 활용하기를 원하는 웹사이트 운영자'와 '광고주'를 연결해주는 중개자(intermediary, advertising broker) 역할을 하게 된다.

부연 설명하면 구글 AdSense 사건의 경우 자신의 Google Search 사이트의 검색 결과에 게재되는 인터넷 광고가 문제된 것이 아니라, 인터넷 사용자가 방문한 제3의 사이트에서 인터넷 사용자가 통합검색을 할 때 나타나는 인터넷 광고가 문제되었다. 뉴스 웹사이트, 블로그, 여행사이트 등은 자신의 사이트에 검색창을 두고 있는 경우가 많은데 인터넷 사용자가 위 사이트에서 통합검색 기능을 사용하면, 해당 사이트는 검색결과뿐

---

5) *Ibid.*

6) European Commission, Press release, "Antitrust: Commission takes further steps in investigations alleging Google's comparison shopping and advertising-related practices breach EU rules", 14 July 2016 참고.

만 아니라 검색광고도 나란히 보여주게 된다. 이처럼 제3의 사이트에서 검색기능이 실행될 경우에 나란히 나타나는 검색광고가 구글 AdSense 사건의 주된 배경이다.[7)]

Ⅱ. EU 집행위원회의 결정

1. 시장지배적지위 남용행위의 인정

이 사건의 결론부터 언급하면, EU집행위원회는 구글이 온라인 검색과 연계된 광고 중개시장에서 시장지배적지위를 남용하는 행위를 하였다는 이유로, 2019.3.20. 구글에게 14억 9천만 유로의 과징금을 부과하였다. 집행위원회의 주된 판단 근거는 다음과 같다: "구글은 제3의 웹사이트 운영자들에게 반경쟁적인 성격을 가진 계약상 제한을 강제함으로써, 구글은 온라인 계약광고 분야에서의 지위를 공고히 하고 경쟁압력을 무력화하였는데 이러한 행위는 반경쟁적인 행위를 금지하는 TFEU 규정에 위반된다. 구글의 행위는 10년 이상 지속되었는바, 경쟁사업자들은 장점에 기초한 경쟁을 벌일 기회와 혁신할 기회를 잃어버렸고, 소비자들은 경쟁의 이익을 향유하지 못하게 되었다."[8)]

7) European Commission, Presse release, "Antitrust: Commission fines Google €1.49 billion for abusive practices in online advertising, 20 march 2019.

8) European Commission, Presse release, "Antitrust: Commission fines Google €1.49 billion for abusive practices in online advertising", 20 march 2019.

2. 인터넷 검색광고 중개서비스 시장

(1) 관련시장: 인터넷 검색광고 중개서비스 시장

EU집행위원회는 인터넷 검색광고 '중개'라는 특별한 시장이 존재한다고 보면서, 구글 AdSense 사건의 관련 시장을 인터넷 검색광고 중개 서비스 시장으로 획정하였다. 이는 관련시장 획정과 관련하여 집행위원회가 2008년의 구글/Double click 기업결합 사건[9]에서 취했던 입장을 따르는 것이다.[10] 구글/Double click 사건에서 EU 집행위원회는 인터넷 광고 중개 시장은 '검색행위와 연계되어 있는 광고의 중개시장'과 '검색행위와 무관한 광고의 중개 시장'으로 나누어진다고 본 바 있다.[11]

9) Comm. UE, 11 mars 2008, aff. COMP/M.4731. EU집행위원회는 구글/Double click 기업결합 사건에서 배제남용행위의 측면에서 위법성(경쟁제한성)을 판단하였다. 최난설헌, "디지털 시장에서의 독과점 규제 적용 가능성에 대한 검토 - 독일의 Facebook 사례를 중심으로 -", 「법학논총」, 단국대학교 법학연구소(제42권 제2호, 2018), 413면.

10) 구글/Doubleclick 사건의 관련시장인 인터넷 광고 시장은 대표적인 양면시장에 해당하는데 인터넷 광고 시장은 검색광고, 표시광고, 분류광고, 이메일광고 등으로 구성되어 있다. 이호영, 이상규, 최난설헌, 박세환, "온라인 플랫폼 분야 경쟁법 집행기준 마련을 위한 연구 용역보고서(공정위), 2020, 25면.

11) 또한, 구글/Doubleclick 사건에서 집행위원회는 구글이 보유한 지위에 대해서 언급하였는데, 집행위원회는 구글은 EU에서 인터넷 검색광고라는 보다 넓은 시장에서 시장지배적지위를 가지고 있을 뿐만 아니라, 인터넷 검색과 연계된 광고 중개 시장 및 인터넷 검색과 연계되지 아니한 광고 중개 시장에서도 마찬가지로 시장지배적지위를 가지고 있다고 평가하였다. Dans Rosk, "Commission européenne: nouvelle condamnation de Google pour abus de position dominante", La Semaine Juridique Entreprise et Affaires n°20, 16 mai 2019, act. 324.

(2) 인터넷 검색광고 중개 시장에서의 구글의 지위와 이로 인한 문제점

그런데 EU의 인터넷 검색광고 중개 시장에서 구글은 2006년부터 2016년까지 70% 이상의 점유율을 보유한 최강자이다. 게다가 구글은 인접시장인 EU 회원국내 일반 검색시장에서 90% 이상의 점유율을 차지하고 있고, 인터넷 검색광고 시장에서도 대부분의 회원국에서 75% 이상의 점유율을 보유하고 있다. 이처럼 구글이 인터넷 검색광고 시장에서 강한 지위를 가지는 것은 대부분의 소비자들이 Google Search를 통하여 검색결과를 찾는 것과 관련이 있다.[12)]

그러다 보니 인터넷 검색광고 시장에서의 구글의 경쟁사업자(예: 마이크로소프트, 야후)로서는 Google Search 검색 결과로 나타나는 페이지상의 광고 공간은 팔 수 없다는 어려움에 직면하게 된다. 즉, 구글이 회원국 내 일반검색 시장에서 90% 이상의 점유율을 석권하고 있는 현실하에서, 구글의 경쟁사업자는 자신의 검색엔진의 검색결과 페이지상의 광고 공간을 팔더라도 인터넷 검색광고 시장에서 구글과 온전하게 경쟁하기 어렵게 되고 만다. 그렇기 때문에 구글 AdSense 사건의 배경이 된 '제3자 웹사이트'상 검색결과 광고 중개 시장은 인터넷 검색광고에 있어서 경쟁법상 중요한 의미를 가지게 되는 것이다. 다시 말하면 구글과 경쟁하면서 자신의 비즈니스를 키워가려고 하는 인터넷 검색광고 중개 서비스 사업자로서는 일단 '제3자 웹사이트'에 검색광고를 싣는 것부터 시장을 개척해 나가야 한다.[13)]

---

12) European Commission, Presse release, "Antitrust: Commission fines Google €1.49 billion for abusive practices in online advertising, 20 march 2019.

13) European Commission, Press release, "Antitrust: Commission takes further steps in investigations alleging Google's comparison shopping and advertising-related practices breach EU rules", 14 July 2016.

3. 문제된 구글의 반경쟁적인 행위[14]

(1) 구글은 인터넷 검색광고 중개 약정에서 독점전략을 사용

구글이 인터넷 검색광고 중개 서비스 제공을 통해서 얻는 수익 중 상당 부분은 일부 대형 웹사이트 운영자에 대한 서비스 제공료에서 나오고 있다. 구글은 이러한 제3의 대형 웹사이트를 'Direct Partner'라고 부르는데, EU 집행위원회는 구글이 이러한 'Direct Partner'들과 체결했던 AdSense 약정 내용이 EU 경쟁법에 위반된다고 보았다.[15)16)] 집행위원회는 인터넷 검색광고 중개서비스 제공 계약과 관련된 다수의 합의 내용을 조사한 결과, 구글의 인터넷 검색광고 중개 서비스 제공 조항에서 다음과 같은 변화가 있었다고 지적한다. 먼저 초기 단계에는 구글의 인터넷 검색광고 중개에 관한 반경쟁적인 계약조항은 다른 경쟁사업자의 광고 게재를 직접적으로 방해하는 독점공급 형태를 띄었다. 그러다가 구글은 자신의 검색광고가 제3자 사이트의 핵심 장소에 게재되도록 하고 경쟁사업자의 광고의 실적을 통제하는 방식으로 독점전략을 전환하였다(Premium Placement). 이어서 EU 집행위원회가 2016년에 구글에게 위 계약조항의 위법성을 지적하는 심사보고서를 송부하자, 구글은 위 'Premium Placement'

14) European Commission, Summary of Decision of 20 March 2019 relating to a proceeding under Article 102 of the Treaty on the Functioning of the European Union and Article 54 of the EEA Agreement (Case AT.40411 - Google Search (AdSense)).

15) European Commission, Press release, "Antitrust: Commission takes further steps in investigations alleging Google's comparison shopping and advertising-related practices breach EU rules", 14 July 2016.

16) 구글이 독점적 혹은 완화된 형태의 독점적 광고 중개서비스 공급계약을 모든 웹사이트 운영자에게 강제한 것 같지는 않아 보인다. EU집행위원회는 보도자료에서 구글의 이러한 반경쟁적인 행위들은 2006년부터 2016년까지의 기간 동안 해당 시장에서 발생한 매출액의 절반 이상에 영향을 미쳤다고 보았다.

관련 조항을 스스로 삭제하였다. 이하에서는 구글의 AdSense 독점전략의 세부적인 내용을 살펴본다.

(2) 구글의 독점전략의 구체적인 내용

첫째로, 구글은 2006년부터 인터넷 검색광고 중개서비스 제공 계약에 배타조건부 조항(exclusivity clauses)를 넣었는데, 이에 따라 웹사이트 운영자는 자신의 검색결과 페이지에 구글의 경쟁사업자의 검색광고를 싣지 못하게 되었다. 둘째로, 구글은 2009년 3월부터는 점차적으로 배타조건부 조항을 없애는 대신 'Premium Placement' 조항을 계약에 삽입하게 되는데, 동 조항에 따라 웹사이트 운영자는 자신의 웹사이트상 검색결과 페이지 중 가장 수익성이 높은 공간들은 구글 광고에 남겨두어야만 했다. 그리고 제3자 웹사이트 운영자는 일정 숫자 이상의 구글 광고를 자신의 웹사이트에 실을 의무도 부담하게 되었다. 그 결과 인터넷 검색광고 중개 서비스를 제공하는 구글의 경쟁사업자들은 웹사이트 검색 페이지에서 가장 잘 보이고 사용자 클릭이 잦은 장소에 자신의 광고를 두지 못하게 되었다. 추측건대 구글은 경쟁사업자의 광고를 직접적으로 방해하는 배타조건부 조항을 그대로 유지할 경우 경쟁법 위반으로 경쟁당국의 제재를 받을 위험이 크므로, 제3의 웹사이트에게 독점공급을 직접적으로 강제하지는 않으면서 사실상 비슷한 경쟁자 배제 효과를 거둘 수 있는 방안인 '완화된 독점전략(프리미엄 배치)'를 실행한 것으로 보인다. 셋째로, '프리미엄 배치'와 더불어, 구글은 2009년 3월부터 웹사이트 운영자가 구글의 경쟁사업자의 광고 게재 방법을 바꾸려고 할 경우에는 먼저 구글의 서면동의를 받도록 하였다. 이로 인하여 구글은 경쟁사업자의 검색광고가 얼마나 선호될 것이고, 얼마나 많은 클릭을 받을 것인지에 대해서 영향력을 행사할 수 있게 되었다. 이하에서는 EU 집행위원회가

TFEU 102조에 근거하여 구글의 행위가 시장지배적지위 남용행위에 해당한다고 판단한 내용에 대해서 기술한다.

4. EU 집행위원회의 판단: 시장지배적지위 남용행위 성립

(1) 관련시장인 EU의 인터넷 검색광고 중개 시장

EU 집행위원회는 구글은 인터넷 검색광고 중개 시장에서 대부분의 법위반행위 기간 동안 85%가 넘는 시장점유율을 가지고 있었기 때문에, 해당 시장에서 지배적인 지위를 가진다고 보았다. 그리고 EU 집행위원회는 인터넷 검색광고 중개 시장은 진입장벽이 높다는 점을 강조하였는데, 인터넷 검색광고 중개 플랫폼 분야는 이를 발전시키고 유지시키기 위해서는 시장진입시 뿐만 아니라 그 이후에도 상당한 투자를 요한다는 것이다.

(2) 시장지배적지위 남용행위 중 배제남용의 성립

EU 집행위원회는 구글의 독점전략의 경쟁법적 문제점을 다음과 같이 지적하였다. 인터넷 검색광고 중개 시장상의 경쟁자들이 광고를 실을만한 제3자 사이트의 장소들을 독점해 버리거나 혹은 주요 장소들을 선점함으로써 구글이 인터넷 검색광고 중개 시장에서의 경쟁을 제한하였다는 것이다.[17] 결과적으로 구글은 경쟁사업자인 인터넷 검색광고 중개 사업자들과 계약한 광고가 제3자 웹사이트의 요지에 게재될 가능성을 인위

17) David Bosco, "Une troisième amende colossale pour Google en 2 ans", Contrat Concurrence Consommation, n°6, juin 2019, comm. 106. L'honnen-Frossard, "Un an de droit de la publicité", Communication Commerce électronique, n°7-8, juillet 2019, chron. 9.

적으로 막아버린 셈이다.[18] 이처럼 EU 집행위원회는 구글의 행위는 장점에 기초한 경쟁을 방해하였고 구글이 인터넷 검색광고 중개 시장에서의 지배적지위를 남용하였다고 판단하면서, 구글의 행위가 강학상 '배제남용'에 해당한다고 보았다. 즉, 구글의 행위로 인하여 구글의 경쟁자로서는 인터넷 검색광고 중개시장에서 구글을 대신할 수 있는 대안이 되기 어려워졌고, 이에 따라 제3의 웹사이트 소유자들도 자신의 웹사이트에서 수익을 거둘 수 있는 대체 방안을 찾기 어려워졌으며, 결과적으로 '제3의 웹사이트'는 구글 AdSense Search 플랫폼에 거의 전적으로 의존하게 되었다는 것이다.[19] 요컨대 인터넷 검색광고 중개 시장에서 매우 강한 지위를 차지하고 있는 구글이 자신의 검색광고 중개 서비스를 대신할 수 있는 신뢰할 만한 경쟁을 아예 없애려고 한 셈이라는 것이 집행위원회의 시각이다.[20]

(3) EU 집행위원회의 제재 내용

이 사건에서 EU 집행위원회는 14억 9천만 유로의 과징금을 구글에게 부과하였는데, 이는 구글의 2018년도 전세계 매출액의 1.29%에 해당한다.[21] 그 외에 집행위원회는 구글로 하여금 위법한 행위를 중지하고, 앞

18) Daniel Fasquelle, "Le droit de la concurrence à la croisée des chemins face à l'émergence du numérique", Contrat Concurrence Consommation, n°7, juillet 2019, dossier 11.

19) Laurence Idot, "L'année 2017 en droit de la concurrence-. - Rappor introductif", Contrat Concurrence Consommation n°8-9, août 2018, dossier 2.

20) Farid Fatah, "La souveraineté à l'ère du numérique: enjeux stratégiques pour l'État français et les institutions européennes", Revue de l'Union européenne, 2020, p.26.

21) Dans Rosk, *op. cit.*, act. 324. European Commission, Presse release, "Antitrust: Commission fines Google €1.49 billion for abusive practices in online advertising,

으로 비슷한 목적과 효과를 지닌 어떠한 수단도 행하지 말 것을 명하였다. 구글이 2009년에 배타조건부 조항과 비슷한 효과를 우회적으로 달성할 수 있는 '프리미엄 배치' 조항을 개발하여 이를 광고 중개계약에 넣은 적이 있다는 점을 감안하면, EU 집행위원회는 다소 포괄적인 내용의 시정명령을 내릴 필요가 있었을 것이다. 아래에서는 EU의 구글 AdSense 사건을 법리적인 관점에서 분석을 해본다.

Ⅲ. EU 구글 AdSense 사건의 검토

1. 집행위원회의 위법성 인정 배경

(1) 시장지배적사업자의 특별한 책임

구글 AdSense 사건은 EU 경쟁법을 관통하는 이론인 '시장지배적사업자의 특별한 책임론(special responsibility)'에 바탕을 두고 있다. EU 경쟁법상 시장지배적사업자의 특별한 책임은 거대 기업에 대해서 의구심을 가지는 독일의 질서자유주의(ordo-libéralisme)에서 영감을 받은 것이다.[22] 이 같은 특별한 책임에 기초하여 시장지배적사업자는 시장구조를 훼손하지 아니하고 남용적인 행동을 하지 아니할 의무를 지게 된다.[23] EU 집행위원회는 구글 AdSense 사건에서도 다음과 같이 구글의 특별한

---

20 march 2019.

22) CJUE, C-52/09, Konkurrensverket contre TeliaSonera Sverige AB, 17 février 2011, Rec. 2011 등 다수. Nicolas Petit, 「Droit européen de la concurrence」, Montchrestien, premier éd., 2013, p.23, 305-306.

23) Marie Malaurie-Vignal, 「Droit de la concurrence interne et européen」, Sirey, 6ème éd., 2013, p.238.

책임을 강조하였다: “시장에서의 지배적지위를 행사한다고 해서 그 자체로 반경쟁적인 행위에 대한 EU 경쟁법규를 바로 위반하게 되는 것은 아니다. 그러나 시장지배적사업자는 자기가 지배적인 지위를 차지한 시장에서든 아니면 인접한 다른 시장에서든지 간에 시장에서의 지위를 남용하여 경쟁을 제한하는 행위를 하지 않도록 특별히 유의해야 한다.”[24] 물론 유럽에서도 시장지배적사업자로서는 자신의 어깨를 짓누르는 이러한 특별한 책임에 기초하여 어떻게 행동하여야 한다는 것인지 그 기준이 불명확하다는 비판이 제기되고 있다.[25][26]

(2) 기존의 배제남용 법리에 입각

이어서 집행위원회가 구글 AdSense의 독점전략에 대해서 위법성을 인정한 근거를 살펴본다. EU 경쟁법에서 시장지배적지위 남용행위라고 하면 장점에 의한 경쟁[27]이라는 한도를 벗어나서 지배적인 시장 혹은 연관시장에서 경쟁을 제한시키는 시장지배적사업자의 행위라고 정의된다.

---

24) European Commission, Presse release, “Antitrust: Commission fines Google €1.49 billion for abusive practices in online advertising, 20 march 2019.

25) Anne-Sophie Choné-Grimaldi, “Les abus de position dominante dans le secteur numérique (réflexions à partir de la décision Google-Android)”, Recueil Dalloz, 2020, p.343.

26) 이러한 유럽의 시장지배적사업자의 특별한 책임론이 우리나라에서도 그대로 통용될 수 있을 것인지는 다시 고민해 볼 문제이다. 이와 관련하여 유럽에서 특별한 책임은 역사적으로 주요 국영, 공영기업 및 이들의 민영화에서 비롯되었다는 점에서 공정거래법상 특별한 책임론의 수용이나 일반화에는 신중할 필요가 있다는 지적이 있다. 이봉의, “디지털플랫폼의 자사 서비스 우선에 대한 경쟁법의 쟁점”,「법학연구」, 연세대법학연구원(제30권 제3호, 2020), 380-385면.

27) ‘장점에 의한 경쟁’은 20세기 초 독일 프라이부르크의 질서자유주의 학파가 만든 개념이다. 프라이부르크 학파는 장점에 의한 경쟁과 배제에 의한 경쟁을 서로 구분하였다. Marie Malaurie-Vignal, *op. cit.*, p.236.

구글 AdSense 사건에서 EU 집행위원회는 구글의 독점전략으로 인하여 제3의 웹사이트는 구글 AdSense Search 플랫폼 외에 인터넷 검색광고 중개시장에서 구글을 대신할 수 있는 대안을 찾기 어려워졌다고 전제한 후, 이러한 구글의 행위는 장점에 기초한 경쟁을 방해한 것이고 그 결과 관련 시장에서 경쟁이 제한되었다는 시장지배적지위 남용행위의 정형적인 법리를 따랐다. 참고로 이와 달리 프랑스 경쟁위원회와 독일 연방카르텔청은 착취남용에 근거하여 구글과 Facebook을 연이어 제재한 바 있다.[28] 이 중에서 프랑스 경쟁위원회가 인터넷 광고 규정과 관련하여 구글을 제재한 구글/Gibmedia 사건[29]과 프랑스 경쟁위원회가 구글에게 선의를 가지고 언론사들과 저작인접권 협상을 하라고 명한 구글/저작인접권 사건[30]은 착취남용 인정요건과 판단기준에 대해서 중요한 실마리를 제공하고 있다(제3장에서 서술).

2. 구글 AdSense 사건의 위법성

(1) 구글 AdSense 사건의 위법성은 보다 명확하다는 주장

한편 구글 AdSense 사건에서의 시장지배적지위 남용행위의 위법성 인정은 구글 비교쇼핑이나 안드로이드 사건에 비해서는 보다 용이할 것이라는 전망이 있었다. 인터넷 검색광고 중개 시장에서 시장지배적사업자인 구글이 독점공급계약을 통해서 장점에 의한 경쟁을 제한하고 경쟁자들을 축출하려고 했으므로, 일단 구글 AdSense의 남용행위는 다른 구글 사건에 비해서 명확하다는 것이다.[31] 이에 비해 구글 비교쇼핑 사건의

28) Bundeskartellamt, decision of Feb 6 2019, Facebook, B6-22/16.
29) Aut. conc., déc. n°19-D-26, 19 déc. 2019.
30) Aut. conc., déc. n°20-MC-01, 9 avr. 2020.

경우 EU 집행위원회가 구글이 인터넷 일반검색 서비스 시장에서의 시장지배력을 비교쇼핑 서비스 시장으로 전이하였다는 이유로 남용행위를 인정하였다는 점에서 지배력 전이 문제가 논란이 될 수 있다. 또한, 구글 안드로이드 사건의 경우 프랑스에서도 관련 시장 획정과 시장지배적지위 인정에 관한 EU 집행위원회의 판단에 대하여 의문을 제기하는 견해가 많다.[32)]

또한, 구글 AdSense 사건에서 대해서는 구글이 2016년에 집행위원회로부터 심사보고서를 송부 받고 몇 달 뒤에 위법한 행위를 스스로 중단하였다는 점이 주목받기도 하였다. 이에 비추어 볼 때 구글 스스로도 구글 AdSense 사건이 경쟁법위반으로 판단될 가능성이 높다고 본 것이고, 따라서 구글 비교쇼핑 사건에 비해서 경쟁당국이 구글 AdSense 사건의 위법성 입증이 더 용이할 것이라는 분석이 있었다.[33)] 대조적으로 구글 비교쇼핑 및 구글 안드로이드 사건의 경우 구글은 EU집행위원회의 심사보고서를 송부받은 후에도 자신의 행위를 변경하지 아니하였다.[34)]

(2) 구글 AdSense 사건의 위법성에 대한 반론

그렇지만 시장지배적사업자가 독점계약 전략을 사용했다고 해서 EU경쟁법상으로 바로 배제남용이 인정되는 것은 아니므로 케이스 바이 케이

31) David Bosco, "Une troisième amende colossale pour Google en 2 ans", Contrat Concurrence Consommation, n°6, juin 2019, comm. 106.

32) David Bosco, "Publication de la décision de la Communication dans l'affaire Google Android", Contrat Concurrence Consommation, n°11 novembre 2019, comm. 182.

33) David Bosco, "Une troisième amende colossale pour Google en 2 ans", Contrat Concurrence Consommation, n°6, juin 2019, comm. 106.

34) Dans Rosk, *op. cit.*, act. 324.

스스로 이번 사안을 살펴보아야 한다는 반대의 지적도 있다. 즉, 이 사건에서 구글의 독점계약 전략의 반경쟁성이 문제되는데, 독점계약 전략도 배제효과를 상쇄시킬 수 있는 효율성 증대 효과도 발생시키기 때문에 독점계약 전략의 위법성을 평가하는 일은 실제로는 쉽지 않다는 것이다. 실제로 EU 집행위원회 스스로도 자신의 communication[35]에서 독점계약에 의한 배제남용에 있어서 이러한 효율성 증대 문제가 중요하다고 언급한 적이 있다. 이와 관련하여 EU 사법재판소도 독점공급조항에 있어서 위법성 판단의 틀을 정확하게 제시한 적은 한 번도 없기 때문에, 개별 사건마다 케이스 바이 케이스로 해당 행위로 인하여 진입장벽이 생기고 배제효과가 발생하였는지를 검토할 필요가 있고, 결과적으로 이번 구글 AdSense 사건의 결정문에서 집행위원회가 이 문제에 대해서 어떠한 입장을 취했는지를 눈여겨 볼 필요가 있다는 지적이 있었다.[36]

IV. 정리

EU 집행위원회의 구글 AdSense 결정은 EU 경쟁법상의 시장지배적사업자의 특별한 책임론에 바탕을 둔 것이다. 이에 관한 흥미로운 비유를 하나 소개한다. 벨기에의 저명한 EU 경쟁법 교수인 Nicolas Petit는 자신

35) Orientation sur les priorité retenues par la Commission pour l'application de l'article 82 du traité CE aux pratiques d'éviction abusives des entreprises dominante: JOUE n°C 45, 24 févr. 2009, p.7 이하.

36) Pascal Wilhelm, "L'altération du contrat par l'effet du droit de la concurrence", La Semaine Juridique Entreprise et Affaires n°48, 28 novembre 2019, 1533. David Bosco, "Une troisième amende colossale pour Google en 2 ans", Contrat Concurrence Consommation, n°6, juin 2019, comm. 106.

의 EU 경쟁법 교과서에서 시장지배적사업자의 특별한 책임에 대해서 기술하면서 "시장지배적사업자는 도자기 가게 안의 코끼리이다"'라고 표현하였다.[37] 즉, 다른 동물과 달리 코끼리는 덩치가 매우 크고 힘이 유난히 세기 때문에 자신의 꼬리를 살짝 흔들기만 해도 충격에 약한 도자기들이 대거 박살날 수 있으므로 도자기 가게 안에 들어간 코끼리는 특별히 조심해서 행동해야 한다는 취지이다. 이처럼 시장지배적 지위를 가진 사업자에 대해서 보다 무거운 책임을 부과하는 EU 경쟁법의 특별책임론은 사상적, 철학적으로 어떠한 취지인지는 이해할 수 있다.

V. 구글 Adsense 사건의 법원에서의 경과: 일반법원의 집행위원회 결정 취소

이처럼 구글 Adsense 사건의 위법성에 대한 입장이 엇갈리는 상황에서, EU 일반법원은 집행위원회가 Google에 대해서 약 15억 유로의 과징금을 부과한 결정을 취소하였다.[38] 집행위원회가 이에 불복하여 동 사건은 유럽사법재판소(CJEU)에 계속중이다.

일반법원은 특히 집행위원회가 문제된 계약 조항들의 '지속 기간'을 평가함에 있어서 관련 사정을 고려하지 않았다는 점과 2016년 당시 해당 조항들이 적용된 시장의 범위를 평가함에 있어서 오류가 있었던 점을 판단의 근거로 삼았다. 일반법원은 집행위원회가 이 사건의 3가지 조항이 시장지배적 지위 남용에 해당하며, 이들이 기능적으로 단일하고 지속적인 위반행위를 구성한다는 점을 입증하지 못했다고 판단하였다: 독점 조

---

37) Nicolas Petit, *op. cit.*, p.306.

38) Judgment of the General Court in Case T-334/19.

항(Exclusivity clause), 배치조항(Placement clause), 사전승인 조항(Prior authorisation clause). 특히 일반법원은, 집행위원회가 문제된 조항들이 게시자들이 Google의 경쟁 광고 중개사업자로부터 광고를 조달받는 것을 억제하거나, 경쟁사업자들이 유럽경제지역(EEA) 내 온라인 검색광고 중개 시장의 상당 부분에 접근하는 것을 방해할 수 있었으며, 결과적으로 시장에서 배제 효과를 발생시킬 수 있었다는 점을 입증하지 못했다고 보았다.

일반법원에 따르면, 집행위원회는 문제된 조항의 지속 기간을 평가함에 있어서 사건과 관련된 여러 사정을 충분히 고려하지 않았다. 구글과 해당 퍼블리셔들이 체결한 많은 GSA(Google Services Agreement)는 개별적으로 보면 몇 년 간만 유효했고, 이후 연장 또는 갱신되었더라도 경우에 따라 수차례에 걸쳐 연장되었을 수 있다. 그런데 집행위원회는 의결서에서 게시자들이 체결한 GSA의 누적 기간만 고려했을 뿐, 게시자들이 그러한 GSA의 갱신 또는 연장 협상 과정에서 Google의 경쟁 중개사업자로부터 광고를 조달받을 기회를 가졌는지, 또는 경우에 따라 해당 GSA를 일방적으로 해지할 수 있는 권리를 보유했는지를 확인하지 않았다. 이러한 이유에서, 일반법원은 집행위원회가 문제된 조항들이 첫째, 혁신을 저해했을 가능성, 둘째, Google이 관련 국가별 온라인 검색광고 시장에서 지배적 지위를 유지하고 강화하는 데 기여하였을 가능성, 셋째, 소비자에게 해를 끼쳤을 가능성 등을 입증하지 못했다고 판시하였다.[39)]

39) CJEU, Press Release No 135/24, “Google AdSense: The General Court annuls the Commission’s decision”, 2024.9.18.

VI. 보론: 구글 쇼핑 사건의 경과

참고로 2017년에 EU 집행위원회는 Google Shoping 사건에서, 구글은 자신의 비교 쇼핑 서비스의 검색 결과를 주된 위치에 표시하고, 매력적인 이미지와 텍스트 정보가 포함된 '박스' 형태로 이를 홍보하면서, 이와 대조적으로 경쟁 비교쇼핑 서비스들의 검색 결과는 단순한 일반 결과(파란색 링크 형태로 표시됨)로 게시함에 따라 경쟁 비교쇼핑 서비스는 구글의 일반 검색 결과 페이지에서 조정 알고리즘에 의해 순위가 하락되는 경향이 있다고 보았다. 집행위원회는 구글이 온라인 일반검색 시장 및 특화된 상품검색 시장에서의 지배적 지위를 남용하였다고 보아, 구글에게 약 24억 유로의 과징금을 부과하였다. 이에 대하여, 2021년 11월에 유럽 일반법원은 구글의 항소를 기각하고 과징금을 유지하는 결정을 내렸다.[40] 다만, 일반법원은 구글의 행위가 일반검색 서비스 시장에서 반경쟁적인 효과(잠재적인 것이라고 하더라도)를 발생시켰음은 입증되지 않았다고 보았다. 따라서 이 시장과 관련하여 지배적지위를 남용하였다고 본 집행위원회의 결정 부분은 취소하였다. 최종적으로 유럽 사법재판소(CJEU)는 2024년 9월 10일 EU 경쟁법은 시장지배적 지위 그 자체를 제재하는 것이 아니라, 이의 남용만을 금지한다는 점을 상기시켰다. 특히, 지배적 지위에 있는 기업의 행위가 정당한 경쟁을 저해하고, 그로 인해 개별 사업자 및 소비자에게 해를 끼칠 가능성이 있는 경우에야 그러한 행위가 금지된다는 것이다. 사법재판소는 일반적으로 지배적 사업자가 자사 제품이나 서비스를 경쟁사의 그것보다 유리하게 대우한다고 해서,

---

40) Judgment of 10. 11. 2021-Case T-612/17. 이호영, "수직통합 온라인 플랫폼의 자사우대 행위의 경쟁제한성 판단기준에 관한 연구", 「경쟁법연구」, 한국경쟁법학회(제47권, 2023), 171면 이하.

무조건 정당한 경쟁에서 벗어난 행위라고 볼 수 없다는 점은 인정하였다. 하지만 본 사건에서는, 사법재판소는 시장의 특성과 사건의 구체적 사정을 종합적으로 고려할 때, 구글의 행위는 차별적인 것이며 정당한 경쟁의 범위에 속하지 않는다고 본 일반법원의 판단을 지지하였다(Case C 48/22 P).[41)]

41) CJEU, Press Release No 135/24, "The Court of Justice upholds the fine of €2.4 billion imposed on Google for abuse of its dominant position by favouring its own comparison shopping service", 2024.9.10.

제3장

플랫폼과 착취남용

유럽 경쟁당국은 거대 플랫폼 사업자를 시장지배적지위남용행위로 제재한 사례들을 연달아 내놓고 있다. 이 장에서는 그 중에서 프랑스 경쟁위원회의 '구글/Gibmedia 사건'[1]과 '구글/언론사 저작인접권 사건'[2]에 대해서 검토하고, 보충적으로 '애플의 ATT 사건'[3]과 경쟁당국과 개인정보보호당국간 협력 문제에 대해서 이야기 한다. 규율 방법이라는 관점에서 보면, 프랑스의 '구글/Gibmedia 사건', '구글/언론사 저작인접권 사건', '애플의 ATT 사건'은 프랑스 경쟁위원회가 오랫동안 인정하지 아니하였던 착취남용을 통하여 플랫폼의 시장지배적지위 남용행위의 성립을 판단하였다는 점에서 독특하다. 예컨대 위 프랑스 구글 사건에서는 온라인 플랫폼 사업자가 모호하고 이해하기 어려운 구글 Ads 광고 플랫폼 운영규정을 만든 후 이 규정들을 불공정하고 자의적인 방법으로 적용하는 행위가 착취남용에 해당하는지, 그리고 온라인 플랫폼 사업자가 법이 인정한 언론사의 저작인접권을 무력화하고 이에 대한 적절한 대가를 전혀 지급하지 아니하는 행위가 착취남용에 해당하는지가 문제가 되었다.

그런데 법리적인 관점에서 살펴보면, 착취남용에 대해서는 아래와 같은 의문이 제기될 수 있다. 예컨대 경쟁당국이 남용행위로 인하여 시장에 발생한 객관적인 경쟁제한 효과를 엄밀하게 입증하지 아니한 채, 부당·강요·법 목적의 왜곡 내지 잠탈과 같은 주관적 요소를 중심으로 시장지배적지위 남용행위를 인정해도 되는지, 경쟁당국이 주관적인 성격을 띄는 착취남용행위 규제에 매달릴 경우 경쟁제한 효과에 기반한 남용행

1) Aut. conc., déc. n°19-D-26, 19 déc. 2019.
2) Aut. conc., déc. n°20-MC-01, 9 avr. 2020.
3) Aut. conc., déc. n°25-D-02, 31 mars 2025.

위 판단방식이 무너지는 것은 아닌지, 가격남용의 경우 경쟁당국은 어떻게 적정한 가격을 제시하고 이를 입증할 것인지, 착취남용의 경우 훼손된 경쟁질서를 회복하기 위한 적절한 시정명령은 무엇인지, 더 나아가 착취남용행위와 일반적인 불공정거래행위는 어떻게 구분할 것인지, 바람직한 경쟁당국의 임무와 역할은 무엇인지가 그 예이다.

I. 프랑스 경쟁위원회의 구글/Gibmedia 사건

1. 사건의 개요

(1) 경쟁위원회의 결정

1) 시장지배적지위 남용의 인정

이 사건에서 프랑스 경쟁위원회는 2019.12.20.에 구글이 모호하고 이해하기 어려운 Google Ads 플랫폼 운영규정들을 만든 후 이 규정들을 불공정하고 자의적인 방법으로 적용한 것은 구글이 검색광고 시장에서의 지배적지위를 남용한 것에 해당한다고 결정하였다. 즉, 경쟁위원회는 구글에게 1억 5천만 유로의 과징금을 부과하면서, 구글에게 Google Ads 플랫폼 운영규정들을 명확하게 바꾸고 구글이 거래상대방의 계정을 정지시키는 절차도 보다 투명하게 하도록 명하였고, 추가적으로 구글이 광고주의 Google Ads 규정 위반을 어떻게 방지·탐지·처리하는가에 대한 객관적인 가이드라인을 두라고 명하였다.

2) Google의 행위의 개요

프랑스 경쟁위원회는 구글이 광고주에게 강제한 Ads 광고 플랫폼 운영규정들이 주관적이고 불투명하고 차별적으로 설정되고 적용되었다고 보았다. 광고주로서는 불명확하고 주관적인 구글의 광고 플랫폼 운영규정을 정확하게 이해하기 어려웠다. 그리하여 구글은 예측성이 떨어지는 자신의 운영 규정의 해석 방법을 경우에 따라 임의로 변경하였고, 웹사이트들이 자신의 규정을 준수했는지 여부도 자의적으로 판단하였다. 이처럼 구글이 광고 플랫폼 운영규정을 일관성 없게 차별적으로 적용함에 따라, 구글의 고객인 광고주뿐만 아니라 검색엔진 이용자들까지로 손해를 입었다는 것이 경쟁위원회의 판단이다.

3) 경쟁위원회의 조사는 신고에서 비롯됨

구글은 Gibmedia가 Google Ads 플랫폼 운영규정을 어겼다는 이유로 예고도 없이 Gibmedia의 계정을 일방적으로 정지시켰는바, Gibmedia는 구글의 계정정지 이유와 절차가 주관적이고 불투명하며 차별적이라는 이유로 구글을 경쟁위원회에 신고하였다. 참고로 신고인 Gibmedia는 날씨 정보, 기업정보, 전화번호정보 서비스를 제공하는 사이트를 운영하는 사업자로서 Gibmedia의 서비스 중 일부는 유료서비스이다. 그리고 신고인 Gibmedia는 경쟁위원회에게 임시조치를 취해줄 것을 청구하였으나, 경쟁위원회는 해당 분야에서 심각하고 즉각적인 피해가 있음을 인정하기는 어렵다는 이유로 이를 기각한 바 있다.[4)]

4) Aut. conc., déc. n°15-D-13, 9 sept. 2015. Laurence Idot, “Concurrence: l’application par les autorités nationales”, Europe n°2, février 2020, comm. 79.

(2) 구글 검색엔진과 구글 광고 플랫폼(Google Ads)의 특징

1) 구글 검색엔진의 운영방식

일단 경쟁위원회는 구글 검색엔진이 어떻게 운영되는가에 주목하였다. 구글은 아래의 2가지 방법에 기초하여 검색결과를 표시하는데 이 사건에서는 상업 광고의 게재가 문제되었다: ① 적절성 기준에 기초한 알고리즘에 따라 '자연스럽게, 원래대로[5] 나타나는 검색 결과', ② 가공되지 않은 원래의 검색결과의 근처에 나란히 게재되는 '후원에 의한 검색결과(상업광고)'. 이 경우 자신의 사이트·상품·서비스의 판매를 늘리려는 광고주로서는 Google Ads 플랫폼에서 키워드(예: 호텔, 레스토랑, 날씨 등) 별로 입찰에 참여하게 되고, 광고주가 네티즌의 클릭 수마다 얼마의 금액을 구글에게 지불하겠다고 제시하는가에 따라 네티즌에게 보여지는 인터넷광고가 무엇인지가 결정된다.[6]

2) Google Ads 시스템의 특성

경쟁위원회는 구글 Ads 플랫폼이 지닌 양면시장이라는 특성과 구글이 온라인 광고시장에서 가진 초지배적인 지위로 인하여, 구글 Ads 시스템은 아주 특별한 흡입력과 수집력을 가진다고 평가하였다.[7]

---

5) 이는 구글의 가공이나 처리 없이 그대로 나타나는 결과를 의미하는 것으로 보인다.

6) 이와 관련하여 Linda Arcelin 교수는 프로그램화된 타겟형 인터넷 광고가 점점 중요해짐에 따라 네티즌에게 맞춤형 인터넷 광고를 보여주는 서비스를 제공하는 사업자들이 등장하게 되었다면서, 이 사건에서 구글은 관련 사업자 집단이 광고주, 웹사이트 운영자, 중개자로 분화되고 비슷한 서비스를 제공하는 사업자들이 난립하는 현상을 최대한 이용하였다고 분석한다. Linda Arcelin, "Propos conclusif", Cahiers de droit de l'entreprise n°3, mai 2020, dossier 20. Aut. conc., avis n°18-A-03, 6 mars 2018.

7) Catherine Prieto, "Synthèse - Fondamentaux du droit européen de la concurrence",

(가) 양면 플랫폼의 특징

먼저 구글의 Ads 시스템에서는 양면 플랫폼의 특징들이 나타나고 검색엔진은 네티즌과 광고주 사이를 중개하는 역할을 하게 된다. 만약 네티즌이 검색엔진에서 적절한 광고를 발견한다면 네티즌은 광고주의 사이트로 연결되는 링크를 클릭할 것이다. 그러므로 검색엔진의 검색 결과 자체뿐만 아니라 검색 결과와 함께 나타나는 유료광고도 적절하게 게재되어야 비로소 해당 검색엔진이 네티즌들에게 검색서비스를 적절하게 제공하고 있다고 볼 수 있겠다. 따라서 검색엔진 시장에서 경쟁이 잘 작동하고 있다면, 검색엔진 사업자는 당연히 자신의 검색 결과에 양질의 광고들이 같이 실리도록 신경을 쓸 것이다. 즉, 구글이 신뢰할 수 없고 검색 결과와 동떨어진 광고를 자신의 검색엔진에 계속해서 싣는다면, 네티즌들이 구글 검색엔진으로부터 멀어질 수 있다는 의미이다. 이런 측면에서 볼 때 구글은 자신에게 이익이 되는 방향으로 네티즌과 광고주 사이에서 상호작용을 할 수밖에 없다.

(나) Google Ads 플랫폼 운영규정의 의미

그런데 광고주가 Google Ads 플랫폼을 활용하여 광고를 싣기 위해서는 구글이 정한 Google Ads 운영규정에 있는 각종 조건을 준수해야 한다는 점에서 Google Ads 운영규정은 광고주에게 있어서 매우 중요한 의미를 가진다. 일단 광고주가 구글의 광고 플랫폼에 자신의 계정을 개설하려면, 광고주는 구글의 규정들을 준수하겠다는 약속을 명시적으로 해야만 한다. 다른 한편으로, 구글의 입장에서는 부적절한 광고들이 자신의 검색엔진의 결과에 나타나지 않도록 통제할 필요도 있는데, 이는 구글이 실수를 하기 쉬운 존재인 네티즌들을 보호하는 역할도 수행해야 한

Lexis 360 encyclopédies, 30 juin 2020.

다는 의미이다. 즉, 경쟁위원회도 이 사건 Google Ads 규정들이 네티즌을 보호하기 위해서 필요한 측면도 있음을 아예 부정한 것은 아니다. 예컨대 구글 Ads 규정은 무료 상품이나 무료 서비스의 판매를 위한 광고를 금지하고, 광고주가 구글에게 알린 것과 다른 내용을 네티즌에게 알리는 것을 금지하고 있었다. 또한 구글은 계산서 발행 방식에 있어서 광고주가 소비자에 대하여 투명성을 높이도록 하고 있다. 어쨌든 광고주가 Google Ads 규정을 지키지 않을 경우에는, 구글은 광고를 거부하고 사이트 연동을 막아버리고 심지어 광고주의 계정 자체를 정지시켜 버릴 수 있었다.

2. 구글의 반경쟁적인 행위의 구체적인 내용

이처럼 Google Ads 규정 위반이라고 판단될 경우 해당 광고주는 심각한 불이익을 받을 수 있는데, 이 사건의 핵심은 Google Ads 규정 내용이 아주 모호해서 광고주로서는 자기가 위 규정을 위반하였는지를 예측하기 어렵고, 구글이 위 규정들을 자의적으로 해석한 후 광고주별로 동 규정을 불공평하게 적용하였다는 점이다. 무엇보다도 구글 스스로도 위 규정들을 일관성 있게 적용하지 아니하였는데, 비슷한 성격을 가진 여러 사이트들 중에서 어떤 사이트는 Google Ads 규정 위반이라는 이유로 구글로부터 제재를 받은 반면에, 다른 사이트는 구글에 의해 맞춤형 서비스로 선정되어 오히려 노출이 강화된 사례도 있다.

(1) 규정의 내용이 불명확하여 해석상 혼동을 야기하고, 광고주에 대한 예고도 없이 규정내용이 수시로 바뀌었음

1) 불명확한 규정

구글은 프랑스 내 검색 엔진 서비스 시장의 90% 이상을 차지하고 온라인 검색 광고 시장에서도 80% 이상의 점유율 차지하고 있는 지배적인 사업자이고, 구글의 지배적인 지위는 위 시장에 존재하는 매우 높은 진입장벽에 의해서 강화되고 있다. 따라서 구글은 Google Ads 플랫폼의 운영 규정을 객관적이고 투명하고 비차별적으로 규정할 의무가 있음에도 불구하고 구글은 불명확한 규정들을 두었고 그 결과 구글은 규정을 자의적으로 해석할 수 있게 되었다. 예를 들어 '무료 상품의 판매' 규정의 경우, "통상적으로 무료로 제공되는 상품이나 서비스에 대해서 이용자에게 비용을 청구하는 것"을 금지하고 있다. 그런데 구글 Ads 규정은 '통상적으로 무료'인 서비스라는 것이 무엇을 뜻하는지에 대하여 추가적인 설명을 제공하지 않았기 때문에, 사업자로서는 그 의미를 정확하게 파악하기 어렵다. 예컨대 기상예보의 경우, 어떤 사이트는 신빙성이 높은 기상정보를 무료로 제공하기도 하고, 다른 사이트(Météo France 등)는 월정액 형태로 이용자에게 요금을 받기도 한다. 그러므로 광고 사업자로서는 문제가 되는 서비스가 '통상적으로 무료'인지 여부를 판단하기 어렵게 된다.

2) 규정에 대한 오락가락 해석. 광고주에 대한 예고 없이 규정을 변경

또한, 구글은 개별 규정에 대한 해석 방향을 종종 바꾸기도 하였다. 예를 들어 구글은 2014년 9월에는 유료 전화번호부 사이트(annuaire-inverse.net)의 경우 통상적으로 무료인 서비스의 판매에 관한 Ads 규정에 위반되지 아니한다고 해석하였다가, 해당 사이트가 자신의 사업모델을 전혀 바꾸지 않았음에도 불구하고 구글은 2015년 1월에는 갑자기 위 사이트가 Ads 규정에 위반한다면서 사이트 계정을 정지시켜 버렸다. 심지어 광고주들이 주로 문의하는 '구글의 어시스탄트 팀'조차 자신의 Ads 규정의 내용과 효력을 정확히 파악하지 못하여 다른 특별팀(Policy)에게 문의하기도 하였고, 구글의 내부 팀에서도 다르게 규정을 해석하기도 하였다. 실제 사례로 프랑스 경쟁위원회가 2019년에 임시조치를 명했던 Amadeus 건에서[8], 구글의 영업팀은 신고인인 Amadeus에게 Google Ads 서비스 이용을 늘리라고 권장하였고, 구글의 내부팀이 Amadeus의 광고 문구 작성과 홈페이지 변경 작업에 2017년 말까지 적극적으로 참여하기도 하였다. 그러나 구글은 2018년 1월, 7월에 Amadeus의 사이트가 Google Ads 규정을 지키지 않았다는 이유로 해당 사이트의 계정을 정지시켰다. 심지어 구글의 규정은 경쟁위원회 조사기간 동안에도 내용이 수시로 바뀌었는데, 구글은 이해관계가 있는 광고주에게 이러한 규정 변경에 대해서 알리지 않았다. 그 결과 광고주는 새로운 Ads 규정에 근거해서 자신의 사이트 나아가 계정이 갑자기 정지될 수도 있는 불안정한 상황에 처하게 되었다.

(2) 구글 Ads 규정은 차별적으로 적용되었음

또 다른 문제는 비슷한 성격을 가진 사이트 중에서 어떤 사이트는 Ads 규정 위반을 이유로 구글로부터 사이트나 계정을 정지당한 반면 다른 사이트들은 그러하지 아니하였다는 점이다. 예컨대 이 사건의 신고인인 Gibmedia의 경우, 구글은 네티즌 보호 규정(무료 서비스 판매 관련 규정, 신뢰를 해치는 프로모션 금지 규정) 위반을 이유로 Gibmedia의 사이트와

8) Aut. conc., déc., 19-MC-01, 31 janvier 2019.

계정을 정지시켰다. 그런데 구글은 당시에 비슷한 인명부정보 제공 혹은 기상예보 정보제공 사이트의 광고는 정지시키지 아니하였다는 점이다. 게다가 구글은 자신의 운영규정을 일관성 없게 적용하였는데, 구글의 영업팀은 이전에 정지되었던 사이트의 영업을 촉진시킨다면서 정지된 사이트에게 지원을 제안한 적도 있었다.

(3) 우리나라의 온라인 플랫폼 공정화법 제정안과의 비교

참고로 우리나라 공정거래위원회는 2020.9.29. '온라인 플랫폼 공정화법' 제정안을 입법예고 한 적이 있는데, 위와 같은 구글의 행위는 동법 제정안 제8조(온라인 플랫폼 중개서비스 제한 등의 사전통지)[9]와 제9조(불공정거래행위의 금지) 제1항 제4호[10]와 관련이 있어 보인다.

---

9) 제8조(온라인 플랫폼 중개서비스 제한 등의 사전통지)

① 온라인 플랫폼 중개서비스업자가 중개계약에 따라 온라인 플랫폼 이용사업자에게 제공하는 서비스의 일부를 제한하거나 중지하려는 경우에는 최소 7일 이전에, 중개계약을 해지하려는 경우에는 최소 30일 이전에 대통령령이 정하는 방법으로 온라인 플랫폼 이용사업자에게 그 내용 및 이유를 통지해야 한다. 다만, 대통령령으로 정하는 통지기간을 준수하기 어려운 부득이한 사유가 있는 경우에는 그러하지 아니하다.

② 제1항의 규정에 의한 절차를 거치지 아니한 중개계약의 해지는 그 효력이 없다.

③ 온라인 플랫폼 중개서비스업자는 온라인 플랫폼 이용사업자와의 중개계약이 종료된 날부터 5년간 온라인 플랫폼 중개서비스업자와 온라인 플랫폼 이용사업자 사이의 거래관계에 관하여 대통령령으로 정하는 서류를 보관하여야 한다.

10) 제9조(불공정거래행위의 금지)

① 온라인 플랫폼 중개서비스업자는 다음 각 호의 어느 하나에 해당하는 행위로서 온라인 플랫폼 중개거래에 있어 공정한 거래를 저해할 우려가 있는 행위를 하거나 다른 사업자로 하여금 이를 행하도록 하여서는 아니 된다.

1~3. 생략

4. 제1호 내지 제3호에 해당하는 행위 외의 방법으르 부당하게 온라인 플랫폼 이용사업자에게 불이익이 되도록 거래조건을 설정 또는 변경하거나 그 이행과정에서 불이익을 주는 행위

3. 경쟁위원회의 판단

(1) 시장지배적지위 남용행위에 해당

1) 판단 내용

경쟁위원회는 구글이 불투명하고 주관적인 Ads 규정을 만든 후 이를 부당하고 차별적인 방법으로 관련 인터넷 사업자들에게 적용하였다고 보았다. 구글의 이러한 행위로 인하여 관련 시장인 인터넷 검색광고 시장이 교란되었을 뿐만 아니라, 구글 Ads 서비스 고객들이 활동하는 디지털 서비스 공급시장(하류시장)의 기능도 저해되었다는 것이다. 결론적으로 구글의 행위는 시장지배적지위 남용행위를 금지하는 TFEU 제102조와 프랑스 상법 L.420-2에 위배된다는 것이다.

2) 판단 근거

경쟁위원회는 위와 같은 구글의 행위는 새로운 사이트들의 발전을 심각하게 저해한다고 보았다. 경쟁위원회는 소비자 보호라는 Ads 규정의 목적 자체는 적법하지만, 비슷한 상황에 놓여 있는 사업자들을 자의적으로 차별한 것은 정당화될 수 없다는 입장을 취했다. 즉, 구글이 비슷한 서비스를 제공하는 사이트들은 그대로 두면서, 특정한 광고주에 대해서는 소비자 이익에 반한다고 평가한 후 이를 이유로 해당 사업자의 계정을 자의적으로 정지시켜서는 안 된다는 것이다. 다시 말하면 경쟁위원회는 설사 구글이 하류시장에서의 경쟁을 교란시키고 새로운 사이트들이 발전하는 것을 막기 위해서 고의로 이러한 전략을 사용하였다는 점에 대한 증거가 충분하지 않더라도, 하류 사이트가 구글 Ads에 더 많은 비용

---

5. 부당하게 온라인 플랫폼 이용사업자의 경영활동을 간섭하는 행위

을 지불하도록 유도하기 위해서 구글이 과실로 혹은 기회주의적으로 위 전략을 사용하였다고 보았다. 신생 사이트들이 장점에 의한 경쟁을 하는 대신에 구글 검색과 연계된 광고에 목을 매고 여기에 자본을 투자하게 하였다는 것이다.

게다가 구글이 '무료 서비스의 판매'를 금지하는 규정을 적극적으로 활용함에 따라 웹사이트 운영자는 무상으로 제공되는 내용물과 광고를 결합시키는 정책을 펼치게 되었는데 이는 구글에게 유리한 결과를 초래한다. 즉, 무료 서비스의 판매를 금지하는 구글 Ads 규정을 위반하지 않기 위하여, 웹사이트는 이용자에 대해서는 오로지 무료인 서비스만 제공하되 자신의 사이트 내 광고 공간을 제3자에게 판매함으로써 간접적으로 자금을 조달하게 되는 경향을 보였다. 또한, 구글의 정책은 이용자들에게 별로 알려지지 않은 신생 사이트에게 타격을 주는 측면도 있다. 검색엔진의 가공을 거치지 아니한 원래 상태대로의 검색 결과에 의할 경우, 신생 사이트는 대부분 눈에 띄지 않는 위치에 놓여 있게 되기 때문에, 신생 사이트로서는 자신의 사이트가 네티즌의 눈에 잘 띄도록 하기 위해서는 현실적으로 구글 검색과 연계된 광고를 구입하는 수밖에 없다. 따라서 소비자에게 잘 알려지지 않은 신생 사이트는 구글 Ads 규정에 더욱 의존하게 된다는 의미이다.

요컨대 경쟁위원회는 구글이 주관적이고 불투명한 내용이 담긴 Ads 규정들을 자의적이고 차별적인 방법으로 거래상대방에게 적용한 것은 광고주·네티즌·인터넷 생태계에 큰 영향을 미쳤다고 보았다. 그리고 경쟁위원회는 이러한 구글의 행위는 '소비자 보호'라는 목적에 의하여 인정될 수 있는 범위를 벗어났다고 강조하였다.

(2) 경쟁위원회의 구글에 대한 제재

2019년 구글/Gibmedia 사건은 경쟁위원회가 구글에게 반경쟁적인 행위를 이유로 제재결정을 한 첫 번째 사건에 해당한다.[11] 먼저 이 사건에서 경쟁위원회는 구글에게 1억 5천만 유로의 과징금을 부과하면서 시정명령을 부과하였다. 첫째로, 구글은 Google Ads 플랫폼 운영규정을 명확하게 하고 동 규정을 변경할 경우 이를 상대방에게 알려주는 절차도 개선하여야 한다(규정 변경 전 2달 전까지 개별적으로 통지할 것). 둘째로, 거래상대방의 계정이 갑작스럽고 부당하게 정지되지 않도록, 구글은 거래상대방의 계정을 정지시키는 절차도 더 명확하게 하여야 한다. 둘째로, 구글은 광고주가 Google Ads 규정을 위반하는 행위에 대해서 구글이 경고·방지·탐지·처리하는 절차를 마련해야 한다. 이는 구글이 Ads 계정이나 사이트를 정지시키는 것은 소비자보호라는 목적에 비추어 특히 필요한 경우에 한하여 비례의 원칙에 부합하게 행해져야 한다는 것이다. 이를 위하여 구글은 담당 직원들이 구글 Ads 규정의 내용과 효과를 숙지할 수 있도록 이들에 대한 연간교육을 실시하여야 한다. 그리고 구글은 매년 프랑스 네티즌들이 자신에게 제기한 민원의 숫자, 자신이 정지시킨 사이트 숫자와 계정의 숫자, 위반된 규정들의 성질, 어떠한 방법으로 사이트나 계정을 정지시켰는지를 경쟁위원회에 매년 알려야 한다. 셋째로, 구글은 2개월 내로 구글이 실행하고자 하는 방안과 절차에 대한 상세 보고서를 경쟁위원회에게 제출하여야 하고, 6개월 내로 구글이 효과적으로 실행에 옮긴 방안과 절차에 대한 상세한 보고서를 경쟁위원회에게 제출하여야 한다. 넷째로, 구글은 경쟁위원회 결정을 요약하여 자신의 검색엔진인 Google.com과 Google.fr의 홈페이지에 일주일 동안 게시하여야 한다.

---

11) David Bosco, "L'ère de la ≪ post-modernisation ≫, ouverte par l'Autorité de la concurrence", Contrat Concurrence Consommation, n°3, mars 2020, comm. 46.

4. 프랑스 구글/Gibmedia 사건의 의미

(1) 착취남용행위에 근거하여 거대 온라인 플랫폼을 제재

동 결정의 가장 큰 의의는 프랑스 경쟁위원회가 '착취남용'에 근거하여 거대 온라인 플랫폼을 규율하였다는 점이다. 경쟁위원회는 온라인 플랫폼에 대한 새로운 개입을 뒷받침하기 위한 이론적 토대를 제시하였는바, 이에 대하여 David Bosco 교수는 '포스트 모더니즘의 시대'가 도래하였다고 평가하고 있다.[12] 이에 더하여 David Bosco 교수는 구글/Gibmedia 사건을 독일 연방카르텔청이 GDPR 위반을 이유로 Facebook을 제재했던 사건과 묶어서 볼 필요가 있다고 지적한다. 즉, 프랑스 경쟁위원회의 구글/Gibmedia 결정과 독일 연방카르텔청의 Facebook 결정은 경쟁법의 전통적인 장벽을 뛰어넘으려는 야심을 보여준다는 것이다. David Bosco 교수는 경쟁위원회의 Gibmedia 결정은 '남용행위의 현대화'라는 취지에서 그동안 진행되어온 경제학적 접근법을 구식으로 만들어버렸다는 점에서 '포스트 모더니즘의 시대'의 도래를 초래하였다고 평가하였다.[13] 부연 설명하면, 유럽과 프랑스에서는 시장지배적지위의 남용행위 규제를 현대화한다면서, 시장지배적 사업자의 행동이 시장에 어떠한 효력을 미쳤는가에 대하여 실증적인 입증과 경제학적 분석을 강조하는 입장이 많은 지지를 얻었다. 그런데 이 사건에서 프랑스 경쟁위원회는 지배적인 지위를 가지는 온라인 플랫폼에 관해서는 새롭게 시장을 구성하고 규제하겠다는 정책적 의지를 표명하였다.[14]

---

12) *Ibid.*

13) *Ibid.*

14) *Ibid.*

(2) 착취남용의 인정과 경쟁제한 효과와의 관계

그런데 구글/Gibmedia 사건에서 가장 논쟁이 되는 것은, 경쟁위원회가 구글의 행위가 관련 시장에서 잠재적 경쟁자의 진입을 방해하거나 경쟁자를 배제시켰다고 인정할만한 명확한 근거를 제시하지는 아니하였다는 점이다. 즉, 이 사건에서 경쟁위원회는 관련 시장에서 발생한 직접적인 반경쟁적인 효과에 대해서는 명시적으로 언급하지 아니하면서, 구글의 행위가 인접시장(하류시장)에서 반경쟁적 효과를 발생시켰다는 점을 강조하고 있을 뿐이다. 경쟁위원회에 따르면,[15] 구글의 모호한 Ads 규정으로 인하여 직접적인 관련시장인 인터넷검색 광고시장에서는 광고주의 광고투자 측면에서 불확실성이 증가하였고 그 결과 광고주는 더 많은 광고비를 지출하게 되었다고 한다. 이어서 경쟁위원회는 인접한 다른 시장(예컨대 기상예보 서비스 제공 사이트)에서 반경쟁적인 효과가 발생한 경우에는, 이로 인하여 관련 시장에서 반경쟁적인 효과가 발생했다는 점에 대하여 충분한 연관관계가 인정된다면 시장지배적지위 남용행위가 성립할 수 있다는 논리를 펼친 후, 경쟁위원회가 적어도 하류 시장에서 발생하는 반경쟁적인 효과에 대해서는 충분한 입증을 하였다고 자평한다. 신생 디지털 서비스사업자들은 디지털 사업의 발달에 기여하고 혁신을 유발하고 다양성을 제공함으로써 하류시장에서의 경쟁을 촉진시키는 역할을 하는데, 구글의 모호하고 자의적인 'Ads 규정'으로 인하여 신생 디지털 사업자들이 새로운 서비스를 제공하는 시도를 하는 것을 꺼리게 되고 그 결과 하류시장에서의 경쟁이 교란되었다는 것이다. 그리고 구글이 온라인 검색광고시장과 온라인 검색 서비스 시장에서 강력한 지위를 차지하고 있다는 점, 구글의 Ads 플랫폼은 인지도가 적은 사업자가 디지

15) 구글의 행위가 시장에 미친 효과에 대해서는 의결서 105면 이하에 기재되어 있다.

털 서비스 공급 시장에 진입하고 활동을 하기 위한 '필수적인 매개물'이라는 점도 경쟁위원회가 이 사건에서 강조한 사항이다. 경쟁위원회의 위와 같은 논리구조는 기존의 시장지배적지위 남용 법리에 기초해서 볼 때에는 다소 매끄럽지 아니한 측면이 있다.[16)17)]

(3) 부과된 과징금의 적절성

일단 Gibmedia 사건에 대해서는 경쟁위원회가 디지털 거인인 구글에게 최대한의 과징금을 부과해야 한다는 목적론에 지나치게 치중하였다는 비판이 제기되었다. 게다가 경쟁위원회가 부과과징금을 계산하면서 자신의 과징금 산정 지침[18)]을 따르지 않았다는 점[19)]도 논란이 되고 있다. 일반적으로 위 과징금 산정 지침은 경쟁위원회의 부과과징금이 적절하고 지나치게 과도하지 않도록 방지하는 역할을 한다. 물론 부과될 과징금이 충분하지 않다는 특별한 사정(사안의 심각성, 피해의 중대성)이 있을 경우에는 경쟁위원회는 동 기준을 적용하지 않을 수 있다. 이와 관련하여 온라인 플랫폼 사업자의 착취남용행위를 보다 강하게 제재하기 위해서라면 경쟁위원회가 스스로 만든 기준을 따르지 않아도 좋은 것인지 놀랍다는 비판적인 견해가 있다.[20)]

추가적으로 경쟁위원회는 이번 구글/Gibmedia 사건의 과징금을 높게 산정하면서 그 근거중 하나로서, 경쟁위원회가 구글이 관련된 다른 건

---

16) David Bosco, L'ère de la 《post-modernisation》, ouverte par l'Autorité de la concurrence, comm. 46.

17) Aut. conc., déc., n°19-D-26, 19 déc. 2019, pt 351.

18) Aut. conc., communiqué du 16 mai 2011.

19) Aut. conc., déc., n°19-D-26, 19 déc. 2019, p.126, 127.

20) David Bosco, L'ère de la 《post-modernisation》, ouverte par l'Autorité de la concurrence, comm. 46.

(2013)[21]에서 구글에게 온라인 광고와 관련된 규정들을 더 명확하게 하여야 한다고 언급한 적이 있다는 사실을 들고 있다. 즉, 경쟁위원회가 구글 Ads 규정의 경쟁법상의 위험성을 구글에게 이미 알렸다는 것이다.[22] 하지만 이에 대해서도 법위반행위의 반복을 이유로 피심인에게 가중된 과징금을 부과하기 위해서는 양자의 행위가 정확하게 일치하고 종전의 행위에 대해서 구체적인 제재가 가해진 적이 있어야 하는데, 경쟁위원회는 이번 구글/Gibmedia 사건에서 '準(quasi) 법위반행위 반복'과 같은 새로운 법적 개념을 만들었다는 비판이 있다.[23] 왜냐하면 경쟁위원회의 2013년도 결정의 경우에는 구글의 법위반행위를 입증할 증거가 부족하다는 이유로 경쟁위원회가 구글에 대해서 제재를 가하지 않았기 때문이다.

요컨대 구글이 프랑스 온라인 검색시장과 온라인 광고 시장에서 차지하는 비중과 매출액을 감안하면, 경쟁위원회가 구글에 처음 부과한 과징금 액수가 작아서는 곤란하다는 점은 심정적으로 이해가 간다. 그러나 이러한 이유로 기존의 과징금 산정 체계를 무너뜨린다면 이는 경쟁당국에 대한 신뢰를 저하시킬 우려가 있다. 이하에서는 프랑스 경쟁위원회가 착취남용으로 규율한 또다른 사례인 구글/저작인접권 사건에 대해서 살펴본다.

21) Aut. conc., déc., n°13-D-07, 28 févr. 2013.

22) Aut. conc., déc., n°19-D-26, 19 déc. 2019, p.128.

23) David Bosco, L'ère de la 《post-modernisation》, ouverte par l'Autorité de la concurrence, comm. 46.

II. 프랑스 경쟁위원회의 구글/ 언론사 저작인접권 사건[24)]

1. 사건의 개요

프랑스 경쟁위원회가 '저작인접권(droit voisins)[25)]에 기초하여 구글이 사용한 언론사의 기사에 대한 사용대가에 관하여 언론사와 선의(bonne foi)로 협상하라'는 내용의 임시조치를 구글에게 명함으로써 이 사건이 시작되었다(2020. 4. 9).

(1) 사건의 발단: 언론사 노조와 통신사의 신고제기

프랑스의 대표적인 언론사 노조와 프랑스 통신사(AFP)는 저작인접권에 관한 프랑스법이 실행됨에 즈음하여 구글을 경쟁위원회에 신고하였다(2019년 11월). 신고의 배경은 다음과 같다. 양질의 기사와 사진 등을 인터넷상에 제공하는 언론기관은 디지털 시대의 필수재인데, 현재 언론사들은 하드카피 형태의 정기구독이 줄어들어서 심각한 재정난을 겪고 있다. 구글과 같은 온라인 플랫폼은 언론사의 창작물을 사용하여 막대한 이득을 얻고 있으면서 플랫폼은 이를 언론사들과 충분하게 공유하지 않고 있다는 것이다.

---

24) Aut. conc., déc. n°20-MC-01, 9 avr. 2020.

25) 저작인접권은 좁은 의미로는 실연자의 권리, 음반제작자의 권리, 그리고 방송사업자의 권리를 뜻하지만, 넓은 의미로는 저작권과 유사하나 통상의 저작권보다 제한된 내용과 단축된 존속기간의 권리를 뜻하는 것으로서 입법례에 따라서는 사진에 관한 권리, 영화필름제작자의 권리, 책의 판면에 관한 권리 등이 포함되기도 한다. 정상조·박준석, 「지적재산권법」, 홍문사, 제3판(2013). 401면 이하 인용.

(2) 경쟁위원회의 임시조치

이에 대하여 경쟁위원회는 플랫폼에 대한 언론사의 저작인접권을 인정하는 새로운 프랑스 지식재산권법의 시행에 대응하여 구글에게 보존적 조치를 명하였다. 즉, 경쟁위원회는 조사를 계속하고 있고 아직 최종적인 결정을 내리지 않았지만, 본안 결정이 나오기 전에 일단 임시조치를 내린 것이다.

(3) 사건의 배경이 된 EU Directive와 프랑스 지식재산권법

구글/언론사 저작인접권 사건은 EU와 프랑스의 새로운 입법과 관련이 매우 깊으므로 이에 대해서 차례로 살펴본다.

2. EU Directive상 저작인접권

이 사건이 발생한 계기로는 디지털 시장에서의 저작권과 저작인접권에 대한 EU Directive(2019.4.17.자)[26]를 들 수 있다. 그 중에서 검색엔진 혹은 다른 온라인 플랫폼이 언론사의 기사를 사용하는 것에 대해서 언론사의 저작인접권을 인정하는 제15조가 이 사건과 직결된다.[27] 제15조가 나오게 된 배경은 다음과 같다: 구글은 언론사가 제공하는 기사 등 내용물을 자신의 여러 서비스에서 재사용하고 있다. 네티즌이 구글 서치에서 검색어를 넣고 검색을 하면 구글과 계약을 맺은 언론사의 기사물의 일부

---

26) DIRECTIVE (EU) 2019/790 OF THE EUROPEAN PARLIAMENT AND OF THE COUNCIL of 17 April 2019 on copyright and related rights in the Digital Single Market and amending Directives 96/9/EC and 2001/29/EC.

27) Laurence Franceschini, "Le droit voisin des éditeurs de presse face aux GAFA-, -David contre Goliath?", La Semaine Juridique Edition Générale, n°4, 27 janvier 2020, doctr. 109.

가 검색 결과에 뜨게 되는데, 네티즌이 해당 기사를 보려면 위 일부를 클릭하면 된다. 주지하다시피 디지털 플랫폼의 성장과 더불어 네티즌들이 이러한 구글의 서비스를 이용하여 언론사 기사를 보는 트래픽이 늘어나고 있다. 문제는 구글은 언론사의 기사 등이 구글 서치에 나타나게 하는 과정에서 구글 검색엔진에 광고를 실음으로써 막대한 이익을 보고 있는 반면에, 막상 기사 등을 제작하여 제공하는 언론사는 구글로부터 대가를 지급받지 못하고 있고, 그 결과 언론사들의 재정 상황이 점점 악화되어 가고 있다는 점이다.[28]

(2) 프랑스 지식재산권법상 저작인접권

이어서 회원국인 프랑스를 보면, 개정된 프랑스 지식재산권법전(2019. 7.24)이 언론사의 플랫폼에 대한 저작인접권을 인정해 준 것이 이 사건의 직접적인 계기가 되었다. 개정된 프랑스 지식재산권법(Code de la propriété intellectuelle)[29]은 위에서 본 EU directive를 프랑스법에 반영한 것이다. 참고로 프랑스는 EU 회원국 중에서 가장 먼저 위 Directive를 국내법에 반영하였다.[30] 이에 따라 프랑스 지식재산권법전의 저작인접권편(Livre II)에 '언론사의 권리'라는 장(Chapitre VII)이 추가되었는데, 동 장은 Art. 218-1부터 218-5까지의 조문으로 구성되어 있다.

그렇다면 프랑스 지식재산권법이 언론사의 저작인접권을 인정한 이유는 무엇일까. 이 사건과 관련이 깊은 프랑스 지식재산권법 L. 218-4는 언

---

28) David Bosco, "Nouvelle décision contre Google suspecté d'abuser des éditeurs de presse", Contrat Concurrence Consommation n°6, juin 2020, comm. 101.

29) La loi n°2019-775 du 24 juillet 2019 tendant à créer un droit voisin au profit des agences de presse et des éditeurs de presse.

30) https://www.lemonde.fr/pixels/article/2019/10/23/qu-est-ce-que-le-droit-voisin-au-centre-d-un-conflit-entre-les-medias-et-google_6016644_4408996.html

론사와 디지털 플랫폼 간에 균형잡인 협상 조건이 마련되도록 하기 위하여 만들어졌다. 즉, 언론사와 디지털 플랫폼은 언론 기사와 관련된 광고로 인하여 생성되는 가치를 서로 나누어야 하고, 플랫폼은 언론기관의 노력과 투자에 대한 정당한 대가를 언론사에게 지급해야 한다는 것이다.[31] 또한 개정 프랑스 지식재산권법은 디지털 플랫폼이 언론사의 간행물을 전재하는 것을 허용하거나 금지할 수 있는 권한을 언론사에게 부여하였다는 점도 의미가 있다. 그리고 개정법에 의해서 인정된 언론사 저작인접권의 대상은 언론 기사, 사진, 비디오, 이미지, 컴퓨터그래픽 등이다. 아무래도 구글 서치 같은 디지털 플랫폼이 검색 서비스 등을 제공하면서 언론사가 작성한 기사 등을 사용하는 행위가 프랑스 지식재산권법상 언론사 저작인접권의 주된 적용대상이라고 하겠다.

3. 경쟁위원회는 구글의 행위가 시장지배적지위 남용에 해당할 가능성이 높다고 결정함(임시조치)

(1) 새로운 언론사 저작인접권 규정에 대한 구글의 대응

그러나 구글은 개정된 프랑스 지식재산권법 시행 전부터 법시행과 상관없이 자신의 방식을 바꾸지 않겠다고 천명하였다. 이어서 구글은 동법 시행일 한 달 전에는 새로운 법규정의 문구를 따르겠다고 언급하면서, 대신 자신에게 기사 등을 무상으로 사용할 수 있는 허가를 내준 언론사를 제외하고는 기타 언론사의 기사 텍스트, 사진, 비디오, 컴퓨터그래픽들을 Google Search, Google Actualité et Discover에 더 이상 게재하지 않

31) Laurence Idot, "Chronique Droit européen de la concurrence : pratiques anticoncurrentielles - Mise en oeuvre dans la sphère publique et importance de la décentralisation : l'application en France des articles 101 et 102 TFUE", RTD Eur. 2020 p.982.

겠다고 선언하였다.[32] 이러한 구글의 대응은 형식적으로만 새로운 규정을 존중하겠다고는 하였을 뿐이고, 실질적으로는 저작인접권에 기하여 디지털 플랫폼은 자신이 게재한 기사 등에 대해서 언론사에게 정당한 보상을 해야 한다는 EU Directive와 프랑스 지식재산권법의 입법취지에 정면으로 반하는 것이다.[33] 이처럼 구글이 언론사의 저작인접권을 무력화시킨 것은 프랑스에서 사회적으로 큰 반향을 불러일으켰고, 급기야 프랑스 대통령, 총리, 문체부 장관 등이 구글의 태도를 공개적으로 비판하게 되었다.[34] 학계에서도 구글은 언론사와 협상에 임하기를 거부한 것이고 언론사들에게 자신에게 무상 라이센스를 제공하도록 사실상 강제한 것이라는 분석이 제기되었고,[35] 구글이 형식적으로는 새로운 저작인접권

32) Fayrouze Masmi-Dazi, Droit voisins: l'Autorité de la concurrence impose une négociation, 11 mai 2020.

33) 연혁적으로 검색엔진에서 사용되는 언론사의 기사 등에 저작인접권을 인정하는 문제는 프랑스에서는 2010년부터 본격적으로 논의가 되었다. 2013년에는 정부 입법(projet de loi)형태로 저작인접권 인정 입법이 시도되었으나, 당시 구글이 6천만 유로를 프랑스 언론협회(AIPG)에게 지급하기로 약정(Google 펀드)함에 따라 동 법안은 폐기되었다. 참고로 비슷한 형태의 입법은 다른 EU 회원국인 독일과 스페인에서도 시도되었던 적이 있다. 독일에서는 2013년에 게재 후 1년 동안 저작인접권을 인정하는 법이 채택되었으나 구글이 언론사들과 협상하기를 거부하는 바람에 동 법은 실효성을 거두지 못하였다. 그리고 스페인의 경우 저작권의 새로운 예외를 새로이 인정하는 방식으로 구글이 언론사에게 보상하도록 하려고 하였으나, 2015년에 동 법이 시행되었음에도 불구하고 독일과 다찬가지로 구글이 협상을 거부함에 따라 언론사에게 대가가 전혀 지급되지 못하였다. 이와 연장선상에서 프랑스에서 2019년에 검색엔진에게 언론사 기사 등의 사용에 대한 저작인접권을 인정하는 법이 시행되었음에도 불구하고, 구글은 독일, 스페인의 선례와 같이 언론사와의 협상자체를 봉쇄하고 언론사로 하여금 무상 라이선스를 구글에게 제공하도록 하는 방식으로 문제를 해결하려고 한 것이다. Laurence Franceschini, *op. cit.*, doctr. 109.

34) *Ibid.*

35) David Bosco, Nouvelle décision contre Google suspecté d'abuser des éditeurs de presse, comm. 101.

조문을 존중하는 척하면서 실질적으로는 자신의 지배적지위를 활용하여 언론사들을 협박하여 언론사가 자신의 라이선스를 스스로 포기하도록 강제한 것이라는 비판이 제기되었다.[36)]

(2) 구글의 대응에 따른 결과: 언론사는 구글로부터 대가도 지급받지 못하고 오히려 구글에게 더욱 종속됨

위와 같은 구글의 언론사 저작인접권 대응 방침이 밝혀지자, 대다수의 프랑스 언론사들은 구글이 법적으로 보호되는 자신의 게재물을 무상으로 사용하도록 허용하고 말았다. 문제는 이 과정에서 구글은 언론사들과 협상을 하지도 않았고 보수도 전혀 지급하지 않았다는 점이다. 게다가 언론사들이 자신의 기사 등에 대한 포괄적인 무상사용 허가권을 구글에게 내줌에 따라, 이전보다 오히려 더 많은 언론사 기사, 사진, 비디오, 컴퓨터그래픽들이 구글에게 제공되는 정반대의 결과를 낳았다.

그렇다면 언론사들이 구글에게 자신의 기사 등을 무상으로 사용하도록 허락한 이유는 무엇일까. 경쟁위원회 보도자료와 의결서는 이에 대해서 직접적으로 언급하지는 않고 있다. 대신 프랑스의 유력 언론인 르몽드(Le Monde)는 그 이유를 다음과 같이 설명한다. 만약 언론사가 구글에게 자신의 기사 내용 등을 무상으로 사용하도록 허락하지 아니할 경우, 구글은 구글 서치 검색 결과에 해당 언론사의 기사 제목 정도만 올려놓고 언론사로의 연결링크는 올려놓지 않을 것이다. 그러면 해당 언론사 홈페이지를 방문하는 독자(네티즌)의 숫자가 확연히 줄어들 것이고, 광고 수입에 의존하는 언론사로서는 결국 막대한 타격을 입게 된다.[37)]

---

36) Laurence Franceschini, *op. cit.*, doctr. 109.

37) Le Monde avec AFP Publié le 24 octobre 2019, "Tout comprendre au droit voisin, au centre du contentieux entre Google et les médias". https://www.lemonde.fr/pixels/article/2019/10/23/qu-est-ce-que-le-droit-voisin-au-centre-d-un-conflit-entre-

(3) 구글의 행위에 대한 경쟁위원회의 법적 판단

1) 경쟁위원회의 결정의 단초: 일반검색 시장에서의 구글의 지위

경쟁위원회는 임시조치를 하면서 구글이 언론사에게 불공정한 거래조건을 강요함으로써 일반검색 서비스 시장에서의 지배적 지위를 남용하였다고 볼 여지가 많다고 판단하였다. 구체적으로 경쟁위원회는 구글의 행위는 불공정한 거래조건의 강요, 탈법적인 법의 잠탈, 차별적 행위에 해당한다고 보았다.

특히 경쟁위원회는 구글이 관련시장인 프랑스 일반검색서비스 시장에서 2019년 기준으로 90%를 넘는 점유율을 차지하고 있다는 점을 강조하였다. 실증적으로도 신고인 32개 언론사들을 분석한 결과, 언론사들의 인터넷 홈페이지로 건너온 트래픽 중에서 최소 26%, 최대 90%는 인터넷 검색엔진을 거쳐서 온 것이라고 한다.[38] 그러므로 언론사에게 있어서 검색엔진을 거쳐서 오는 트래픽은 매우 중요하고, 언론사로서는 자신의 홈페이지를 방문하는 디지털 독자를 놓칠 수 없으며, 만약 이들을 놓칠 경우 언론사가 심각한 경제적 어려움을 겪게 될 것임은 자명하다. 이러한 이유에서 언론사는 언론기사 등에 대해서 아무런 대가도 지급하지 아니하겠다는 구글의 저작인접권 무력화 정책에 순응할 수밖에 없는 상황에 처해 있었다. 구글이 자신의 게재물을 외진 위치로 내려버릴 경우 언론사는 자신의 인터넷 홈페이지로 넘어오는 트래픽이 줄어들고 결과적으로 이로 인하여 얻을 수 있는 재정적 수입(광고비 등)을 잃어버리게 되기 때문이다. 그리하여 언론사들은 저작인접권을 인정하는 프랑스법이 실행된 이후에도 구글이 제시한 자신에게 더욱 불리한 조건을 어쩔 수

---

les-medias-et-google_6016644_4408996.html.

38) Aut. conc., déc. n°20-MC-01, 9 avr. 2020, p.52.

없이 받아들일 수밖에 없었다. 이러한 사정을 종합적으로 고려하여 경쟁위원회는 구글의 행위로 인하여 언론분야에서 중대하고 즉각적인 침해가 있음을 확인하고서 긴급한 조치를 내렸다.

2) 시장지배적지위 남용행위에 해당할 가능성이 높다고 판단된 행위

현재까지의 조사결과, 경쟁위원회는 신고된 구글의 행위는 다음과 같이 시장지배적지위 남용행위에 해당할 가능성이 있다고 보았다.

① 불공정(inéquitable)한 거래 조건의 강요: 저작인접권에 의하여 보호받는 내용물의 재사용과 게재 문제에 있어서, 구글은 합의와 보상을 아예 배제시키는 형태로 불공정한 거래조건을 언론사들에게 강요하였다.

② 탈법적인 법의 잠탈(contournement de loi): 구글은 프랑스 지식재산권법과 EU Directive에 대응하여 무료로 라이선스를 제공하기로 동의한 언론사의 기사만을 자신의 검색엔진에 나타내기로 하였다. 하지만 이는 법이 의도한 목적에 어긋나는바, 동 법은 디지털 플랫폼이 언론사들과 조금 더 가치를 공유하도록 하기 위해서 만들어졌기 때문이다. 결과적으로 구글은 언론사에게 라이센스를 주는데 동의해달라고 요청하지 않고서도 결과적으로 언론사의 기사 전체를 취득하는 셈이 되었다.

③ 차별적 행위: 구글은 언론사의 개별적인 상황과 저작인접권에 의해 보호되는 내용물에 대해서 검토조차 하지 않은 채로 모든 언론사들에게 아무런 대가를 지급하지 않는다는 정책을 시행하였다. 그러므로 구글은 서로 다른 사업자들을 똑같이 대우하였는데 이는 차별적인 행위에 해당한다.

(4) 경쟁위원회의 임시조치

이 사건에서 경쟁위원회는 구글에게 저작인접권에 기초하여 구글이 사용한 언론사의 기사 등에 대한 사용대가에 관하여 언론사와 '선의로 협상하라'[39]는 임시조치를 명하였다. 여기에서 대가에 대하여 선의(bonne foi)로 협상하라가 정확히 무엇을 의미하는가는 선뜻 이해하기 쉽지 않다. 일단 분명한 것은 우리나라 민법총칙에서와 같이 '선의'는 어떤 사정을 알지 못하는 것이고, '악의'는 이를 알고 있는 것을 뜻하는 것은 아니라는 점이다.[40] 이와 관련하여 프랑스 민법전 Art. 1112는 계약 이전 단계에서의 협상의 시작, 진행, 중단은 자유로워야 하고, 선의(bonne foi)의 요구를 충족시켜야 한다고 규정하고 있는데, 동 규정의 내용 역시 상당히 추상적이어서 이 프랑스 민법전 조문만으로는 경쟁위원회의 임시조치의 내용을 정확하게 추론하기는 쉽지 않다.[41] 따라서 아래에서 임시조치의 구체적인 의미에 대해서 고찰해 본다.

1) 임시조치의 구체적인 내용

경쟁위원회가 내린 조치의 구체적인 내용은 다음과 같다. 구글은 언론사의 기사 등을 재사용하고 게재하는 방법과 이에 대한 대가지급에 대하여 선의를 가지고 언론사들과 협상에 임하라. 즉, 구글은 협상을 원하는 언론사와 선의를 가지로 협상해야 하는데, 협상은 투명하고 비차별적인 방식으로 행해져야 하고, 프랑스 지식재산권법 L.218-4의 취지에 부합하여야 한다. 게다가 동 시정조치는 단지 구글이 언론사와 협상을 개시하

---

39) "conduire des négociations de bonne foi".

40) 곽윤직·김재형, 「민법총칙[민법강의 I]」, 박영사, 제9판(2013), 49면. 송덕수, 「민법총칙」, 박영사, 제5판(2020), 230면.

41) Gaël Chantepie et Mathias Latina, "La réforme du droit des obligations", Dalloz, 2016, p.140-141.

도록 하는데 그치지 않고, 더 나아가 구글이 대가를 지급하는 안을 제시하는 일종의 결과물을 도출해 내기를 요구하고 있다. 즉, 구글은 선의를 가지고 언론사와의 협상에 임하고 그에 따라 언론사와 적절한 라이선스 계약을 체결하라는 의미이다.[42] 이와 관련하여 경쟁위원회가 협상을 거쳐서 언론사에게 지급하라고 구글에게 명한 대가는 공평하고 합리적이고 비차별적이어야 하므로 'FRAND'의 성격을 가진다는 지적이 있다.[43] 그리고 경쟁위원회는 구글은 개정된 프랑스 지식재산권법이 시행된 날인 2019.10.24. 이후에 언론사가 가진 정당한 권리에 대해서 협상을 하여야 한다고 밝혔는데, 이는 구글이 장래에 대한 저작인접권 대가의 지급뿐만 아니라 관련 법시행일부터 협상완료일까지의 대가도 지급해야 한다는 것을 의미한다.

세부적으로는 언론사가 구글에게 대가에 관한 협상을 요청하면 구글은 이로부터 3개월 내에 협상에 임해야 한다. 구글은 언론사와의 협상중에 당해 언론사 기사물의 색인, 분류, 표시 방법에 있어서 구글 서치에서 변경을 가하면 안 된다. 다시 말하면 위의 협상기간 동안 구글은 언론사가 정한 방식에 따라 기존의 기사, 사진, 비디오 등의 게재 방법을 유지하여야 한다. 또한, 균형 잡힌 협상이 진행되도록 하기 위해서, 구글은 구글의 서비스 내에서 언론사의 기사 등을 색인하고 분류하고 일반적으로 표시함에 있어서 중립을 유지하여야 한다. 추가적으로 구글이 언론사와 저작인접권 관련 협상에 착수하였다고 하여서, 이로 인하여 구글과 해당 언론사와의 다른 경제적 관계가 영향을 받아서는 안 된다.[44] 이러

42) David Bosco, Nouvelle décision contre Google suspecté d'abuser des éditeurs de presse, comm. 101.

43) Fayrouze Masmi-Dazi, Droit voisins: l'Autorité de la concurrence impose une négociation, 11 mai 2020.

44) David Bosco, Nouvelle décision contre Google suspecté d'abuser des éditeurs de

한 조치는 언론사가 구글에게 협상을 요구했다는 이유로 구글이 언론사에게 불이익을 가하는 것을 막기 위한 것으로 보여진다. 그 외에 경쟁위원회의 임시조치는 본안 결정이 나올 때까지 유지되는데, 구글은 임시조치를 실행하고 있다는 점에 대해서 월간 보고서를 경쟁위원회에 제출하여야 한다. 일단 임시조치의 내용이나 실효성 측면에서 고찰할 때, 경쟁위원회의 임시조치는 신고인인 언론사에게는 만족스러운 내용을 담고 있다고 볼 수 있겠다.[45]

2) 임시조치 요건의 충족여부

임시조치에 관한 프랑스 상법 L. 464-1은 임시조치는 경제일반, 관련분야, 소비자 이익 혹은 신고인에게 중대하고 즉각적인 피해를 입히는 경우에만 행해질 수 있다고 규정하고 있다. 따라서 2020년 구글/저작인접권 사건에서 임시조치 발동요건이 충족되었는지가 문제될 수 있는데, 일단 구글의 행위가 언론분야에 '중대한 피해'를 줄 수 있다는 점에 대해서는 의문이 없다. 하지만 구글이 언론사들에게 기사 등에 대한 대가를 지급하지 않은 것은 새로운 일이 아니고 오래 전부터 있었던 일이라는 점에서 '즉각적인 피해'라는 임시조치의 요건은 충족되지 않았다는 비판적 견해가 있다. 프랑스 지식재산권법의 개정에도 불구하고 구글이 기사 등의 대가를 미지급하는 정책을 고수해온 것은 새로운 사실은 아니라는 것이다.[46] 이어서 임시조치에 대한 또 다른 견해를 소개하면, 임시조치는 장점이 많지만 임시조치는 반경쟁적인 행위를 명확하게 입증한 상태에서 내려지는 것이 아니기 때문에 신중하게 사용될 필요는 있다는 지적

---

presse, comm. 101.

45) *Ibid.*

46) *Ibid.*

이 있다. 디지털 경제하에서 경쟁당국의 임시조치는 해당 분야에 큰 영향을 미치는데, 임시조치가 산업분야에 미친 영향은 나중에 되돌리기 어렵기 때문이다.[47)]

3) 임시조치에 대한 법원의 판단

한편, 구글은 경쟁위원회의 임시조치에 대해서 불복하였는데, 파리항소법원은 2020.10.8. 경쟁위원회의 결정들이 대체로 적법하다고 판시하였다. 즉, 법원은 경쟁위원회의 관련시장 판단 등에 있어서 문제가 없다면서, '구글이 언론사와 선의로 협상할 의무'와 '객관적, 투명한, 비차별적인 대가를 언론사에게 제안할 것'과 같은 경쟁위원회의 주요 조치를 유지시켰다.[48)49)] 법원은 "경쟁위원회의 조치는 구글이 제공하는 서비스의 개선과 혁신을 금지하는 것은 아닌 바, 다만 여기에서 서비스 개선이나 혁신은 경쟁위원회의 결정 제1조와 제2조에서 규정된 협상과 관련하여 저작인접권자에게 직접적 또는 간접적으로 불이익을 초래하지 않는 한도에서 허용된다"고 하였다.

---

47) Emmanuel Claudel, "La temporalité des règles de concurrence est-ellle adaptée au numérique?", Cahiers de droit de l'entreprise n°3, mai 2019, dossier 21.

48) Cour d'appel de Paris, 8 octobre 2020, 20/08071. Jean-Christophe Roda, "Google dans la tournemente concurrentielle", Recueil Dalloz, 2020, p.2176. Fayrouze Masmi-Dazi, "Droits voisins, Acte II: en appel, Google dévoile un pan de son plan de bataille", Dalloz actualité, 21 octobre 2020.

49) 파리항소법원의 경쟁위원회의 임시조치에 대한 긍정적인 해석은 그 직전에 나왔던 구글/Amadeus 시스템 사건의 임시조치에 대한 파리항소법원 판결과 방향이 비슷하다. 파리항소법원은 프랑스 경쟁위원회가 구글/Amadeus 시스템 사건에서 구글에게 2019년에 임시조치를 내렸던 결정(19-MC-01)은 적법하다고 판시하였다. Cour d'appel de Paris, 4 avril 2019, RG n°13/03274. Frédéric Marty, "Abus d'éviction -Mesures conservatoires- Publicité en ilgne", Concurrences, n°3-2019, p.89-90.

4. 구글/언론사 저작인접권 사건에 대한 평가

(1) 착취남용에 관한 경쟁당국의 대담한 행보

그런데 경쟁위원회가 구글의 행위로 인한 반경쟁적 효과를 구체적으로 입증하지 아니하고 시장지배적지위 남용행위의 성립가능성을 인정한 것에 대해서 프랑스 내에서도 논란이 계속되고 있다. David Bosco 교수는 한마디로 프랑스와 EU가 언론분야의 미래에 있어서 어떠한 염려를 가지고 있는지는 충분히 수긍할 수 있으나, 이 사건과 같이 경쟁당국이 디지털 플랫폼을 규제하는 방식에 대해서는 염려가 된다고 지적한다. 즉, 경쟁위원회가 현실상 필요하다는 이유로, 2019년 구글/Gibmedia 결정과 2020년 구글/언론사 저작인접권 임시조치에서와 같이 전에 사용되지 않던 새로운 방법(법목적의 잠탈시 혹은 부당한 거래조건 강요시 시장지배적지위 남용행위를 인정)을 사용할 경우에는 법적안정성이 크게 해쳐진다는 것이다. David Bosco 교수는 디지털 분야에서 이어진 최근의 경쟁위원회 결정들을 보면 경쟁위원회가 대담한 행보를 하고 있다고 평한다. 그는 디지털 거인의 지배력으로 인하여 경쟁이 해쳐질 우려가 크고 이에 대해서 경쟁당국이 적극적으로 대응하려다 보니 대담한 행보가 이어지고 있다고 분석한다. David Bosco 교수는 기본적으로 구글은 광고로 인하여 얻는 가치를 언론사와 같이 나눌 의무가 있다는 점은 인정하고, 디지털 거인에 맞서 싸울 새로운 방식은 바로 착취남용의 인정이 될 수 있다고 본다. 하지만 이러한 착취남용 강화의 움직임은 그 의도는 좋지만 현실적인 우려도 불러일으키고 있다는 것이 그의 지적이다.[50] 그동안 프랑스에서도 '착취남용(abus d'exploitation)'은 실제 사건에서 거의 사

50) David Bosco, Nouvelle décision contre Google suspecté d'abuser des éditeurs de presse, comm. 101.

용되지 않았는데.[51] 경쟁위원회는 디지털 기업들의 남용행위에 대응하기 위하여 이러한 개념을 적극적으로 활용하기 시작한 것이다.[52]

(2) 착취남용과 관련된 쟁점에 대한 검토

1) 착취남용행위에 대한 시정명령의 적절성: '선의로 협상하라'

이 사건에서는 기사의 사용방법과 대가에 대해서 선의로 협상하라는 문구의 의미가 무엇인지가 중요하다. 개인적으로는 이는 유럽, 특히 프랑스식 사고방식에 기초한 것으로서 미국 기업의 경영자들이 '선의로 협상에 임하라'는 의미를 받아들이기는 쉽지 않아 보인다. 생각건대 경쟁위원회는 새로운 저작인접권 법조문을 면탈한 구글에 대해서 균형감 있는 협상을 하도록 강제하려고 하는 것으로 여겨진다. 그런데 협상의 내용, 나아가 협상의 결과물이 균형이 잡힌 공정한 것임을 요구하는 것은 반경쟁적인 행위에 대해서 내려지는 통상의 시정명령과는 거리가 있다. 학계

51) 마찬가지로 EU 집행위원회도 배제남용을 중심으로 시장지배적사업자의 남용행위를 검토하는 경향을 보였기 때문에 EU에서도 착취남용의 중요성은 점차 감소되고 있었다. Louis Vogel, 「Droit de la concurrence : [droits européen et français]」, Paris : LawLex ; Bruxelles : Bruylant, 2015, p.305.

52) 이 외에 위 구글/저작인접권 사건을 데이터의 축적·가공·사용 측면에서 분석하는 견해도 있다. 즉, 동 견해는 시장에서 상당한 힘을 가진 기업이 남용적인 방법으로 지식재산권을 침해하는 행위를 막기 위해서는 동 기업이 정보를 수집하는 방식에 대해서도 유의할 필요가 있다고 주장한다. 이러한 전제하에서 정보 그 자체뿐만 아니라 기업이 정보를 취득하는 방식에도 관심을 기울일 필요가 있다고 하면서, 동 견해는 프랑스 경쟁위원회가 위 구글/저작인접권 사건에서 구글에게 언론사들과 선의로 협상하라고 명한 것이 지배적 사업자의 정보 취득 방식이 적절한가를 평가한 것이라고 주장한다. Luc-Marie Augagneur, "Les aspects relatifs à la circulation des données dans les programmes de conformité em droit de la concurrence", Revue Internationale de la Compliance et de l'Éthique des Affaires, n°3, juin 2020, étude 111.

에서는 착취남용에 근거하여 시장지배적지위 남용행위를 의율할 경우 이에 대한 적절한 시정명령을 도출해 내기 어렵다고 지적해 왔는바 구글/언론사 저작인접권 사건의 시정명령은 이러한 어려움을 잘 보여준다고 하겠다.

2) 법의 왜곡·잠탈을 이유로 시장지배적지위 남용행위를 인정할 수 있는가

그리고 구글이 저작인접권 조문이 지식재산권법전에 도입된 입법취지를 존중하지 않았다는 그 자체만으로 남용행위에 해당하는가라는 의문이 들 수 있다. 어쨌거나 구글은 지식재산권법 문구를 직접 위반한 것은 아니기 때문이다. 이 문제에 대해서 프랑스 경쟁위원회는 EU 사법재판소의 AstraZeneca 판례[53]를 들면서, 위 판례의 취지를 감안하면 시장지배적사업자가 비록 법을 형식적으로 위반하지는 않았다고 하더라도, 객관적인 정당화 요소 없이 시장지배적사업자가 법목적을 잠탈하였다면 남용행위에 해당할 수 있다고 판단하고 있다. 그런데 문제는 EU 사법재판소의 동 판례에서는 경쟁위원회와 같은 입장을 명시적으로 표명한 적은 없다는 점이다. 과연 '법목적을 잠탈'하는 형태의 남용행위가 인정될 수 있을 것인가도 궁금한 일인데, 만약 법원에서도 최종적으로 이러한 형태의 남용행위가 인정된다면 유사한 시장지배적지위 남용행위의 인정사례가 늘어날 것이다.[54]

53) CJUE, 6 déc. 2012, aff. C-457/10.

54) David Bosco, Nouvelle décision contre Google suspecté d'abuser des éditeurs de presse, comm. 101.

3) 부당한 거래조건의 강요를 이유로 시장지배적지위 남용행위를 인정할 수 있는가

이 사건에서 경쟁위원회가 부당한 거래조건의 강요를 이유로 시장지배적지위 남용행위의 성립을 인정하였다는 점도 논란의 대상이 되었다. 사실 경쟁위원회는 구글이 언론사들의 서비스(기사 등 제공)를 통해서 광고비 형태로 많은 이익을 취득하고 있으면서 언론사에게 대가를 거의 지급하지 않고 있는 것을 비난한 것이다. 경쟁위원회 결정에 따르면, 구글과 언론사의 관계에서 경제적인 불균형이 있다는 점으로부터 시장지배적지위 남용행위의 성립이 거의 그대로 도출되었다.

하지만 법적 관점에서 보면 이러한 판단은 문제가 있다. 경쟁위원회 의결서는 경쟁위원회가 부당한 거래조건의 강요를 이유로 남용행위를 인정할 때에는 경쟁위원회는 반경쟁적인 효과의 존재를 입증할 필요가 없다고 하고 있다.[55] 경쟁위원회는 2019년의 구글 Ads 제재 결정(구글/Gibmedia)에서도 위와 같은 입장을 취하였는데,[56] 2020년의 저작인접권 사례에서도 이러한 입장을 반복한 것이다. David Bosco 교수는 이에 대해서 부정적인 입장을 표명한다. 프랑스의 시장지배적지위 남용행위에 관한 상법전 L.420-2나 반경쟁적인 합의에 관한 L.420-1조는 경쟁위원회에게 위법한 행위로 인한 반경쟁적인 효과를 입증할 것을 요구하고 있기 때문이다. 즉, 조문상으로는 문제되는 행위가 경쟁 구조나 경쟁 기능에 영향을 미쳐야만 비로소 프랑스법상 시장지배적지위의 남용에 해당할 수 있는 것이다. David Bosco 교수는 만약 경쟁위원회가 시장지배적 사업자가 정의롭지 못한 행위를 하였다고 해서 시장지배적지위 남용행위를 구성할 수 있게 된다면, 이는 불확실성을 가중시킬 수도 있다고 염려한다.[57]

---

55) Aut. conc., déc. n°20-MC-01, 9 avr. 2020, pt 60

56) Aut. conc., déc., n°19-D-26, 19 déc. 2019, pt 3530.

Ⅲ. 프랑스 구글 사건들의 시사점

1. 착취남용행위 개론

일반적으로 시장지배적지위 남용행위는 강학상 착취남용과 배제남용으로 나뉘는데, 착취남용이라고 하면 시장지배적사업자가 지위를 이용하여 독점이윤을 취득하기 위해서 직접 거래상대방이나 소비자의 이익을 침해하는 것을 뜻하고, 배제남용이라고 하면 시지사업자가 시장에서 현실적 혹은 잠재적 경쟁자를 배제하여 시장에서 경쟁이 작동하지 않도록 함으로써 간접적으로 소비자의 이익을 침해하는 행위를 말한다. 또한, 우리나라의 경우 시장지배적사업자의 착취남용행위와 관련되는 규정들을 두고 있는바 공정거래법 제3조의 2 제1호의 부당한 가격책정이 대표적인 예이다. 그런데 아무래도 시장지배적지위 남용이라고 하면 부당한 사업활동방해, 신규진입방해나 부당한 경쟁사업자 배제와 같은 배제남용을 중심으로 경쟁당국의 집행이 이루어져 온 바 있다. 이처럼 착취남용을 이유로 한 법집행이 드물었던 이유는 착취남용의 주요 유형은 가격설정인데 경쟁당국이 설정된 가격이 과도하게 높다는 것을 판별하고 입증한다는 것 자체가 현실적으로 어려울 뿐만 아니라 시장경제의 핵심 원리인 가격을 직접 규제하는 것이 과연 적절한가라는 의구심에서도 기인한 것으로 보인다.[58] 비슷한 취지에서 유럽에서도 착취적 행위의 경우 경쟁자들이 배제되지 않았기 때문에 남용행위가 존재하지 않는다는 시각도

57) David Bosco, Nouvelle décision contre Google suspecté d'abuser des éditeurs de presse, comm. 101.

58) 이호영, 「독점규제법」, 홍문사(제6판, 2020), p.46, 61. 참고. 이봉의, "독과점시장과 착취남용의 규제 - 독점규제법 제3조의2 제1항 1호를 중심으로 - ", 「경쟁법연구」 한국경쟁법학회(제22권, 2010), 123면 이하 참고.

있다. 경쟁자들은 시장지배적사업자의 높은 가격설정 전략에 대응해서 자신의 가격을 낮추면 된다는 것이다. 같은 취지에서 유럽에서도 적절한 가격의 판단 가능성에 대해서 회의적인 시각이 있다.[59] 부수적으로는 행해진 착취남용행위에 대해서 적절한 시정명령을 부과하기 어렵다는 점도 착취남용을 활용하기 어려운 이유로 추가될 수 있다. 참고로 최근의 퀄컴의 시장지배적지위 남용행위 사건에서도 특허 라이선스 비용의 과다 산정이 사건의 중요한 배경이 되기는 하였지만, 결국 공정거래위원회와 서울고등법원의 판단은 배제남용의 틀을 중심으로 이루어진바 있다.[60]

반대로 착취남용을 규제할 필요가 있다는 찬성론의 근거는 다음과 같다. ① 오랫동안 시장에 상당한 진입장벽이 존재하는 경우에는 착취남용의 가능성이 높아지고, ② 착취남용 규제가 곧 초과이윤 취득을 금지하는 것은 아니고, ③ 비용산정 등 착취남용 규제의 집행상의 난점은 약탈가격 설정 등 다른 행위에서도 발생하고, ④ 착취남용 규제는 명백하고 현저한 경우에 한하여 인정되는 예외적, 비상적 수단이므로 경쟁당국이나 법원이 가격규제자가 되는 것은 아니다.[61] 이와 관련하여 우리나라는 독과점구조를 띈 사업분야가 많고 독과점사업자는 소비자 이익을 직접 침해하는 착취남용행위를 할 우려가 있으므로, 우리나라에서 착취남용의 규제는 비록 그 집행상 어려움이 있다고 하더라도 이를 정교하게 발전시켜 나가는 것이 바람직하다는 주장에 주목할 필요가 있다.[62]

---

59) Daniel Mainguy, Malo Depincé, Mathilde Cayot, 「Droit de la concurrence」, LexisNexis, 3ème éd., 2019, p.340-341.

60) 서울고등법원, 2019.12.4. 선고 2017누48 사건. 공정위, 의결 제2017-025호, 2017.1.20.

61) 권오승·서정, 「독점규제법 이론과 실무」, 법문사(제3판, 2018), 147면.

62) 이호영, "공정거래법상 시장지배적 사업자 규제의 쟁점과 과제", 「저스티스」 한국법학원(제104호, 2008), 91-92면. 이봉의, 위의 글, 123-127면. 권오승·서정, 위의 책, 147면에서 재인용.

2. 구글 사건은 시장지배적지위 남용행위와 불공정거래행위 중 어디에 속하는가

(1) 거래당사자간 지위의 불균형과 일방적인 거래조건의 결정은 불공정거래행위의 성격도 가짐

앞에서 본 구글/Gibmedia 사건과 구글/언론사 저작인접권 사건의 공통점으로는, 구글이 거래 조건을 사실상 일방적으로 결정하였다는 점과 구글과 거래상대방들과의 관계는 매우 불균등했다는 점을 들 수 있다.[63] 이처럼 거래당사자간 지위의 불균형과 일방적인 거래조건의 결정이 사안의 중심이 되다 보니, 구글의 행위가 관련 시장에 어떠한 경쟁제한 효과를 미쳤고 그 결과 경쟁사업자의 진입이 방해되었고 경쟁사업자가 실제로 퇴출되었는가는 위 사건에서 중점적인 주제에서는 벗어나게 되었다. 그렇다면 만약 구글/Gibmedia 사건과 구글/언론사 저작인접권 사건이 우리나라에서 발생하였다고 가정하면 어떻게 될까. 이 경우 공정위가 공정거래법 제3조의 2의 시장지배적지위 남용행위 대신에 공정거래법 제23조 제1항 제4호의 거래상지위남용행위로 의율하려고 시도할 가능성도 있어 보인다.

(2) 프랑스 경쟁위원회는 왜 불공정거래행위로 의율하지 아니하였는가

그렇다면 프랑스법에는 우리나라 공정거래법 제23조 제1항 제4호의 거래상지위남용행위 같은 규정이 없는지 의문이 들 수 있는데, 사실 프랑스 상법 L. 442-1이하의 조문들은 다양한 불공정거래행위들을 규율하고 있다. 그 중에서도 상법 L. 442-1, I, 2°(당사자들의 권리와 의무 간에 있어서 심각한 불균형을 초래하는 사항을 거래상대방이 받아들이도록

---

63) Laurence Franceschini, *op. cit.*, doctr. 109.

하는 행위의 금지)와 상법 L. 442-1, II(확립된 상거래관계를 갑작스럽게 단절하는 행위)는 구글/Gibmedia 사건과 구글/언론사 저작인접권 사건에 적용될 가능성도 있어 보인다. 위 2개 규정은 불공정거래행위를 일반적으로 금지하는 규정으로서 실무상으로도 매우 활발하게 적용되고 있기 때문에, 법위반행위 인정의 수월성이라는 측면에서 보면 구글/Gibmedia 사건과 구글/저작인접권 사건을 불공정거래행위 사안으로 처리하는 것이 보다 용이하기는 하다.

그런데 프랑스 법체계상, 프랑스 경쟁위원회는 불공정거래행위에 대해서는 시장을 분석하고 해결책을 제시하는 정책적인 활동은 가능하지만 구체적인 대신에 불공정거래행위 사건을 직접 조사하고 이를 제재하는 결정은 내리지 아니한다. 구체적인 불공정거래행위를 조사하는 역할은 경제부 내 DGCCRF(경쟁·소비자·기망방지실, Direction générale de la concurrence, de la consommation et de la répression des fraude)에게 맡겨져 있다. 이러한 점에서 프랑스 법체계는 공정위가 시장지배적지위 남용행위 뿐만 아니라 불공정거래행위에 대한 조사와 결정을 모두 담당하는 우리나라 공정거래법 체계와 다르다. 부연 설명하면 프랑스 경쟁위원회는 대형마트의 식품유통에서의 불공정거래행위 억제란 주제에 관하여 의견을 작성하고 이에 대한 해결방안(예: 입법안)을 제시하는 것은 얼마든지 가능하지만, 예컨대 까르푸(Carrefour)의 구체적인 불공정거래행위를 직접 조사하여 제재하는 역할은 통상적으로 담당하지 않는다. 따라서 구글/Gibmedia 사건과 구글/저작인접권을 불공정거래행위의 관점에서 조망한다면 구글을 조사하여 제재하는 역할을 하는 기관은 바로 경제부내 DGCCRF가 될 것이다.[64][65] 그런데 구글의 반경쟁적인 행위에 대해

64) 프랑스에서는 불공정거래행위를 민사제재하는 체재를 취하고 있어서, 불공정거래행위가 발생한 경우 피해자는 기본적으로 민사소송을 통하여 자신의 피해를 구체

서 경쟁당국인 프랑스 경쟁위원회가 소극적으로 대응하는 것은 자연스럽지 않을 것인바, 경쟁위원회가 그 동안 활용되지 않던 시장지배적 사업자의 착취남용행위론을 위 2개 사건에 적용한 것은 이러한 경쟁위원회의 사정과도 무관하지 않아 보인다. 요컨대 프랑스 경쟁위원회가 저작인접권 과 관련된 구글의 행위에 직접 개입하기 위해서는 시장지배적지위 남용행위인 착취남용을 활용할 필요성이 있다.

3. 유럽에서는 착취남용행위에 대한 새로운 접근이 시도되고 있음

독일연방카르텔청이 2019년 2월에 독일 SNS 시장에서 90%의 시장점유율(이용자수 기준)을 보유한 Facebook의 광범위한 이용약관을 사용한 것은 정보보호법에 위배되고 더 나아가 시장지배적지위 남용에 해당한다고 결정[66]한 이후, 국내외에서 온라인 플랫폼 사업자의 착취남용 문제에 대한 논의가 촉발되었다. 그리하여 국내에서도 온라인 사업자의 부당한 데이터 수집, 이용행위의 경쟁법상 착취남용행위 해당여부와 관련하여 다양한 연구 내용이 나오고 있다. 마찬가지로 프랑스 경쟁위원회 역시 2019년 이후 착취남용행위의 측면에서 구글의 시장지배적지위 남용

받아야 한다. 다만, 경제력이 매우 불균형한 관계에서 발생한 불공정거래행위를 민사절차에만 맡겨두어서는 이의 해결이 곤란하므로, 공공질서 보호 측면에서 경제부 내 DGCCRF가 불공정거래행위를 직접 조사한 후 피해자를 위하여 민사소송을 제기하고 수행할 수 있는 제도가 활용되고 있다(L.442-4). 박세환, “상거래의 공정을 추구함에 있어서 사적자치와 경제적 공공질서 간의 조화”, 「상사판례연구」, 한국상사판례학회(제32편 제3권, 2019), 123면.

65) Louis Vogel, 「Droit de la concurrence : [droits européen et français]」, Paris : LawLex ; Bruxelles : Bruylant, 2015, p.1177 이하. 박세환, “EU 차원의 불공정거래행위 규제방안에 대한 연구”, 「경쟁법연구」, 한국경쟁법학회(제38권, 2018), 175면.

66) Bundeskartellamt, decision of Feb. 6 2019, Facebook, B6-22/16.

행위의 성립을 인정하고 구글에게 과징금을 부과하였다는 점에 주목할 필요가 있어 보인다.

(1) 프랑스와 독일에서는 착취남용을 활용해 보려는 공감대가 형성됨

어쨌든 독일연방카르텔청의 페이스북 결정이 EU경쟁법과 동떨어진 독특한 결정에 지나지 않는다고 치부할 것은 아니라고 생각된다. 왜냐하면 프랑스에서도 구글을 상대로 연이어 착취남용 규제강화에 기초한 결정을 내놓았기 때문이다. 이처럼 EU의 핵심 회원국인 독일과 프랑스 경쟁당국에서는 디지털 플랫폼 사업자의 착취남용행위 금지를 강화하자는 공감대가 형성되어 있음을 확인할 수 있다.[67]

(2) 유럽에서 착취남용을 활용하려는 움직임에 대한 검토

한편, 착취남용 인정요건에 대한 프랑스 경쟁위원회 결정은 2가지 측면에서 주목할 필요가 있다. 첫째로 착취남용 인정에 있어서 경쟁제한효과에 대한 증명을 완화함으로써 기존의 배제남용 위주의 시장지배적 지위 남용의 틀을 벗어났다는 점에서 대담한 시도에 해당한다. 둘째로 착취남용을 적극적으로 인정할 경우, 경쟁당국은 공정이라는 주관적 가치를 추구하는 정책기관에 가까워질 수 있는데, 경쟁당국의 바람직한 역할과 임무는 무엇인가라는 질문이 제기될 수 있다는 점이다.

---

67) Laurence Idot 교수는 프랑스 경쟁위원회가 착취남용에 점점 더 많은 관심을 가지고 있다는 점은 쉽게 확인할 수 있다고 말하였다. Laurence Idot, Chronique Droit européen de la concurrence : pratiques anticoncurrentielles - Mise en oeuvre dans la sphère publique et importance de la décentralisation : l'application en France des articles 101 et 102 TFUE, p.982.

1) 경쟁제한 효과 같은 객관적 요소 외에도 불균형·강요·입법목적의 잠탈 같은 주관적 요소를 중시함

위에서 본 바와 같이 착취남용 인정에 있어서의 대담한 시도에 대해서는 유럽 내에서도 우려 섞인 반응도 제기되고 있다. 현재까지 EU나 프랑스에서는 시장에서의 경쟁의 작동을 저해시켰는지, 경쟁자의 진입을 방해하고 진입장벽을 높였는지를 중심으로 시장지배적지위 남용행위를 판단해 왔는데, 이를 배제하고 주관적인 '불균형', '강요'같은 요소가 개입된 착취남용 인정법리를 시장지배적지위 남용에 널리 채택할 경우, 경쟁법체계의 법적안정성이 저해될 수 있다는 지적이 가능하다. 그 동안 축적해온 경쟁제한 효과의 실증적 입증 중심의 시장지배적지위 남용행위 규제방식이 약화될 수 있다는 것이다.[68]

2) 경쟁당국의 역할과 임무에 대한 고민

그리고 거래당사자간 불균등한 거래관계와 일방당사자의 강요와 같은 주관적요소에 기초하여 시장지배적지위 남용여부가 판단될 경우 경쟁당국이 중립성 내지 독립성이 약화될 가능성이 있다는 염려도 제기될 수 있어 보인다. 프랑스의 경우에는 지금까지 구체적인 불공정거래행위 사건에 있어서는 경쟁당국인 프랑스 경쟁위원회는 직접 개입하지 아니하고 민사제재를 통해서 해결하는 것을 기본 방침으로 세워왔는데 이는 경쟁당국이 불공정을 매개로 하여 당사자의 사적 거래에 지나치게 개입하는 것을 체계적으로 막기 위한 측면이 있다. 그런데 경쟁위원회가 디지털 거인의 횡포를 막는다는 목표 아래 정부나 국회의 정책집행과 여론을

---

68) Guillaume Mallen, "L'appréhension des pratiques restrictives par les autorités françaises et européennes de la concurrence: Analyse des pratiques contractuelles abusives entre professionnels à l'épreuve du droit des pratiques anticoncurrentielles", Harmattan, DL 2014. p.269. 참고.

뒷받침하는 결정을 내릴 경우, 경쟁당국의 중립성(비편파성)이 약화될 수 있다는 지적이 가능할 것이다.

3) 착취남용에 대한 시정명령의 이행

착취남용의 경우에는 경쟁당국이 경쟁질서를 회복하기 위한 적절한 시정명령 안을 도출해 내기가 쉽지 않다는 점은 위에서 기술한 바와 같다. 그렇다면 후속 문제로서 착취남용행위를 한 해당 기업이 시정명령을 이행하는 안을 경쟁당국에 제시한 경우 경쟁당국은 그 이행여부를 어떠한 기준에 의해서 평가할 것인가라는 의문이 제기될 수 있다. 왜냐하면 경쟁위원회는 결정문에서 협상의 기준이나 합의달성의 조건에 대해서 정확히 명시하지는 않았기 때문이다.[69] 뿐만 아니라 경쟁위원회의 임시조치의 적법성을 인정한 파리항소법원 판례 역시 구글이 언론사가 요구한 라이선스료를 그대로 받아들여야 할 의무를 지지는 않는다고 밝힌바 있다.[70] 어쨌거나 언론사와 선의로 협상하여 기사 등에 대한 적절한 대가를 지급하라는 경쟁위원회의 난해한 임시조치에 직면하여, 구글은 최대한 자신의 이익을 지키면서도 시정명령 불이행으로는 처리되지 않을 만한 방안을 모색할 것임은 분명하다.

그런데 2020.11. 구글은 검색엔진에서 사용되는 기사 등에 대한 대가를 지급하기로 6개 프랑스 언론사와 합의에 도달하였다. 여기에서 6개 언론사는 Le Monde, Le Figaro, Libération, L'Express, Courrier internationale, L'Obs인데, 이들은 모두 프랑스를 대표하는 주요 언론사들

69) Fayrouze Masmi-Dazi, Droit voisins: l'Autorité de la concurrence impose une négociation, 11 mai 2020.

70) Cour d'appel de Paris, pôle 5, chambre 7, arrêt du 8 octobre 2020, 20/08071. Fayrouze Masmi-Dazi, Droits voisins, Acte II: en appel, Google dévoile un pan de son plan de bataille, 21 octobre 2020.

이다. 그리고 위 대가지급 합의는 EU Directive와 프랑스 지식재산권법상의 저작인접권에 기초한 것으로서 계약기간은 3년이며, 구글이 지급할 대가는 언론사의 정보생산에의 기여도 등을 감안해서 결정된다고 한다.[71] 이어서 구글은 2021.1.22. 프랑스 언론단체인 APIG(l'Alliance de la presse d'information générale)와 프랑스 언론사에게 저작인접권 대가를 지급하기로 합의하였는데, 언론사에게 지급되는 대가는 정보에의 기여도, 발행부수, 월간 인터넷 독자 수 등의 기준에 근거하여 개별적으로 산정된다고 한다.[72]

결과적으로 구글이 언론사의 저작인접권에 기하여 언론사에게 대가를 지급하기로 하였다는 점 자체만으로도 프랑스 경쟁위원회의 '선의로 협상에 임하라'라는 임시조치는 상당한 성과를 거두었다고 볼 수 있다. 다만 구글은 구체적으로 어떠한 산정기준에 의하여 언론사에게 지급할 금액을 계산하는지에 대해서 자세히 밝히지 아니하고 있는바, 특히 해당 중소언론사가 구글이 제시한 액수에 수긍하지 아니할 경우 이러한 간극을 어떻게 해결할 것인가의 문제는 여전히 고민거리를 남길 것이다.

4. 유럽의 구글 사건을 우리나라 사건에 대입할 때 유의사항

한편, EU나 프랑스에서의 구글 사건의 경우 구글이 인터넷 검색 시장, 온라인 광고 시장, 지도, 이메일, 동영상 재생 시장 등의 인터넷 관련 시

71) https://www.lemonde.fr/economie/article/2020/11/19/droits-voisins-accord-entre-google-et-plusieurs-medias-francais-pour-remunerer-les-extraits-d-articles-dans-le-moteur-de-recherche_6060380_3234.html. https://www.lefigaro.fr/flash-eco/droits-voisins-la-justice-francaise-valide-l-obligation-pour-google-de-negocier-20201008

72) https://www.lemonde.fr/economie/article/2021/01/21/google-a-signe-un-accord-pour-remunerer-la-presse-francaise-au-titre-du-droit-voisin_6067045_3234.html

장들을 석권하고 있다는 유럽 내 위기감과도 관련이 있다. 즉, EU내 인터넷 관련 시장에서 구글의 지위가 철옹성에 가깝기 때문에, 이대로 두면 해당 시장에서 경쟁이 고사하고 4차 산업혁명의 필수재인 데이터가 구글을 통하여 미국으로 흘러가버리고 EU내에는 변변한 온라인 플랫폼 사업자가 없을 것이라는 위기감이 유럽 내에 팽배하다. 구글이 2019년에 나온 저작인접권 관련 Directive와 프랑스 지식재산권법을 사실상 형해화시키는 방향으로 대응한 것도 이러한 유럽인의 우려에 불을 지핀 셈이다. 그런데 우리나라의 경우 구글은 인터넷 검색 시장의 1위 사업자가 아니고, 온라인 광고 시장이나 지도검색, 이메일, SNS 서비스 시장 등에서도 국내사업자들이 구글과 활발하게 경쟁을 벌이고 있다. 따라서 프랑스의 구글 사건에서 구글의 초 시장지배적지위를 인정하는 첫단추가 되는 구글 서치에서의 독점적 지위와 인접시장에서의 강한 시장지배적지위는 우리나라에는 정확하게 대칭이 되지는 않는다. 지도검색, 이메일 서비스 등의 인접시장에서도 사정은 이와 비슷하다. 이처럼 온라인 플랫폼의 남용행위 여부를 판단할 때에는 유럽과 우리나라에서의 관련 시장의 집중도 차이도 고려함이 적절해 보인다.

5. 경쟁법의 '포스트 모더니즘' 시대가 도래할 것인가

(1) 유럽에서는 착취남용에 대해서 전향적인 움직임을 보이고 있음

독일 연방카르텔청의 Facebook 결정에서 촉발된 온라인 플랫폼사업자의 착취남용행위 문제는 그 영역이 정보사용문제에 국한된다거나 동 사건이 독특한 사례에 불과하다고 치부할 것은 아니라고 생각된다. 프랑스와 독일의 경쟁당국은 거대 온라인 플랫폼 사업자의 시장지배적지위 남용행위를 착취남용의 관점에서 규율하려는 움직임을 보이고 있고, 실제로 프랑스에서는 구글의 착취적인 거래조건의 설정이나 가격설정행위가 사건의 주된 대상이 된 바 있다. 그리고 프랑스·독일이 EU 내에서 차지하는 비중을 감안할 때, 필자는 EU 집행위원회와 다른 회원국 경쟁당국도 착취남용을 통하여 거대 온라인 플랫폼 사업자의 단독행위를 규제하는 태도를 취할 가능성이 있다고 생각한다. 경쟁법의 '포스트 모더니즘' 시대가 도래하였다고 평가한 David Bosco 교수의 말에 수긍이 간다.[73)]

물론 거대 온라인 플랫폼에 대하여 착취남용행위를 인정한다는 것은 경쟁당국으로서는 과감한 도전에 해당한다. 프랑스 현지에서도 경쟁위원회가 구글의 착취남용행위를 연이어 인정한 것에 대해서 법리측면에서 다양한 비판이 제기되고 있고, 필자가 보기에도 경쟁위원회 결정문 내용은 논리적으로는 매끄럽지 아니하다. 게다가 착취남용행위에 대한 적절한 시정명령의 내용과 같은 경쟁당국의 법집행 문제에 대해서도 많은 논란이 제기되고 있다는 점은 본문에서 상술한 바와 같다. 이러한 문제점들은 종래부터 학자들이 착취남용으로 시장지배적지위 남용행위를 제재할 경우에 발생할 수 있는 문제라고 적절히 지적해 온 것이다.

(2) 착취남용의 효용성

그런데 기존의 공정거래법 규정으로는 해결하기 힘든 거대 온라인 플랫폼의 남용행위를 어떻게 적절히 규제할 것인가라는 질문에 직면해서는, 경쟁당국으로서는 착취남용행위의 적용여부에 대해서 전향적으로 검토해 볼 필요가 있어 보인다.[74)] 주지하다시피 거대 온라인 플랫폼은 자

---

73) David Bosco, L'ère de la《post-modernisation》, ouverte par l'Autorité de la concurrence, comm. 46.

74) 우리의 공정거래법 체계하에서도 온라인 플랫폼의 개인정보 수집행위는 경우에 따라서 착취남용 규제의 대상이 될 수 있다고 보는 견해들이 제기되고 있다. 데이터 수집이 착취남용에 해당할 수 있다는 근거 중 하나로는, 공정거래법 제3조의

신의 서비스를 다각화하고 있고 온라인 플랫폼의 행위는 양면 내지 다면 시장에서 이루어지고 동 시장에서 네트워크효과를 발생시킨다는 특수성이 있어서 경쟁당국으로서는 대상 행위로 인하여 관련 시장에서 직접적인 경쟁제한 효과가 발생하였다는 점을 명확하게 입증하기가 쉽지 않기 때문이다.

게다가 최근에는 경쟁법에 기초하여 거대 플랫폼 사업자의 남용행위를 제재하려면 너무 많은 시간이 소요되기 때문에 경쟁법은 신속성을 생명으로 하는 디지털 경제와 서로 잘 맞지 않는 것이 아닌가라는 지적도 제기되고 있다. 즉, 경쟁당국이 다양한 사실관계 및 법률관계가 얽혀 있는 복잡한 거대 플랫폼 사건을 오랫동안 조사하는 동안 해당 플랫폼 사업자가 시장을 완전히 장악하고 연관 시장에서까지 자신의 지위를 콘크리트화 할 수 있다는 것이다. 이처럼 플랫폼 생태계가 이미 소수의 거대 사업자 중심으로 개편된 경우에는 이를 정상적인 경쟁 상황으로 되돌리기 매우 힘들어지고, 이러한 문제를 해결하기 위해서는 더욱 실행되기 어려운 구조적 조치(예: 분할명령)까지 요구될 수 있다.[75] 그렇다면 경쟁제한 효과에 대한 입증을 다소 완화하고 주관적 요건을 중시하는 착취남용은 경쟁당국의 조사·심의에 걸리는 시간을 줄여줌으로써 경쟁법의 이러한 약점을 극복하는데 도움이 될 수 있어 보인다. 같은 취지에서 디지털 경제에서는 임시조치와 동의의결제도도 주목을 받을 것이다.

---

2 제1항 제5호 후단이 소비자이익의 현저한 저해행위를 시장지배적지위 남용행위 유형으로 명시하고 있음을 들 수 있겠다. 이호영, “빅데이터의 경쟁법적 함의에 관한 연구”, 「법경제학연구」, 한국법경제학회(제15권제3호, 2018), 303면. 신영수, “빅데이터의 경쟁제한효과에 대한 법적 판단기준 연구”, 「법학논고」, 경북대법학연구원(제69집, 2020), 361, 369면. 최난설헌, 디지털 시장에서의 독과점 규제 적용 가능성에 대한 검토 - 독일의 Facebook 사례를 중심으로 -, 420, 421면 참고.

75) Emmanuel Claudel, *op. cit.*, dossier 21. Daniel Fasquelle, *op. cit.*, dossier 1 참고.

(3) 경쟁당국이 온라인 플랫폼 사업자의 남용행위에 대해서 시장지배적 지위 남용행위를 적용하려고 시도

프랑스에서는 상법전에 다양한 불공정거래행위 규정(L. 442-1 이하)들이 존재하고 있기 때문에 온라인 플랫폼 사업자의 남용행위를 불공정거래행위라는 관점에서 접근할 가능성이 열려있기는 하다. 하지만 프랑스 경쟁위원회는 이미 행해진 불공정거래행위를 조사·제재하지는 아니하고 불공정거래행위와 관련해서는 자문 내지 정책기능을 수행하고 있을 뿐이다. 대신에 프랑스에서는 경제부내 DGCCRF가 이미 행해진 구체적인 불공정거래행위를 조사하는 역할을 수행하고 있다. 그러다 보니 경쟁당국인 프랑스 경쟁위원회가 구글/Gibmedia 사건이나 구글/저작인접권 사건에서 문제된 구글의 남용행위에 직접 개입하기 위해서는 시장지배적 지위 남용행위인 착취남용을 활용할 필요가 있다. 만약 프랑스 경쟁위원회가 배제남용을 중심으로 한 기존의 시장지배적지위 남용 인정기준을 고수한다면, 구글의 위와 같은 행위는 시장지배적지위 남용행위로 규율되기는 쉽지 않고 결과적으로 일반적인 불공정거래행위의 영역으로 분류될 가능성이 있다. 이 경우 경제부 내 DGGCCRF가 시장과 경쟁을 고려함이 없이 개별적인 '불공정'의 관점에서 거대 온라인 플랫폼의 남용행위 사건을 검토하게 된다. 그런데 이를 두고 과연 바람직한 경쟁법 집행방향에 해당한다고 평가할 수 있는지 의문이 든다. 경쟁당국이라면 거대 온라인 플랫폼의 남용행위에 대해서 경쟁법 본연의 영역인 시장지배적 지위 남용행위를 적용하기 위해서 시도할 필요도 있기 때문이다. 경쟁당국은 전문성·자율성·독립성을 핵심적인 가치로 하는 합의체기관이고 경쟁당국의 역할은 시장에서 경쟁이 정상적으로 작동할 수 있도록 하는 것이라는 측면에서 볼 때 그러하다.[76]

---

76) 이러한 필자의 견해와 달리, 착취남용이나 경제적 의존관계 남용은 시장획정, 경

이에 비해서 우리나라에서는 거대 온라인 플랫폼의 남용행위라는 문제를 해결하기 위해서 시장지배적지위 남용행위 규제방안의 가능성을 모색하기보다는, 공정거래법 제23조상의 거래상지위남용행위[77]나 이의 특칙의 성격을 가지는 온라인 플랫폼 공정화법 제정[78]과 같이 즉각적인 효과를 거둘 수 있는 방안이 주로 검토되고 있다. 물론 '온라인 플랫폼 공정화법'을 시급히 제정함으로써, 동 분야에서 발생하기 쉬운 불공정거래행위를 선제적으로 방지하고 온라인 플랫폼 분야의 공정거래 및 상생협력 기반을 마련하는 것도 의미가 있다.

하지만 사견으로는 온라인 플랫폼의 남용행위라는 문제에 대해서는 특별법을 제정하거나 시장의 경쟁기능과는 거리가 있는 거래상지위남용행위 규정을 활용하기에 앞서, 공정거래위원회가 시장지배적지위 남용행위의 일종인 착취남용의 적용여부에 대해서도 한번 돌이켜 보는 것은 의미가 있다고 생각한다. 그리고 만약 우리나라에서도 착취남용이 시장지배적지위 남용행위의 규율방안으로 활용될 경우에는, 시장지배적지위 남용행위와 불공정거래행위간의 관계를 어떻게 설정할 것인지가 중요한 쟁점으로 부각될 것이라고 예견한다.

쟁제한 효과, 경제적 의존관계 등과 같은 어려운 판단을 거쳐야 한다는 단점이 있으므로 거대 온라인 플랫폼의 남용행위를 규율함에 있어서는 보다 간이한 규제수단인 불공정거래행위 관련 규정(프랑스 상법 L.442-1 이하)을 먼저 검토할 필요가 있다는 견해도 프랑스에 있다. Stéphane Zinty, "Fasc. 1210: Droit commun des plateformes numériques — Le déroulement de la relation entre la plateforme et les usages", JurisClasseur Contrats-Distribution, nov., 2019, p.51.

77) (유)딜리버리히어로코리아의 거래상지위남용행위에 대한 건. 공정위 보도자료, "다른 앱에서 더 싸게 못팔도록 … 최저가 보장제 강요한 배달앱 요기요 제재", 2020.6.3.

78) 공정위, 보도자료, "「온라인플랫폼 공정화법」 제정안 국무회의 통과", 2021.1.26.

6. 프랑스 구글-언론사 저작인접권 사건의 임시조치 이후의 경과

위와 같은 프랑스 경쟁위원회의 2020년 임시조치 이후, 이와 관련된 경쟁당국의 후속 결정이 나왔기에 그 경과를 순차적으로 정리한다.

(1) 임시조치 미이행 결정[79)]

먼저 경쟁위원회는 2021.7.12. 구글이 임시조치상의 의무(성실 교섭, 정보제공 등)를 준수하지 않았다는 이유로 구글에게 5억 유로의 과징금을 부과하고 미이행시 1일당 30만 유로의 이행강제금 등을 부과하기로 결정하였다. 프랑스 경쟁위원회는 구글이 임시조치 결정에서 내려진 조치 제1호(선의로 교섭할 의무) 제2호(정보제공 의무), 제5호(보호대상 콘텐츠의 색인·분류·제시에 있어 협상의 존재 및 결과가 영향을 미치지 않도록 할 의무), 제6호(관련 권리에 관한 협상에서 구글이 언론사 및 통신사와 맺고 있는 다른 경제적 관계에 대해 중립성을 유지할 의무)를 이행하지 않았다고 판단하였다.

먼저, 경쟁위원회 결정에 따르면, 제1호(협상 개시를 요청한 언론사 등과 선의로 교섭할 의무)와 관련하여, 구글이 보호대상 콘텐츠의 이용을 이유로 인정한 권리는 부차적인 것에 불과하였고, 이에 대해서 별도의 금전적 가치가 부여되지 않았다. 또한 구글은 법률의 적용 범위를 축소하였다. 구글은 정치·종합 정보 언론사 자격을 갖추지 못한 언론사나 통신사에게는 보상 원칙을 적용하지 않았고, 협상 과정 전반에 걸쳐서 통신사가 출판사를 통해 재사용되는 콘텐츠에 대해서는 보상을 받을 수 없도록 하였다. 아울러 구글은 프랑스 지식재산법 L.218-4상 언론 콘텐츠 표시로부터 발생하는 수익 개념을 지나치게 제한적으로 해석하였다. 구

---

79) Aut. conc., déc. n°21-D-17, 12 juillet 2021.

글은 이를 구글 검색(Google Search) 페이지에서 보호대상 콘텐츠가 표시되는 경우 발생하는 광고 수익(Google Ads)으로 제한적으로 산정하였고, 보호대상 콘텐츠의 존재로 인해 발생하는 기타 간접수익—예컨대 다른 서비스에서 콘텐츠의 매력도가 높아져 이용자 방문이 늘어나고 체류시간이 늘어남으로써 구글이 누릴 수 있는 데이터 이용·수익화 가능성—은 수익으로 인정하지 아니하였다.

제2호(정보를 언론사 및 통신사에게 제공할 의무)와 관련하여, 이러한 의무는 언론사 및 통신사가 보상액 산정에 필요한 사항을 확보한 채 협상에 임할 수 있도록 하기 위함인데, 구글이 언론사 등에게 제공한 정보는 불완전하거나, 늦게 제공되거나, 혹은 특정 언론사나 통신사의 보호대상 콘텐츠에 특화되지 않은 일반적인 자료에 불과하였다. 즉, 구글이 제공한 정보는 언론사나 통신사가 구글의 보호대상 콘텐츠 이용, 여기에서 발생한 수익, 그리고 구글의 금전적 제안 사이의 연관성을 파악하기에는 불충분하였다. 또한 구글이 협상기간 동안 제공한 데이터는 온라인 검색엔진인 Google Search에 한정되어 있었고, 구글의 다른 서비스나 해당 콘텐츠 활용을 통해 발생하는 간접적인 수익을 포함하지 아니하였다.

(2) 동의의결로 종결

임시조치 이후에도 프랑스 경쟁위원회가 구글의 시장지배적지위 남용행위에 대한 본안 심사를 계속하자, 구글은 2021년 말에 시정방안을 제시하며 경쟁위원회에게 동의의결을 신청하였다.[80]

프랑스 경쟁위원회는 2022.6.21. 구글이 제시한 시정방안(commitments)

80) Aut. conc., Press release, "Google proposes commitments as part of the investigation into the merits of the related rights case. The Autorité submits them for public consultation", 2021.12.15.

을 수락하고, 본안 절차를 종결하였다. 구글은 시정방안으로서 구속력이 있는 다음과 같은 7개의 약속을 제시하였다: ① 구글은 자사의 서비스에서 보호받는 언론 콘텐츠의 사용 대가에 관한 보상안에 대해서 투명하고 객관적이며 비차별적인 기준에 따라 3개월 내 협상함, ② 언론사 및 출판사에게 구글과 협상하는 데 필요한 정보를 제공함, ③ 구글은 언론사가 자신에게 기사 사용의 대가를 요구하였다는 이유로 색인, 분류, 기사 노출에 있어서 불이익을 입지 않도록 필요한 조치를 취함, ④ 분쟁 시 중재절차 옵션 제공, ⑤ 시정방안 이행관리자에게 이행관리에 필요한 정보를 제공함으로써 이행관리자와 협력함 등이다. 또한 구글은 경쟁위원회가 행한 2021년 임시조치 미이행 제재(21-D-17)에 대하여 제기하였던 불복 절차를 취하하기로 하였다.[81)]

그런데 프랑스 경쟁위원회는 2024.3.15. 구글이 자신이 제시한 동의의결 시정방안을 일부 불이행하였음을 확인하고 구글에게 2억 5천만 유로의 과징금을 부과하였다.[82)] 그 이유는, 구글이 언론사 등에게 대가 산정방법으로 제시한 메모가 불투명하고, 협상 상대방에 대한 정보제공이 불충분하고 지연되었다는 점 등이었다. 즉, 경쟁위원회는 구글은 협상 당사자들을 정보 비대칭 상황에 두어 그들의 협상 능력을 약화시켰고, 또한 구글이 언론사와 출판사에 대한 보상산정 기준을 낮추고 보호받는 언론 콘텐츠을 게재함으로써 취득한 간접수익을 과소평가하였으며, 구글이 언론 기사 제목의 게재에 대해서도 보상을 하지 않았다고 보았다. 추가적으로 경쟁위원회는 구글이 인공지능 서비스 Bard(현재 Gemini)가 언론사의 콘텐츠를 사용하는 사실을 언론사와 출판사에 알리지 않음으로써, 제1 시정방안 따른 투명성 의무를 준수하지 않았다고 판단하였다.

81) Aut. conc., déc. n° 22-D-13, 21 juin 2022.

82) Aut. conc., déc. n° 24-D-03, mars 15 2024.

IV. 보론: 애플 ATT 사건과 경쟁당국과 개인정보보호당국간 협력

추가적으로 '타겟 광고를 위한 데이터 처리에 관한 사용자 동의'와 '데이터 처리와 관련한 경쟁당국과 개인정보보호당국 간의 협력'에 대해서 이야기한다. 데이터 처리 정책과 관련하여 프랑스 경쟁위원회는 2025년에 애플을 제재하면서 위 2개 주제에 관하여 흥미로운 결정을 내렸다.[83)]

1. 타겟 광고를 위한 개인정보의 수집, 처리: ATT 정책

애플은 2021년 4월 자신의 운영체제에 App Tracking Transparency (ATT) 정책을 도입하였는데, 이는 개인정보보호 강화를 목적으로 아이폰과 아이패드 사용자에게 App Store에서 다운로드한 앱을 실행하기 전에 '광고 타겟팅 목적의 데이터 처리에 대한 동의'를 요청하는 것이다. 즉, 사용자가 정보 활용에 동의한 경우에만 해당 애플리케이션은 타깃 광고를 위해 사용자의 데이터를 수집할 수 있고 사용자가 사용하는 다른 앱이나 웹사이트를 추적할 수 있게 된다.[84)]

2. 프랑스 경쟁위원회의 결정

(1) 시장지배적지위 남용행위로서 TFEU 제102조 위반: 착취남용

ATT에 따라 앱 개발자들은 ATT 창 외에 별도의 '동의 창'을 하나 더 표시해야 하였으며, 이로 인하여 사용자는 데이터 처리에 관한 여러 개

83) Aut. conc., déc. n°25-D-02, 31 mars 2025.

84) ATT 시행을 앞두고 언론, 광고 등 관련 협회들이 경쟁위원회에 애플을 신고하였다.

의 '동의 창'을 반복적으로 마주하게 되었다. 프랑스 경쟁위원회는 이러한 복잡한 데이터 동의 절차(이용 경로), 즉, '동의 창'을 사용자에게 반복적으로 띄우는 것은 불합리하고 경쟁법 관점에서 '남용적'이라고 보았다. 즉, 애플의 행위는 제3자 앱 개발자들이 타겟 광고 용도의 데이터 이용 동의를 받음에 있어서 지나치게 복잡한 경로를 만들었고, 플랫폼에의 접근을 비균등하게 제한하는 결과를 초래하였다는 것이 경쟁당국의 평가이다(비대칭적인 구조, 비중립적인 제도).

경쟁당국은 그 근거로서 먼저 사용자가 데이터 처리를 '거부'할 때에는 '한 번'만 클릭하면 되지만, '동의'할 때에는 반드시 여러 번 확인하는 구조(광고 수익에 의존하는 앱 개발자에게 불리)를 들었다. 게다가 애플은 자신의 앱에 대해서는 데이터 처리에 대한 '동의'를 이용자에게 요하지 아니하면서(iOS 15가 도입되기 전까지), 제3자 앱에 대해서만 이러한 '동의'를 거듭 요구하였다(자신과 제3자 개발자에게 서로 다른 기준을 적용). 프랑스 경쟁위원회는 애플의 이러한 편파성, 비대칭에 대해서 질타하면서 1억 5천만 유로의 과징금을 부과하였다. 즉, 타겟 광고용 데이터 처리에 있어서, 내가 할 땐 사용자 편익 증진이고 남이 할 땐 개인정보보호 강화가 필요하다는 것은 모순이라는 취지이다. 결과적으로 경쟁위원회는 ATT의 실행 방식은 애플에게 유리하고 제3자 앱에게는 불리한 데, 특히 자체적으로 축적한 데이터가 적어 타겟형 광고를 위한 대안을 마련할 수 없는 소규모 퍼블리셔에게 심각한 불이익을 준다고 보았다(자체적인 데이터 생태계 미보유).

(2) 시장지배적지위 남용행위를 인정한 배경

경쟁위원회는 개인정보보호라는 ATT의 목적은 그 자체로는 비난의 대상은 아니지만, 애플이 개인정보 보호라는 취지에서 택한 구체적인 실행 방식은 필수적이지도 않았고 과도하다고 보았다. 즉, 애플은 법이 요구하는 것보다 더 높은 수준의 소비자 보호 정책을 펼칠 수 있지만, iOS 내 앱 유통 시장을 지배하는 사업자로서의 '특별한 책임'을 감안할 때, 애플의 개인정보보호 정책은 경쟁법을 준수하여야만 한다는 것이다. 또한 애플과 같은 지배적 사업자가 정당하지 않은 과도한 플랫폼 접근 제한 정책을 펼칠 경우 입점사업자의 영업의 자유를 제한할 수 있고, 상품 및 서비스의 다양성과 품질을 저해할 수 있다고 하였다.

3. 프랑스 개인정보보호위원회(CNIL)와 경쟁위원회의 협력

본 사건에서 프랑스 경쟁위원회는 CNIL에게 공식 의견을 요청하였고, CNIL은 다음과 같은 의견을 경쟁위원회에게 제시하였다: ATT 제도는 소폭의 수정만으로도 개인정보보호 관련 법령을 충족할 수 있었고, '동의창'을 반복해서 띄움으로써 사용자의 동의 과정을 지나치게 복잡하게 만들 필요가 없었다.

그리하여 의결 과정에서 프랑스 경쟁위원회는 CNIL의 2가지 자료를 ATT에 관한 자신의 판단을 뒷받침하는 근거로 삼았다. ① 2023.12. 프랑스 경쟁위원회와 개인정보보호위원회의 공동 선언: [데이터 보호와 경쟁: 공동의 목표], ② 2024.11 'Lasserre[85] 미션'이라고 불리는 CNIL의 보고서 (데이터 보호와 경쟁 간의 관계에 관한 분석).[86]

---

85) Bruno Lasserre는 2004년부터 2016년까지 프랑스 경쟁위원회 위원장을 역임하였다.

86) https://www.cnil.fr/en/data-and-competition

4. 경쟁위원회 결정에 대한 이론적 검토

(1) 착취 남용

이 사건 결정의 핵심은 시장지배적사업자의 '착취남용(abus d'exploitation)'을 인정한 것이다. 즉, 프랑스 경쟁위원회는 시장지배적 기업이 거래 상대방이나 자신의 서비스 이용자에게 부과하는 거래 조건이 '불합리'하고 '불이익'이 되는 경우 착취남용에 해당할 수 있다고 하였다. ATT 제도가 GDPR 규정과의 정합성 측면에서 문제가 되었다는 점은 이해하기 쉽지만, ATT 정책이 경쟁법에 위반된다는 것은 직관적으로 명확하지는 아니하다. 즉, 광고 추적에 대한 추가적인 동의 요구(겉보기에 불필요한)가 경쟁법상 문제를 일으키는지에 대해서 경쟁당국은 2019년 Gibmedia 사건에서 처음 제시된 바 있는 '착취 남용'이라는 유연한 개념을 소환하였다.

(2) 프랑스 경쟁당국이 제시한 착취 남용 판단 기준은?

▷ 시장지배적 기업이 직접 또는 간접적으로 거래 조건을 '받아들이도록' 하였는가.

▷ 그 조건이 불공정(inéquitable)한가: 이 때 '불공정성'은 지배적 사업자의 행위가 '합리적인 범위' 내에서 이루어졌는지 여부를 기준으로 판단한다.

▷ 조건의 비례성: 시장지배적 사업자가 설정한 조건이 지배적 사업자의 정당한 목표 달성을 위해 '필요'하고 '비례적'인가'를 검토하여야 하는데, 이에 대해서는 시장지배적 사업자가 스스로 입증해야 할 책임이 있다. 왜냐하면 EU 경쟁법에서 시장지배적 사업자는 제102조에 따른 '특별한 책임'을 지기 때문이다.

5. 애플 ATT 결정에 대한 비판: DMA보다 강력한 경쟁법? 너무 유연하여 예측가능성 저해[87)]

프랑스 경쟁당국의 ATT 결정에 대해서는, 경쟁당국이 TFUE 제102조의 시장지배적지위 남용행위를 법리적으로 유연하게 적용함으로써 어쩌면 제102조를 Digital Markets Act(DMA) 보다 더 강력한 플랫폼 규제 도구로 만들어주고 주는 것이 아니냐는 현지의 지적이 있다. 즉, 위 결정은 이론적 기반이 취약하여 예측 가능성이 낮다는 비판이 있다. 불합리성과 불이익이란 애매한 것이고, 남용 개념을 지나치게 확장하여 TFEU 제102조를 만능조항으로 만들어줄 수 있다고 비판한다. 이와 관련하여 경쟁위원회의 결정문은 "지배적 사업자가 부과한 거래 조건이 가격, 선택권, 품질 또는 혁신과 같은 경쟁변수에 대해 불합리한 방식으로 영향을 미쳐, 그로 인해 지배적 기업의 거래 상대방, 소비자 또는 직접적인 거래 관계가 없는 제3자의 이익이 침해되었다면, 남용행위가 성립한다."라고 기술하였는데, 여기에서 우리나라의 불공정거래행위 중 거래상지위남용행위 불이익제공이 떠오른다. 이 사건에 대한 프랑스 법원의 최종 선택이 어떻게 될지 궁금하다.

---

87) David Bosco, "Abus d'exploitation : l'Autorité de la concurrence sanctionne le dispositif ATT d'Apple", Contrats Concurrence Consommation n°6, Juin 2025, comm. 87.

6. 프랑스 경쟁위원회와 CNIL의 공동선언문: '데이터 보호와 경쟁, 공동의 목표'

(1) 상호협력이 왜 필요한가?

경쟁당국은 개인정보보호 수준을 '경쟁의 한 요소'로서 점차 인식하고 있다. 이처럼 개인정보보호는 단순한 권리의 영역을 넘어 시장에서의 실질적인 경쟁 변수로서 작용 중이다. CNIL의 개인정보 보호 임무와 경쟁당국의 시장에서의 자유롭고 공정한 경쟁보호 임무는 서비스 이용자이자 소비자인 '국민을 위한 것'이라는 점에서 서로 수렴하고 있다.

이와 관련하여 2023년 유럽사법재판소의 메타 플랫폼 판결[88]은 양 당국 간 협력의 필요성을 강조하면서 '충실한 협력의 원칙'을 제시하였다. 즉, 양 당국은 서로를 지원해야 하고, 다른 기관의 목적을 훼손하지 말아야 하며, 규제 방향이 충돌하지 않아야 한다는 것이다. ATT 사건에서 보는 것처럼, 디지털 경제에서 개인정보의 경제적 활용은 경쟁과 개인정보 이슈를 동시에 발생시키므로 양 당국은 시너지 효과를 극대화할 수 있도록 서로 밀접하게 협력하는 것이 바람직하다.

(2) 상호 협력의 사례와 효과

프랑스 경쟁위원회는 애플 ATT 사건, GDF 수에즈 사건 등에서 CNIL이 제공한 개인정보보호 법령에 관한 해석 의견을 참고해 왔다. 반대로 프랑스 개인정보보호 위원회는 2023년 자신의 모바일 앱 분야의 개인정보 보호 의무 관련 권고안에 대하여 경쟁위원회에게 공식적인 자문을 요청하였다. 이처럼 경쟁당국과 개인정보보호당국이 서로 협력하면, 개인정보 보호 이슈로부터 초래되는 경쟁제한 효과와 피해를 더 정확하게 파

88) CJEU, Case C-252/21, 2023.7.4(Meta Platforms and Others).

악할 수 있고, 시장에서의 경쟁 상황으로 인하여 개인정보 보호가 위태로워지는 일을 예방할 수 있다는 장점이 있다. 예컨대 양 기관의 협력을 통하여, 궁극적으로 반경쟁적인 행위와 개인정보 침해 행위를 규제함에 있어서 '예측가능성과 일관성'이 높아질 수 있겠다.

(3) 협력 실행방안

구체적으로 살펴보면 프랑스에서 경쟁위원회과 CNIL은 비공식적으로도 의견을 교환하고 논의를 하고 있는데, 예컨대 경쟁당국의 조사부서와 CNIL의 법률지원 부서 간에는 정기적인 만남이 이루어지고 있다. 상대기관의 규제 체계를 보다 깊이 이해하고, 양 기관이 같이 접근해야 하는 사안을 빨리 포착할 수 있도록 노력을 기울이는 것이 중요하기 때문이다. 그 외에 양 기관은 공통의 관심 주제에 대한 '공동 연구'를 수행하고, 공동으로 의견을 수렴하며, 공통 관심주제에 대한 세미나를 정기적으로 공동 개최하고 있다. 추가적으로 프랑스 경쟁당국과 CNIL은 내부 구성원 간의 교류도 촉진하고 있다(공통 주제에 대한 공동 교육, 경제분석 팀간의 협업, 인사 교류).

플랫폼과 경영간섭

제4장

공정거래위원회(이하 '공정위')는 배달앱 사업자 甲이 일반소비자를 대상으로 최저가보장제를 시행하면서 배달음식점으로 하여금 자신의 배달앱에서 보다 직접 전화주문이나 경쟁 배달앱 등 다른 판매경로를 통해 더 저렴하게 판매하지 못하도록 하고, 이를 준수하지 않은 업체를 적발하여 판매가격을 수정하도록 요구하고 이에 따르지 않을 경우에는 계약을 해지하였다고 본 후, 「독점규제 및 공정거래에 관한 법률」(이하 '공정거래법' 혹은 '법'이라 한다) 거래상지위남용행위 중 '경영간섭'을 이유로 甲을 제재한 적이 있다(이하 '배달앱 사건').[1)]

그런데 공정거래법의 '경영간섭'은 일본 사적독점금지법의 '임원선임간섭'에서 유래한 독특한 행위유형에 해당하는 바, 미국, EU, 프랑스, 독일, 영국 등 대부분의 선진국들은 경쟁법에 경영간섭행위의 금지라는 조문을 따로 두고 있지 아니하고 있다. 그리고 경영간섭에 대해서는 해당 조문의 자구뿐만 아니라 불공정거래행위 규제 체계와 법리를 같이 고려할 필요가 있는데, 경영간섭을 폭넓게 인정할 경우 과연 우리나라 법체계와 법리에 부합하는지 여부도 고민해 볼 필요가 있다. 예컨대 경영간섭행위를 폭넓게 인정하면 공정위로서는 '거래상대방의 거래조건 제약'이 문제되는 수많은 사건에 대해서 경쟁제한성 판단이 수반되어 입증이 복잡한 행위유형을 검토할 필요가 없어지게 된다. 이처럼 온라인 플랫폼과 관련하여 거래상지위남용행위 유형 중 하나인 경영간섭의 성립요건을 어떻게 정립하고 그 인정범위를 어떻게 설정할 것인가는 중요한 의미를 가진다. 본문에서 상술하겠지만 개인적으로는 '경영간섭'은 규정의 본래 취지에 따라 행위자와 거래상대방 간에 수시로 지시·평가·감독이 일

1) 공정위, 전원회의 의결, 제2020-251호, 2020.8.24.

어나는 밀접한 관계를 전제로 한다고 해석함으로써 '간섭'의 의미와 범위를 제한하는 것이 바람직하다고 생각한다.

더 나아가 공정거래법 이외의 규정들을 바라보면, 정부가 2021.1 국회에 제출한 「온라인 플랫폼 중개거래의 공정화에 관한 법률」(이하 '온라인 플랫폼 공정화법'이라고 한다) 제정안은 제9조의 불공정거래행위 부분에 온라인 플랫폼의 경영간섭행위를 금지하는 조항을 하는 별도로 두고 있었다.[2] 이어서 공정위가 2023.1.12. 시행한 「온라인 플랫폼 사업자의 시장지배적지위 남용행위에 대한 심사지침」(공정위 예규 제418호)은 플랫폼 사업자의 최혜대우 요구의 예로서 위에서 언급한 배달앱 사례를 기재함으로써 거래상지위남용행위 중 경영간섭을 떠올리게 하고 있다.

이처럼 온라인 플랫폼 사업자의 최저가 보장과 관련하여 공정거래법의 경영간섭 규정을 적용한 공정위 결정이 존재하고,[3] 온라인 플랫폼에 관한 특별법(정부안)에도 경영간섭 규정이 들어가 있었으며, 온라인 플랫폼 사업자의 시장지배적지위 남용행위에 대한 심사지침도 경영간섭과 관련이 있다. 따라서 본문에서는 공정거래법상 거래상지위남용 중 경영간섭이란 무엇인지, 온라인 플랫폼과 관련하여 그 적용요건과 범위를 어떻게 설정할 것인지, 경영간섭을 통하여 온라인 플랫폼에 대한 규제를 강화하는 것이 적절한지에 대해서 검토해 본다.

---

2) 공정위, 보도참고자료, "「온라인 플랫폼 공정화법」 제정안 국무회의 통과", 2021. 1.26. 고형석, "온라인 플랫폼 중개거래의 공정화에 관한 법률안에 관한 연구", 「유통법연구」, 한국유통법학회(제8권 제1호, 2021), 3-4면.

3) 위에서 언급한 배달앱 사건 외에 공정위는 온라인 유통업자가 자신의 경쟁 온라인몰에서 일시적 할인판매 등으로 판매가격이 하락하면 납품업자들에게 경쟁 온라인몰의 판매가격 인상을 요구한 행위에 대해서 공정거래법상 경영간섭에 해당한다고 결정하였다. 공정위, 전원회의 의결, 제2021-237호, 2021.9.23.

Ⅰ. 공정거래법상 경영간섭행위에 관한 규정과 판례

1. 거래상지위남용 중 경영간섭행위 규정

공정거래법의 불공정거래행위 유형에는 거래거절행위, 차별적취급행위, 경쟁사업자배제행위, 부당한 고객유인행위, 거래강제행위, 거래상지위남용행위, 구속조건부거래행위, 사업활동방해행위, 부당지원행위가 있고(법 제45조 제1항), 이 중 거래상지위남용행위의 유형에는 이 글의 주제인 경영간섭 외에 구입강제, 이익제공강요, 판매목표강제, 불이익제공이 존재한다.[4] 이러한 거래상지위남용행위 규정의 취지는 "현실의 거래관계에서 경제력에 차이가 있는 거래주체 간에도 상호 대등한 지위에서 법이 보장하고자 하는 공정한 거래를 할 수 있게 하기 위하여, 상대적으로 우월적지위에 있는 사업자에 대하여 그 지위를 남용하여 상대방에게 거래상 불이익을 주는 행위를 금지시키고자 하는데" 있다.[5] 또한, 공정거래법상 불공정거래행위 성립요건인 공정거래저해성은 경쟁제한성, 경쟁수단의 불공정성, 거래내용의 불공정성을 포함하는 넓은 개념인데[6], 불공정거래행위 심사지침은 불공정거래행위 세부유형들 중에서 거래상지위남용, 사업활동방해, 부당한 고객유인 3개에 대해서는 경쟁제한성을 고려하도록 하고 있지 아니하고 그 외 나머지 불공정거래행위 유형들에

---

4) 공정거래법 시행령 [별표 1의 2], 공정위, 「공정거래백서(2020년판)」, 170, 171면.

5) 대법원 2006.9.8. 선고 2003두7859 판결 등. 권오승·서정, 「독점규제법 이론과 실무」, 박영사(제4판, 2020), 451면.

6) 공정위, 불공정거래행위 심사지침, III. 가. (1), (2). 공정위 전원회의 의결, 제2020-251호, 2020.8.24, 29면. 정호열, 「경제법」, 박영사(전정 제7판, 2022), 391-392면은, 공정거래저해성은 경쟁수단의 경쟁제한성과 거래내용의 불공정성, 그리고 소비자의 오인을 유발하는 남용성 등을 모두 망라하는 개념이라고 한다.

대해서 '경쟁제한성'을 중심으로 위법성을 판단하라고 규정하고 있다.[7] 따라서 거래상지위남용행위의 하나인 경영간섭의 경우 기본적으로 거래내용의 불공정성과 거래상대방의 자유로운 의사결정권에 방점이 찍혀 있다고 할 수 있다.

(1) 경영간섭에 관한 현행 규정

이하에서는 경영간섭에 관하여 직접 규정하고 있는 공정거래법 시행령 [별표2] 불공정거래행위의 유형 또는 기준 (제52조 관련) 6. 마의 내용을 구체적으로 검토한다.

> 마. 경영간섭
> 거래상대방의 임직원을 선임·해임함에 있어 자기의 지시 또는 승인을 얻게 하거나 거래상대방의 생산품목·시설규모·생산량·거래내용을 제한함으로써 경영활동을 간섭하는 행위

여기에서 경영을 간섭한다는 의미는 경영에 개입할 정당한 권원이 없음에도 불구하고 거래상의 지위를 이용하여 부당하게 경영에 개입하는 경우를 의미한다.[8] 예컨대 대리점 계약을 할 때 거래상대방의 대표이사나 중역의 임명시 자신의 동의를 얻도록 하거나 대리점 판매원을 일방적으로 해임할 수 있도록 하는 등 거래상대방의 인사문제에 대한 간섭이 그 예인데, 이 경우 거래상대방의 인사 권한을 침해하고 이를 바탕으로 지속적으로 경영활동에 간섭하게 된다는 점에서 경영활동의 자주성이 침해될 소지가 높아진다. 한편 경영간섭의 부당성 여부는 경영간섭의 의

7) 공정위, 불공정거래행위 심사지침 III, 1, V.
8) 임영철·조성국, 「공정거래법 이론과 실무」, 박영사(개정판, 2021), 144면.

도 및 목적, 관계법령, 거래대상 상품 또는 용역의 특성, 경영간섭의 내용과 정도 등을 종합적으로 고려하여 판단하고, 다만 경영효율성의 제고 또는 상품의 안정성 등 정당한 사유가 있는 경우에는 위법성이 조각된다.[9] 예를 들어 대리점 등 판매업자에게 상품 또는 용역을 공급하면서 현찰판매 또는 직접판매 의무를 부과하거나 사용방법 등에 관한 설명 및 상담의무를 부과하는 행위는 경영효율성의 제고 또는 상품의 안정성확보 등 정당한 사유가 있는 경우 법위반으로 보지 아니한다.[10] 불공정거래행위 중 경영간섭행위의 법리에 대해서는 그 간 학문적인 논의가 많지는 않았는데, 이하에서는 이러한 경영간섭행위가 불공정거래행위 세부유형으로 들어간 배경을 살펴본다.

(2) 경영간섭 규정의 입법 연혁

불공정거래행위에 관한 구 공정거래법 제23조는 일본 사적독점금지법 제19조의 '불공정한 거래방법의 금지'와 밀접한 관계가 있다. 우리나라 입법자는 일본 사적독점금지법(특히 1953년 개정법)을 참고하여 1980년 공정거래법 제정 당시부터 불공정거래행위를 폭넓게 규정하였다. 1953년의 일본 사적독점금지법 제2조 제9항은 공정경쟁을 저해할 행위를 금지하면서 6개의 불공정한 거래방법의 행위유형(차별적 취급, 부당염매, 부당한 고객유인·거래강제, 구속조건부거래, 우월적지위의 남용, 경쟁회사 내부교란행위)를 열거하였다.[11][12] 또한, 공정거래법상 거래상지위남용

---

9) 신현윤, 「경제법」, 법문사(제8판, 2020), 308면.

10) 공정위, 불공정거래행위 심사지침, V. 6. 마. (2)

11) 이호영, 「독점규제법」, 홍문사(제6판, 2020), 305-306면.

12) 1953년 당시 일본 公正取引委員會는 그 세부 유형으로서 거래거절, 거래조건 차별, 사업자단체의 차별적 취급, 대가 차별, 부당염매·부당고가매입, 고객유인·거래강제, 배타조건부 거래, 구속조건부 거래, 임원선임 간섭, 우월적 지위 남용, 경쟁사

의 모델이 된 2009년 개정 전 일본 사적독점금지법 제2조 제9항 제5호는 '자기의 거래상의 지위를 부당하게 이용하여 상대방과 거래하는 것'을 금지하였고, 다시 일본 구 '불공정한 거래방법에 관한 고시' 제14호는 그 유형으로서 (1) 계속거래상의 구입강제, (2) 계속거래상의 이익제공강요, (3) 불이익한 거래조건의 설정 또는 변경, (4) 기타 불이익제공, (5) 임원선임 간섭 등을 규정하고 있었다. 이처럼 위 일본 사적독점금지법과 우리나라 공정거래법상 불공정거래행위, 특히 거래상지위남용행위의 규정형식과 내용은 서로 상당히 비슷하였다.[13]

그러므로 우리나라 공정거래법상 거래상지위남용행위 중 '경영간섭'은 일본 사적독점금지법상 거래상지위남용 중 '임원선임 간섭'의 영향을 받은 것으로 볼 수 있다. 이러한 일본의 '임원선임 간섭'은 부품 등을 주문하는 제조하도급 거래관계에서 원사업자가 수급사업자의 임원선임에 관여하였던 일본의 기업문화와도 연관이 있는 매우 특이한 행위유형이다. 그러므로 우리나라의 불공정거래행위 중 '경영간섭' 행위의 위법성 판단기준을 검토하기에 앞서 이러한 경영간섭의 입법연혁도 염두에 둘만 하다. 이하에서는 공정거래법상 경영간섭 규정이 실제로 적용된 결과물인 판례의 태도에 대해서 언급한다.

2. 거래상지위남용 중 경영간섭에 관한 판례

우리나라의 불공정거래행위 규체 체계에서는 시장에서의 경쟁제한성을 요건으로 하지 않는 거래상지위남용이 차지하는 비중이 높은데, 거래

업자 방해, 경쟁회사에 대한 내부 간섭 등의 12개 행위를 지정하였다. 홍명수, "불공정거래행위 규제의 의의와 개선논의의 기초", 「안암법학」, 안암법학회(제45권, 2014), 455면.

13) 이호영, 앞의 책, 358-359면.

상지위남용행위의 5개 세부유형(① 구입강제, ② 이익제공강요, ③ 판매목표강제, ④ 불이익제공, ⑤ 경영간섭) 중에서 실무상 가장 많이 적용되는 유형은 일반조항적 성격을 가지는 불이익제공이다. 그러다 보니 구입강제·판매목표강제·경영간섭에 관한 판례는 소수에 그치고 있고,[14] 그 중에서도 경영간섭은 법원 판례가 가장 적은 유형에 해당하는데 주요한 경영간섭 판례라고 하면 아래 4개를 들 수 있겠다.

(1) 대법원 2007.1.11. 선고 2004두3304판결: 한국수자원공사 사건

한국수자원공사는 자신이 관리하는 댐 및 하구둑의 휴게소·매점을 민간업체에게 임대하면서 임차인은 가격 결정시 판매량이 많은 품목에 대해서는 공사와 협의하여 결정된 가격을 가격표시판에 부착하여야 하고, 임차인의 위반시 계약해지가 가능함을 계약에 명시하였는데, 대법원은 한국수자원공사가 임대차계약체결시에 이러한 조항을 둔 것은 휴게소·매점 운영업체들이 부당하게 비싼 가격을 책정할 우려가 있으므로 이를 사전에 방지하여 소비자를 보호하기 위한 것인 점 등의 사정에 비추어 보면, 운영업체의 자율적인 경영을 다소 제약하였다 하여 이를 거래상 지위의 남용행위로서의 경영간섭행위에 해당한다고 볼 수 없다고 판시하였다.

(2) 대법원 2006.6.2. 선고 2004두558 판결: 한국도로공사 사건

한국도로공사가 고속도로 휴게시설 및 주유소 운영업체에게 고속도로 휴게소상품 및 유류 가격을 인하하도록 지시한 사건에서, 대법원은 인하된 휴게소의 상품판매가격이나 주유소 유류가격은 시중가격에 비하여

14) 이호영, 앞의 책, 373-374면.

낮지 않은 적정한 가격으로 보이는 점, 고속도로 휴게시설은 진출입이 제한되어 고립된 시장이라는 장소적 특성으로 인하여 그 공공성과 편의성을 유지하여야 할 남다른 필요성이 있다는 점 등을 보태어 보면 비록 공사가 휴게시설운영업체들에 대하여 거래상의 지위를 이용하여 가격인하를 종용함으로써 그들의 거래내용을 제한한 측면이 있다고 하더라도 이를 부당한 거래제한행위라고 볼 수 없다고 하였다.

(3) 대법원 2011.10.13. 선고 2010두8522 판결: 롯데백화점 사건

롯데백화점이 경쟁백화점과도 거래하는 납품업체들로부터 경쟁백화점의 EDI(Electronic Data Interchange)시스템에 접속할 수 있는 권한을 제공받아 동 시스템에 접속하여 경쟁백화점에 대한 매출정보를 취득하고, 이를 통해 매출대비율을 작성한 후 경쟁백화점과의 매출비중이 높거나 50% 이상인 납품업체에 대하여는 롯데백화점에서 할인행사를 진행하도록 하거나 경쟁백화점에서 할인행사를 진행하지 못하도록 하여 매출대비율을 일정 수준으로 관리한 사안에서, 대법원은 롯데백화점이 자기의 거래상 지위를 부당하게 이용하여 납품업체들이 매출대비율을 일정하게 유지하도록 관리하고 롯데백화점 및 경쟁백화점에서 할인행사를 진행할지 여부에 관한 자유로운 의사결정을 저해하는 등 납품업체들의 거래내용을 제한함으로써 경영간섭을 하였다고 판단하였다.

(4) 대법원 2011.10.27. 선고 2010두8478 판결: 신세계백화점 사건

이 사건에서 대법원은 경영간섭이 성립하려면 단순히 협력업체로부터 매출정보를 취득한 행위만으로는 부족하고 더 나아가 매출정보를 바탕으로 매출대비율 등을 관리하기 위하여 협력업체에게 판촉행사나 할인행사를 강요하거나 이를 거부하면 제재를 가하는 등의 행위를 함으로써 그 의사결정이나 판단에 부당하게 관여하는 경우에 해당되어야 할 것이라고 설시하면서, 신세계백화점이 납품업체로부터 경쟁백화점의 매출정보를 제공받은 것만으로는 경영간섭에 해당하지 아니한다고 판시하였다.[15)]

II. 경영간섭의 인정요건과 인정범위

이하에서는 거래상지위남용 중 경영간섭이 무엇인지를 거래내용 제한에 대한 경영간섭의 성립을 넓게 인정할 것인지를 간섭의 바탕이 된 '거래관계'를 중심으로 고찰해 본다(1). 이어서 거래내용 제한에 대한 경영간섭을 넓게 인정할 경우 발생할 수 있는 문제점을 언급한다(2).

1. 경영을 간섭하는 행위란

(1) 개론

경영간섭이 성립하려면 행위자가 거래상지위를 가져야 하는바, 대법원은 거래상지위가 인정되려면 일방이 상대적으로 우월한 지위 또는 적

---

15) 위 사건 이후에 시행(2012.1.1.)된 대규모유통업에서의 거래 공정화에 관한 법률은 일정한 요건하에서 대규모유통업자가 후발적인 불공정거래행위에 나아갔는지를 묻지 아니하고, 납품업자 등에 대한 경영정보 제공 요구행위 자체를 금지하고 있다(제14조). 대규모유통업자가 납품업자로부터 민감한 경영정보를 요구하여 제공받을 경우 납품업자가 대규모유통업자에 대해 더욱 열세의 지위에 놓일 수 있고, 그러한 경영정보가 대규모유통업자의 후발적인 불공정거래행위에 이용될 수 있기 때문이다. 신동권, 「경제법 II, 중소기업보호법」, 박영사(초판, 2020), 710-711면. 오금석·김윤수·윤성운·강일 외, 「대규모유통업법 이론과 실무」, 박영사(개정판, 2017), 304-305면. 위 규정이 경영정보제공 요구행위 자체를 금지함에 따라 추가적인 강요행위 유무에 따라 결론이 달라졌던 (3), (4) 판결의 실질적인 의미는 줄어들었다. 이봉의, 「공정거래법」, 박영사(초판, 2022), 914면.

어도 상대방과의 거래활동에 상당한 영향을 미칠 수 있는 지위는 가지고 있어야 한다고 하면서[16] 그 동안 거래상지위를 폭넓게 인정해 왔다.[17] 그러므로 예를 들어 온라인 플랫폼 운영 사업자와 온라인 플랫폼 이용 사업자와의 규모의 차이가 상당히 크고 매출액의 상당 부분이 특정 온라인 플랫폼에서 발생하고 있는 경우에는 그 플랫폼의 거래상지위 자체는 인정되는 경우가 많을 것으로 보인다. 다음으로 경영간섭이 성립하기 위해서는 불공정거래행위에 있어서 공통적으로 요구되는 공정거래저해성을 충족해야 한다. 그런데 공정거래저해성은 경쟁제한성과 불공정성을 모두 포함하는 넓고 추상적인 개념이어서, 판례상 행위가 오로지 공정거래저해성이 없다는 이유만으로 거래상지위남용행위의 성립을 부정한 예가 많지는 않다. 따라서 실제 사안에서 경영간섭의 성립여부를 판단하기 위해서는 아래의 행위유형의 문구를 세세하게 살펴보아야 할 필요가 있어 보인다.

(2) 경영간섭의 세부 행위유형

공정거래법 시행령 [별표2]에 의하면, '경영간섭'이란 ① 거래상대방의 임직원을 선임·해임함에 있어 자기의 지시 또는 승인을 얻게 하거나 ② 거래상대방의 생산품목·시설규모·생산량·거래내용을 제한함으로써 경영활동을 간섭하는 행위이다.[18] 아래에서는 ① 행위와 ② 행위를 나누어서 살펴본다.

---

16) 대법원 2006.11.9. 선고 2003두15225 판결 등.

17) 대법원이 최근에 거래상지위를 부정한 사건으로는 '경기도시공사'가 자신과 공사계약을 체결한 '전국을 사업지역으로 하는 대형 건설업체'들에 대해서 거래상지위가 인정되지 않는다고 판시한 사건 정도를 들 수 있겠다. 대법원 2017.2.1. 선고 2016두56417 판결(심리불속행으로 상고 기각).

18) 불공정거래행위의 유형 또는 기준 (제52조 관련) 6. 마.

① 행위의 경우, 거래상대방의 인사권을 빼앗는 기형적인 행위를 통해서 지속적으로 상대방의 경영활동에 간섭한다는 점에서 경영활동의 자주성 및 거래질서의 공정성을 침해할 우려가 있다. 게다가 ① 행위는 법위반행위의 요건과 내용이 명확하고 구체적이어서 수범자의 예측가능성이 높고 적용대상도 넓지 않다. 따라서 ① 행위에 있어서는 '간섭'의 의미와 관련하여 특별한 문제가 발생하지 않는다.

반면에 ② 행위의 경우, ① 행위에 비해서 법위반행위의 구체성이 떨어지고 적용대상이 넓다. 무엇보다도 마지막에 기재된 '거래내용을 제한함으로써 경영활동을 간섭하는 행위'의 경우 '거래내용 제한'의 의미가 포괄적이고 추상적이어서 경영간섭행위의 적용 범주가 매우 넓어진다. 온라인 유통업자의 경영간섭행위에 관한 공정위 심결례도 경영간섭에서의 '거래내용'과 '거래내용 제한'을 아래와 같이 넓게 포섭하고 있다: "경영간섭행위에 있어 거래상대방의 '거래내용'이란 생산품목·시설규모·생산량 등과 달리 구체적인 내용을 특정하기 어려운 포괄적인 의미를 가지는 것으로 … 생산품목·시설규모·생산량 등과 동일시할 수 있는 거래상대방의 판매가격·부과수수료율·결제조건 등 거래와 관련되는 제반사항을 포함한다고 할 것이다."[19] 이하에서는 '거래상대방의 거래내용을 제한함으로써 경영활동을 간섭하는 행위'의 성립요건에 대해서 중점적으로 검토한다.

---

19) 공정위, 전원회의 의결, 제2021-237호, 2021.9.23. "그리고 … 경영간섭 중 하나의 행위태양으로서 '거래내용을 제한'한다는 것은 거래상대방의 판매가격을 변경하도록 요구하거나 판매품목을 승인하고 단가를 조정하는 행위, 거래상대방의 지급대금수준과 결제조건을 계약조건에 포함시키는 행위, 거래상대방이 징수하는 수수료율을 직접 결정하거나 출하자에게 지급하는 장려금의 요율 결정에 관여하는 행위 등과 같이 적어도 거래상대방의 의사에 반하여 거래내용을 결정하거나 영향력을 행사함으로써 거래상대방의 경영 활동에 부당하게 관여하는 일정한 행위를 말한다."

2. 거래내용 제한에 따른 경영간섭행위

(1) 거래내용이 제한되었다고 하여 쉽게 경영간섭을 인정해서는 곤란

필자는 거래내용이 제한되었다고 하여 경영간섭을 폭넓게 인정해서는 곤란하고, 경영간섭이 성립하려면 간섭의 바탕이 된 거래관계가 밀접하게 관리·감독·평가하는 관계에 있어야 한다는 견해를 가지고 있는바 그 근거를 서술한다.

첫째로, '거래내용을 제한함으로써 경영활동을 간섭하는 행위'를 넓게 인정할 경우 가격 등 거래조건이 일방에게 불리하게 설정되거나 변경된 수많은 경우가 경영간섭행위의 대상으로 포섭되는 문제가 생긴다. 즉, 거래상대방의 거래내용을 제한하였고 이것이 거래상대방의 의사에 일치되지 않는다고 하여 바로 경영간섭이 성립될 수 있다고 하면 경영간섭의 범위가 지나치게 넓어지게 된다. 다시 말하면 상거래과정에서 일방이 타당의 급부 내용이나 조건에 대해서 이의를 제기하고 수정을 요구하는 것은 종종 발생하는 일인데 과연 이중에서 어느 범위까지가 거래상대방의 거래내용을 제한하는 경영간섭에 해당하는지가 명확하지 않다. 이러한 측면을 감안하면, 대법원이 위 '한국수자원공사 휴게소 사건'과 '한국도로공사 휴게소 사건'에서 거래내용을 제한하였다거나 거래상대방의 자율적인 경영이 다소 제약되었다고 하여 바로 경영간섭이 성립하는 것은 아니라는 입장을 취한 것은 납득이 간다.

사견으로는 같은 취지에서 거래내용 제한으로 인한 경영간섭이 성립하려면 ① 제조하도급관계에 있는 원사업자와 수급사업자, ② 백화점·대형마트 같은 대규모유통사업자와 납품업자, ③ 공급사업자와 대리점, ④ 대형공기업(공사)과 시설 운영사업자 등과 같이 밀접한 관리·감독·평가 관계를 전제한다고 보는 것이 적절하다고 생각한다. 즉, 거래상대방의 거래내용이 제약되었다는 이유로 경영간섭행위를 인정하려면 제조하도급 관계나 대형마트 납품관계와 같이 수시로 거래상대방의 계약이행 여부를 확인하고 이를 평가한 후 경우에 따라서는 보상을 주거나(예: 보조금 지급, 물량 증대, 계약 연장), 보상을 주지 않는(예: 보조금 미지급, 물량 미증대, 계약 미연장) 밀접한 관계를 전제로 해야 한다. 공정위는 대기업이 중소 협력사들의 중요한 내부 경영사항 전반에 개입한 행위(협력사 경영관리 기준을 설정하여 협력사의 인사·자본·지분 등에 대해서 간섭, 특히 협력사 임원 임기를 설정하여 만료시 대기업 자사 직원을 후임자로 선발하도록 함)에 대해서 부당한 경영간섭으로 판단하여 제재한 적이 있는데, 이는 경영간섭의 입법취지와 규율 대상에 부합하는 사례라고 볼 수 있다.[20]

둘째로, 경영간섭은 자유로운 의사결정권 침해 방지라는 주관적 요소가 중요한 의미를 가진다는 독특한 특징이 있는데, 만약 거래당사자가 서로 느슨한 관계를 맺고 있을 뿐이라면 일방의 의사결정권 저해가 문제될 여지가 적어진다. 다시 말하면 대법원이 위 롯데백화점 사건과 신세계백화점 사건에서 판시한 것처럼, 경영간섭 금지의 주요 취지 중 하나는 거래상지위를 가진 사업자가 거래상대방의 자유로운 의사결정을 저해하여서는 안 된다는 것이다. 그리하여 설사 거래상지위를 가진 일방 당사자의 행위가 거래상대방에 대해서 경제적으로는 다소 이익이 된다고 하더라도 상대방의 자유로운 의사결정권을 심각하게 침해하는 경우에는 경영간섭행위가 성립할 여지가 있고, 거꾸로 거래상대방에 대해서 경제적으로 다소 불이익한 행위더라도 상대방의 의사결정권을 침해하지 않는다면 경영간섭행위가 성립하지 않을 수도 있다. 따라서 거래당사자

20) 공정위, 보도자료, "(주)포스코케미칼의 19개 협력사 경영간섭 행위 제재", 2022. 11.6.

들의 관계가 만약 밀접한 관리·감독·평가가 수반되지 않는 느슨한 사이에 불과하다면, 일방이 타방의 의사결정권을 심각하게 침해할 여지도 적을 뿐만 아니라, 경쟁당국이 거래당사자의 자유로운 의사결정권 제약을 이유로 느슨한 거래관계에 직접적으로 개입할 근거도 적게 된다.

셋째로, 실증적인 측면에서 경영간섭에 관한 사례와 관련 규정을 검토하여 보더라도 거래내용 제한으로 인한 경영간섭은 주로 거래당사자간에 관리·감독·평가가 수반되는 밀접한 관계를 바탕으로 하고 있음을 확인할 수 있다. 즉, 대법원에서 경영간섭이 다투어진 거래내용 제한 사례 역시 백화점과 납품업자, 공기업과 시설 내 휴게소·매점 운영업자 간의 거래관계이었고, 공정위 불공정거래행위 심사지침 역시 공급사업자가 자신의 대리점에게 판매용 차량 증가를 요구하거나 대리점의 거래처 또는 판매내역을 조사하거나 제품광고시 자기와 사전합의하도록 요구하는 행위를 경영간섭행위로서 예시하고 있다.[21)]

(2) 거래내용 제한에 의한 경영간섭을 넓게 인정할 경우의 문제점

게다가 거래내용 제한에 의한 경영간섭을 넓게 인정할 경우 공정거래법과 불공정거래행위 규제체계가 흐트러질 우려가 있다. 다시 말하면 공정위로서는 시장지배적지위 남용행위나 불공정거래행위 내 다른 규정을 적용할 필요 없이 적용요건이 추상적, 포괄적인 경영간섭으로 사건을 의율할 수 있게 된다.

(가) 시장지배적지위 남용행위와 경영간섭

공정위는 2016년 퀄컴에게 시장지배적지위 남용행위 등을 이유로 시

21) 공정위, 불공정거래행위 심사지침 V. 6. 마.

정명령과 함께 과징금 1조 300억원을 부과하였는데,[22] 법원은 시장 획정, FRAND 확약 위반 여부, 시장지배적 사업자의 사업활동방해행위의 성립요건 등 복잡한 쟁점들을 다룬 방대한 판결을 내었다.[23] 만약 경영간섭을 넓게 인정한다면 거래상지위가 있는 퀄컴이 휴대폰 제조 사업자에 대하여 경영간섭을 하였다고도 볼 수 있을 것이다.

그리고 공정위는 2020년 네이버가 부동산 정보업체와 계약을 체결하면서 자신에게 제공한 부동산 매물 정보를 제3자에게 제공하지 못하도록 한 행위가 시장지배적지위 남용행위에 해당한다면서 시정명령과 과징금 10억 3,200만원을 부과하였다. 이 사건은 경쟁사인 카카오가 네이버와 거래관계에 있는 부동산 정보업체와 제휴를 시도하자, 네이버가 이를 막기 위해 매물 정보를 제공하지 못하도록 하는 계약조항을 부동산 정보업체와의 계약에 삽입한 건이다.[24] 마찬가지로 경영간섭을 넓게 인정할 경우 공정위는 네이버가 거래상지위를 남용하여 거래상대방인 부동산 정보업체의 거래내용을 제한함으로써 경영활동에 간섭하였다고 방향을 잡을 수 있다.

(나) 불공정거래행위와 경영간섭

거래내용 제한에 의한 경영간섭의 적용 문제는 불공정거래행위 중 다른 행위 유형에 대해서도 발생할 수 있다. 예를 들어 한국토지공사가 건설업체에게 아파트 부지를 공급하면서 분양이 저조한 비인기지구의 토지를 매입한 건설업체에게만 인기지구 토지의 매입우선권을 준 행위가

22) 공정위 의결, 제2017-025호, 2017.1.20.

23) 대법원 2023.4.13. 선고 2020두31897 판결. 서울고법 2019.12.4. 선고 2017누48 판결.

24) 공정위 2020.9.4자 보도자료 인용(네이버부동산의 경쟁사 배제행위 제재) 부동산 정보업체(CP)와 배타조건부 계약을 체결하여 경쟁사업자에게 정보제공을 금지한 행위 제재.

문제된 사건에서, 대법원은 한국토지공사의 행위는 주된 상품을 매입하기 위해서는 사실상 종된 상품을 매입할 수밖에 없는 상황 등에 비추어 끼워팔기에 해당한다고 판시하였는데,[25] 이 사건을 경영간섭으로 의율할 경우 사안이 간단해진다. 또한, 거래내용 제한에 따른 경영간섭을 널리 인정할 경우 구속조건부 거래는 존재 의의가 약해지고 양자 간 구별이 희미해진다. 불공정거래행위 중 구속조건부 거래는 거래상대방의 사업활동을 부당하게 구속하는 조건으로 거래하는 행위이기 때문에 개념상 거래내용의 제약이 수반되는 경우가 많기 때문이다.[26]

---

25) 대법원 2006.5.26. 선고 2004두3014 판결.

26) 정유회사가 독립적 사업자인 자영주유소에 대하여 필요한 석유제품 전량을 자신으로부터만 공급받도록 하고 이를 위반시 계약해지나 손해배상의 제재를 할 수 있도록 한 S-OIL 사건에서, 대법원은 "배타조건부거래의 부당성은 경쟁사업자를 관련시장에서 배제할 수 있는지 여부를 비롯한 경쟁제한성을 중심으로 그 유무를 평가하되, 거래상대방인 특정 사업자가 당해 배타조건부 거래행위로 거래처 선택의 자유 등이 제한됨으로써 자유로운 의사결정이 저해되었거나 저해될 우려가 있는지 등도 아울러 고려할 수 있다고 보는 것이 타당하다. 여기서 배타조건부 거래행위가 부당한지를 판단할 때에는 당해 배타조건부 거래행위로 인하여 대체적 물품구입처 또는 유통경로가 차단되는 정도, 경쟁사업자가 경쟁할 수 있는 수단을 침해받는지 여부, 행위자의 시장점유율 및 업계순위, 배타조건부 거래행위의 대상이 되는 상대방의 수와 시장점유율, 배타조건부 거래행위의 실시기간 및 대상이 되는 상품 또는 용역의 특성, 배타조건부 거래행위의 의도 및 목적과 아울러 배타조건부 거래계약을 체결한 거래당사자의 지위, 계약내용, 계약체결 당시의 상황 등을 종합적으로 고려하여야 한다"고 판시하였다(대법원 2013.4.25. 선고 2010두25909 판결). 불공정거래행위 중 배타조건부거래는 시장 봉쇄효과와 경쟁촉진적 효과를 동시에 발생시킬 수 있기 때문에 위 판례와 같이 다양한 요소들을 검토하여야 하지만, 만약 이를 거래내용 제한에 따른 경영간섭으로 의율할 경우 이를 검토할 필요가 없어진다.

(3) 거래내용 제한에 의한 경영간섭을 폭넓게 인정할 특별한 필요가 있는지

(가) 광범위한 행위유형들을 포함하는 시장지배적지위 남용행위와 불공정거래행위 규정이 존재

게다가 공정거래법상 시장지배적지위 남용행위 규정과 불공정거래행위 규정이 포섭할 수 있는 행위유형들이 이미 매우 광범위하기 때문에 거래상지위남용행위 중 거래내용 제한에 의한 경영간섭을 넓게 인정할 특별한 필요성이 있는 것도 아니다. 즉, 공정거래법 제5조 제1항 각 호는 시장지배적지위 남용행위를 행위 태양에 따라 부당한 가격결정, 부당한 출고조절, 부당한 사업활동의 방해, 부당한 시장진입의 제한, 기타 경쟁사업자의 배제행위 또는 소비자 이익저해행위 등으로 규율하고 있는데,[27] 위 제5조 제1항은 내용이 포괄적이고 추상적이어서 대부분의 경쟁제한적인 행위들을 포섭함에 있어서 큰 문제가 없고,[28] 게다가 소비자 이익저해행위(5호 후단)와 같이 경우에 따라 보충적으로 활용할 수 있는 규정도 존재하고 있다.[29][30] 또한, 공정거래법 제45조 제1항의 불공정거래행위 금지 규정은 경쟁의 보호, 경쟁자의 보호, 경제적 약자의 보호, 경제력집중 방지라는 다양한 가치를 담고 있고 일방적인 행위와 합의에 의한 행위를 모두 포함하고 있으며 내용적인 측면에서도 거래거절에서

27) 권오승·홍명수, 「경제법」, 법문사(제14판, 2021), 159면.

28) 김형배, 「공정거래법의 이론과 실제」, 도서출판삼일(전면개정판, 2022), 209면.

29) 신현윤, 앞의 책, 163면. 권오승·서정, 「독점규제법 이론과 실무」, 박영사(제5판, 2022), 158면.

30) 그리고 대법원이 위 제5호 후단의 소비자 이익저해행위 규정이 명확성의 원칙을 위반하지는 않다고 판시한 이상, 비록 공정거래법 시행령이 동 행위에 대해서는 구체적인 판단 기준을 두고 있지 않다고 하더라도 공정위가 위 규정을 직접 적용하는 것도 가능할 것으로 보인다. 이호영, 앞의 책, 94-95면.

부터 부당지원에 이르기까지 광범위한 행위 유형들을 규율하고 있다.[31]

(나) 거래상지위남용행위 내에 일반조항이 존재

그리고 공정거래법상 거래상지위남용행위 내에는 이미 일반조항이 존재하기 때문에 경영간섭행위을 확대할 특별한 실익이 있는 것도 아니다. 거래상지위남용행위에 있어서는 '불이익제공'이 일반조항적인 성격을 가진 행위유형이고, 그 밖의 유형들(구입강제, 이익제공강요, 판매목표강제, 경영간섭)은 불이익제공의 구체적 형태에 따라 유형화한 것이라고 봄이 통상적이다.[32] 이와 같이 불이익제공이 존재하는 상황에서 경영간섭의 인정범위를 넓힘으로써 거래상지위남용행위의 체계를 흔들 실익이 적거니와, 그럼에도 불구하고 거래내용 제한에 의한 경영간섭의 인정범위가 넓어져서 일반조항에 가까워지면 행정청이 거래상지위남용행위를 매개로 사인간의 거래관계에 지나치게 관여하게 될 우려도 있다고 본다.[33]

(다) 구속조건부거래의 행위유형이 제한적인 문제에 대하여

다만, 공정거래법상 불공정거래행위 중 구속조건부거래(법 제45조 제1항 제7호)는 '배타조건부거래'와 '거래지역 또는 거래상대방의 제한'으로 나누어지는바, 시행령은 '배타조건부거래'에 대해서는 "부당하게 거래상대방이 자기 또는 계열회사의 경쟁사업자와 거래하지 않는 조건으로 그 거래상대방과 거래하는 행위", '거래지역 또는 거래상대방의 제한'에 대해서는 "상품 또는 용역을 거래하는 경우에 그 거래상대방의 거래지역

31) 박세환, "EU 차원의 불공정거래행위 규제방안에 대한 연구", 「경쟁법연구」, 한국경쟁법학회(제38권, 2018), 192면.

32) 이호영, 앞의 책, 357면

33) 박세환, "상거래의 공정을 추구함에 있어서 사적자치와 경제적 공공질서간의 조화", 「상사판례연구」, 한국상사판례학회(제32집 제3권, 2019), 158, 162면.

또는 거래상대방을 부당하게 구속하는 조건으로 거래하는 행위"라고 제한적으로 규정하고 있다.[34] 따라서 '배타조건부거래'는 아니면서 '거래상대방의 거래지역 또는 거래상대방을 구속하는 조건'이 아닌 다른 사항을 구속하는 조건으로 거래한 경우에는 공정거래법 제45조의 구속조건부거래에 해당한다고 보기는 쉽지 않다. 추측하건대 배달앱 사건에서 공정위가 거래상지위남용 중 경영간섭을 적용하여 의결한 것도 위와 같은 사정과 무관하지 않아 보인다.

하지만 공정거래법 제45조의 구속조건부거래의 행위유형이 제한적이라는 문제는, 불공정성에 초점을 맞춘 경영간섭의 범위를 넓힘으로써 해결하기 보다는 경쟁제한성과 관련이 있는 법 제45조의 다른 불공정거래행위 유형(예: 거래거절)을 활용하는 방안을 시도해 볼 수 있고, 만약 이러한 방안이 어렵다면 수직적 합의에 의한 부당한 공동행위(제40조)의 성립을 인정함으로써 해결하는 방안도 검토해 볼만하다고 생각한다. 사견으로는 시장지배적지위 남용행위나 불공정거래행위, 재판매가격유지행위 규정에 의해서는 경쟁제한적 행위를 규율하기 쉽지 않을 경우, 수직적 공동행위의 인정을 검토해 볼 실익이 있어 보인다.[35] 수직적 합의에 의한 공동행위를 인정할 만한 이유를 덧붙이면, 첫째, 부당한 공동행위에 관한 현행법 제40조가 "사업자는 계약·협정·결의 또는 그 밖의 어떠한 방법으로도 다른 사업자와 공동으로 부당하게 경쟁을 제한하는 행위"라고 규정하고 있어 부당한 공동행위를 수평적 공동행위만으로 제한하지 아니하고 있는 점, 둘째, 대법원 판례도 "공정거래법상 부당한 공동행위가 성립하기 위하여 반드시 공동행위 참여자들 사이에 수평적 경쟁

34) 법 시행령 [별표 2] 불공정거래행위의 유형 또는 기준.

35) 법적용상 공백우려와 대부분 경쟁법제에서 수직적 공동행위를 인정하고 있는 사정에 비추어 수직적 합의에 의한 공동행위를 인정할 필요가 있다는 견해로는, 이호영, 앞의 책, 243면.

관계가 있어야 하는 것은 아니라고 판단[36)]"한 점, 셋째, 비교법적으로 반경쟁적인 합의에 관한 EU TFEU 제101조와 프랑스 상법 L. 420-1 조문은 수평적 합의와 수직적 합의를 구분하지 아니하고 있고, 위 조문이 적용된 EU 및 프랑스의 판례 중에서 수직적 합의가 차지하는 비중이 양적으로나 질적으로나 상당하다는 점, 넷째, 비록 법 제40조 제1항 후단이 사업자가 다른 사업자로 하여금 부당한 공동행위를 하도록 하는 행위를 금지하고 있기는 하지만, 대법원이 이는 부당한 공동행위를 '교사'하는 행위 또는 이에 준하는 행위를 의미하고, 다른 사업자의 부당한 공동행위를 단순히 '방조'하는 행위는 여기에 해당하지 않는다고 좁게 해석하고 있기 때문에, 수직적 관계에 있는 사업자들 간의 합의와 관련해서는 '다른 사업자로 하여금 부당한 공동행위를 하도록 하는 행위(법 제40조 제1항)'를 적용하여 규제하기도 쉽지 않다는 점[37)]을 들 수 있다. 물론 수직적 공동행위를 인정하더라도 수평적 공동행위에 대한 경쟁제한성 심사와는 다른 방식으로 경쟁제한성을 평가하여야 할 것인데, 수직적 공동행위와 일반 불공정거래행위나 재판매가격유지행위와의 관계를 어떻게 파악할 것인지에 대한 고민이 필요하다.[38)] 이러한 이유에서 우리나라에서는 수직적 공동행위를 적극적으로 활용하는 것은 당장은 무리이고 장기적으로 검토할 사항으로 보는 신중론과,[39)] 현행법상 순수한 수직적 합의

---

36) 대법원 2015.4.23. 선고 2012두24191 판결.

37) 대법원 2019.3.14. 선고 2018두59670 판결. 예컨대 수직적 관계에 있는 메르세데스벤츠코리아와 이로부터 승용차를 공급받아 판매하는 딜러사들이 승용차 수리에 소요되는 공임비를 공동으로 인상한 사건에서, 대법원은 메르세데스벤츠 코리아에 대하여는 딜러사들이 공임 인상방법, 시기, 인상폭 등에 관하여 동 사업자와 협상을 한 것일 뿐이고 일방적으로 동 사업자가 제시하는 공임에 따라 딜러사들이 공임을 인상하였다고는 볼 수 없으므로 '부당한 공동행위를 하도록 하는 행위'에 해당하지 않는다고 보았다. 이호영, 앞의 책, 235면. 권오승·서정, 앞의 책, 277면.

38) 정호열, 앞의 책, 348면.

는 법 제40조에 포함되지 않는다는 부정론[40]도 제기되고 있다.

Ⅲ. 경영간섭을 통한 온라인 플랫폼 규제에 대하여

우리나라에서는 온라인 플랫폼 사업자의 최저가 보장행위와 관련하여 공정거래법의 경영간섭 규정을 적용한 공정위 결정이 있었고, 온라인 플랫폼에 관한 특별법(정부안)에 경영간섭 규정이 제시되었으며, 온라인 플랫폼에 관한 시장지배적지위 남용행위 심사지침에서도 배달앱 사례가 최혜대우 요구행위의 예로 언급되고 있다. 온라인 플랫폼의 독과점적인 지위 고착화, 거래상대방에 대한 남용행위에 대한 우려의 목소리가 높은 상황에서, 그 동안 경쟁법 분야에서 크게 주목받지 못했던 경영간섭이라는 행위유형을 적극 활용함으로써 온라인 플랫폼의 남용행위를 해결하려는 시도라고 볼 수도 있겠다. 그렇다면 외국에서는 경영간섭에 관한 규정을 경쟁법에 두고 있는지, 외국 경쟁당국들은 온라인 플랫폼 사업자의 최혜대우 행위를 어떠한 관점에서 주시하고 있는가를 비교법 관점에서 검토하고(1), 이어서 경영간섭과 관련이 있는 온라인 플랫폼 관련 법률(정부안), 온라인 플랫폼에 관한 심사지침(안) 및 추후에 확정된 심사지침의 내용을 살펴본다(2).

---

39) 외국과 달리 우리나라에서는 수직적 제한을 단독행위로 규제하는 관행이 오랫동안 형성되었으므로 이를 일거에 뒤집는 것은 무리이고 수직적 제한을 공동행위로 규제할 것인가는 입법론으로 장기적으로 검토하여야 한다는 견해로는, 권오승·서정, 앞의 책, 271면.

40) 현행법 제40조는 수평적 공동행위만을 금지하는 것으로 보아야 하고 순수한 수직적 합의는 포함되지 않는다는 견해로는, 이봉의, 「공정거래법」, 박영사(초판, 2022), 623-624면. 김형배, 「공정거래법의 이론과 실제」, 도서출판 삼일(개정판, 2022), 534면.

1. 비교법 고찰

미국이나 EU, 프랑스, 독일의 경우 경쟁법에 경영간섭 행위에 대한 별도의 금지 규정을 두고 있지 아니하다. 이 중 프랑스의 경우 유럽에서 가장 다양한 불공정거래행위 관련 규정을 상법전 Titre IV에 구비하고 있고 불공정거래행위 판례들이 풍부함에도 불구하고 '경영간섭'이라는 별도의 불공정거래행위 유형은 프랑스 상법전 Titre IV에 현존하지 아니할 뿐만 아니라 존재하였던 적도 없다.[41] 요컨대 미국과 유럽에서는 경쟁당국이 경영간섭 금지라는 명목하에 사적 거래관계에 직접 개입한다는 것은 이해하기 쉽지 않은 생소한 개념에 속한다.

(1) 온라인 플랫폼 사업자의 최혜대우 요구 사건(Booking.com)

그렇다면 경쟁법에 경영간섭 조문을 두고 있지 아니한 해외 경쟁당국들은 배달앱 사건과 같은 온라인 플랫폼 사업자의 최혜대우 약정[42]을 어떻게 해결하고 있는지가 궁금한데, 유럽 경쟁당국은 주로 반경쟁적인 행위의 틀에서 온라인 플랫폼의 최혜대우 요구를 주시하고 있다.[43] 즉, 유

---

41) 박세환, 위의 글, 127면.

42) 온라인 플랫폼 사업자가 자사 온라인 플랫폼 이용사업자에게 자사 온라인 플랫폼 상에서 거래하는 상품 또는 서비스의 가격 등 거래조건을 다른 유통경로에서 거래하는 가격 등 대비 동등하거나 더 유리하게 적용하도록 하는 것을 최혜대우 요구라고 한다. 최혜대우 조항은 ① 공급자가 해당 플랫폼 사업자를 통한 소매가격보다 어떠한 유통경로를 통해서도 소매가격을 낮게 지정하지 않겠다는 합의조항인 '넓은 최혜대우 조항'과, ② 공급자가 자신의 웹사이트나 오프라인 매장을 통하여 직접 판매하는 가격을 해당 소매업자를 통한 소매가격보다 낮게 지정하지 않겠다는 '좁은 최혜대우 조항'으로 나누어진다. 이호영, 이상규, 최난설헌, 박세환, "온라인 플랫폼 분야 경쟁법 집행기준 마련을 위한 연구", 공정위 연구용역, (사)한국경쟁법학회, 2020, 146, 147, 185, 186면.

43) 미국에서는 소매가격 MFN 조항의 경쟁법 위반여부는 크게 주목받지는 않는 분위

럽 경쟁당국은 온라인 플랫폼 사업자의 최혜대우 조항은 온라인 플랫폼 사이의 자유로운 가격경쟁을 제한하고 해당 온라인 플랫폼 시장의 진입 장벽을 강화할 우려를 낳을 수 있겠지만, 이와 동시에 무임승차행위를 방지하고 투자와 혁신을 촉진하는 등 효율성 증대 효과를 낳을 수 있다는 점도 고려한다.[44]

구체적으로 사안을 살펴보면, 온라인 호텔 예약 플랫폼 특히 Booking.com이 호텔과 체결한 최혜대우 조항이 문제된 사건에서, EU 내 3개 회원국(프랑스, 이탈리아, 스웨덴) 경쟁당국들은 2015.4.21. 이를 동의의결 형태로 사건을 마무리한 바 있다. 위 경쟁당국들은 절차를 함께 진행하였고 Booking.com이 경쟁당국들에게 제시한 동의의결안 내용도 같다는 특징이 있다.[45] 프랑스를 중심으로 결정 내용을 살펴보면, Booking.com은 프랑스 경쟁위원회에 대해서 가격에 관한 최혜대우 조항을 수정하고, 객실이용가능성이나 거래조건 측면에서 최혜대우 의무를 부과하는 조항들을 삭제하기로 하였는데, 프랑스 경쟁위원회는 이러한 조항들은 호텔의 영업의 자유를 제한하기 때문에 반경쟁적인 합의(TFEU 101와 프랑스 상법 L.420-1)에 해당하거나, 시장지배적지위 남용행위(TFEU 제102조와 프랑스 상법 L.420-2)에 해당할 여지가 있다고 보았다. 위 동의의결 이후 호텔은 다른 온라인 호텔예약 플랫폼에서 Booking.com보다 더 낮은 가격과 더 좋은 조건으로 소비자에게 객실을 판매할 수 있게 되었고, 다른 온라인 호텔예약 플랫폼에게 최고 성수기 숙박 쿼터를 부여할 수 있게

기라고 한다. 이선희, "온라인 플랫폼에서 소매가격 최고우대조항의 경쟁법적 문제", 「경쟁법연구」, 한국경쟁법학회(제35권, 2017), 251-256면.

44) 이호영, 이상규, 최난설헌, 박세환, 위의 글, 152면.

45) David Bosco, "Un bilan peu flatteur de l'interdiction française des clauses de parité tarifaire de Booking.com", Contrats Concurrence Consommation, n°4, avril 2017, comm. 82.

되었다. 그리고 호텔은 자신의 오프라인 유통경로(호텔 리셉션 데스크, 전화, 팩스, 여행사 내 물리적 판매창구 등)를 통해서 예약할 경우에도 Booking.com보다 더 낮은 가격에 객실을 판매할 수 있게 되었다. 다만 이 경우 호텔은 여전히 더 낮은 객실 가격을 자신의 인터넷 홈페이지에 게재해서는 안 된다.[46)]

이로부터 2년 뒤인 2017년 2월에 프랑스 경쟁위원회는 온라인 호텔 예약 분야에서 행해진 위와 같은 경쟁회복 조치(예: 최혜대우 조항 수정)의 효과를 평가하는 보고서를 발간하였다. 위 보고서는 해당 동의의결이 유용하고 충분했다고 말하면서, 예전에는 최혜대우 조항에 의해서 호텔이 객실가격을 다양하게 책정하는 것이 금지되었었는데, 이제는 호텔들이 온라인 호텔 플랫폼 마다 자신의 객실가격을 다르게 책정하게 되었다고 자평하였다. 다만, 프랑스 경쟁위원회 스스로도 그 사이에 유럽에서 발생하였던 테러행위들로 인하여 호텔시장이 크게 출렁이었고, 특히 경쟁위원회의 위 결정부터 1달 뒤 프랑스 여행법(Code de tourisme Art. L.311-5-1)이 온라인 호텔예약 플랫폼과 호텔 사이의 계약에 들어간 모든 형태의 최혜대우 조항을 불기재(non écrite)로 간주하는 규정을 추가함으로써 법적으로 근본적인 변화가 있었는데,[47)] 자신의 동의의결 평가 보고

46) Aut. conc., déc. n°15-D-06 du 21 avr. 2015. Aut. conc., communiqué de press, 21 avril 2015. Marie Malaurie-Vignal et Dominique Heintz et Marion Lécole, “Comment appréhender les abus et l’utilisation des données dans la relation d’une plateforme avec ses partenaires contractuels ?”, Contrats Concurrence Consommation, n°12. déc. 2020, dossier 16, para. 18. Catherine Prieto, “Numérique et abus de position dominante”, Cahiers de droit de l’entreprise, n°3, mai 2019, dossier 18. Isabelle de Silva, “Actualité 2016 du droit européen et français de la concurrence”, Contrat Concurrence Consommation n°7, juillet 2017, dossier 2.

47) La loi n°2015-990 du 6 août 2015 pour la croissance(la loi Macron).

서가 이러한 외부적 상황으로 인한 영향까지 정확하게 측정하여 반영한 것은 아니라고 인정하고 있다.[48] 그리고 위 보고서의 결론 부분에 주목 한 만한데, 프랑스 경쟁위원회는 만약 경쟁 상황을 보아 필요하다고 인정되거나 새로운 반경쟁적인 행위들이 행해지고 있다고 판단되면 직권조사를 행할 수도 있고, 호텔 간의 경쟁이 해쳐지지 않도록 특별한 주의를 기울임으로써 소비자들이 OTA(Online Travel Agency)의 정보를 충실하게 향유하고 정확한 선택을 할 수 있도록 하겠다고 밝혔다.[49]

이어서 위 경쟁위원회 보고서 발간일로부터 2달 뒤(2017.4.6.)에 EU 집행위원회 역시 온라인 호텔 예약 분야에서 행해진 조치의 효과를 분석하였는데, 이 과정에서 EU 집행위원회와 9개 경쟁당국들[50]이 협업하여 16,000여 개의 호텔, 19개 거대 호텔 체인, 20개 온라인 예약 플랫폼, 11개 검색엔진에 대해서 설문을 진행하였다고 한다. 그 결과 EU 집행위원회도 조치 이전과 비교할 때 온라인 예약 플랫폼이 호텔과의 계약에 삽입되어 있던 최혜대우 조항들이 변경된 경우가 많고, 대부분의 국가들에서 온라인 예약 플랫폼들 사이에서 가격이 서로 달라졌다고 평가하였다.[51]

(2) 검토

이처럼 위 Booking.com 사건을 계기로 유럽에서 주목받은 온라인 플

48) Aut. conc, communiqué de presse, "L'Autorité de la concurrence effectue un premier bilan d'étape concrenant les engagements pris par Booking.com.", 9 févr. 2017.

49) Aut. conc., "Bilan de l'efficacité des engagements pris par Booking.com devant l'Autorité de la concurrence", 9 févr. 2017, p.9.

50) 프랑스, 독일, 벨기에, 헝가리, 아일랜드, 이탈리아, 체코, 영국, 스웨덴, 네덜란드.

51) Aut. conc, communiqué de presse, Plateformes de réservation hôtelière", 6 avril 2017.

랫폼과 호텔사이의 최혜대우 약정은 주로 시장에서 경쟁이 제한되는지, 시장지배적지위 남용행위나 반경쟁적인 합의에 해당하는가라는 관점에서 검토되었다고 볼 수 있다. 물론 사건으로도 온라인 플랫폼과 호텔 사이의 최혜대우 약정이 소위 불공정거래행위와는 전적으로 무관하다거나 이에 대해서는 불공정거래행위 규정은 적용이 아예 불가능하다고 보는 것은 아니다. 독일의 경우 연방카르텔청은 온라인 호텔 예약 사이트 HRS와 호텔간의 최혜대우 조항이 경쟁제한방지법 제1조(경쟁제한적 협정의 금지), 제19조(시장지배적지위 남용행위의 금지) 및 제20조(상대적 지배력 및 우월적 시장지위의 남용 금지)[52]에 위반된다고 본 적이 있다.[53]

그리고 프랑스의 경우 Expedia 사건에서 프랑스 경제부 내 DGCCRF (Direction générale de la concurrence, de la consommation et de la répression des fraudes)는 Expedia의 '객실 가격 최혜대우 조항'과 '마지막 이용 가능 객실조항'(마지막 이용 가능 객실에 대해서는 호텔은 가장 우대된 가격으로 Expedia에게 이를 제공할 의무를 부담하고, 이 경우에도 호텔은 Expedia에게 수수료를 지급함)이 불공정거래행위에 관한 프랑스 상법 L.442-6(현재는 L.442-1, I, 2°)에 반한다는 이유로 피해자를 위하여 Expedia를 상대로 민사소송을 제기하였다.[54] 이에 대하여 파리 항소

52) 상대적 지배력 및 우월적 시장지위의 남용에 관한 독일 경쟁제한방지법 제20조는 상대적으로 지배력을 가지는 사업자에게 일반적으로 남용, 즉 차별취급을 비롯한 방해행위를 금지하고 잇는데, 이를 통하여 시장지배적지위 남용행위로 규제할 수 없는 사업자간의 지위 남용행위를 폭넓게 규율하고 있다고 한다. 이봉의, 「독일경쟁법, 경쟁제한방지법」, 법문사(초판, 2016), 174-175면. 한국법제연구원 글로벌법제연구실, "독일의 거래상 지위남용 법제 및 규제현황", Global Issue Paper 17-03, 2017, 6면.

53) Bundeskartellamt, decision of 20 December 2013, HRS, B 9-66/10. 이기종, "온라인 소매 플랫폼과 입점업체 간의 최저소매가 보장약정에 대한 공정거래법의 적용", 「경제법연구」, 한국경제법학회(제15권 제2호, 2016), 244, 252면.

54) 프랑스 경제부 내 DGCCRF가 불공정거래행위 피해자를 위하여 민사소송을 제기하

법원(Cour d'appel de Paris)은 첫째로 위 2개 조항들은 "거래상대방이 경쟁사업자들에게 부여하였던 가장 유리한 조건을 자동적으로 향유할 수 있도록 하는 조항"은 효력이 없다고 규정하는 구 프랑스 상법 L.442-6, II, d(현재는 L.442-3)[55]에 의하여 효력이 없다고 판결하였고, 둘째로 '가격 최혜대우 조항'과 '마지막 이용 가능 객실 조항'의 결합 내지 연계로 인하여 "거래당사자 간의 권리, 의무에 있어서 심각한 불균형을 초래하는 내용을 거래상대방으로 하여금 받아들이도록 하는 행위"를 금지하는 구 프랑스 상법 L.442-6, 1, 2°에 위반하게 되었다고 판시하면서, 특히 '마지막 이용 가능 객실 조항'에 근거하여 Expedia가 유리한 가격에 호텔의 재고 객실을 활용하는 경우에도 호텔이 Expedia에게 수수료를 지급하여야 한다는 것은 균형에 맞지 않다고 지적하였다. 하지만 프랑스 파기원(Cour de cassation)은 파리 항소법원이 Expedia의 '객실 가격 최혜대우 조항'과 '마지막 이용 가능 객실 조항'이 효력이 없다고 판시한 것은 정당하지만, 위 2개 조항의 연계성과 Expedia의 수수료 수취를 이유로 거래당사자 간의 권리·의무관계에 있어서 심각한 불균형을 초래하였다고 인정하기는 어렵다면서 파리 항소법원이 Expedia에게 부과하였던 민사제재금을 취소하라고 파기환송하였다. 위 파기원 판결에 관하여는, 파기원이 '객실 가격 최혜대우 조항'과 '마지막 이용 가능 객실 조항'의 효력을 부인한 것은 프랑스 경쟁위원회가 이미 비슷한 조항들에 대하여 반경쟁적인 행위

는 소제기 특권에 대해서는, 박세환, "상거래의 공정을 추구함에 있어서 사적자치와 경제적 공공질서간의 조화", 「상사판례연구」, 한국상사판례학회(제32집 제3권, 2019), 121면 이하 참고.

55) 프랑스에서 대형마트들이 납품업자로부터 가장 좋은 거래조건을 얻기 위해서 위와 같은 최혜국대우 조항을 납품업자와의 납품계약에 삽입하는 경우가 자주 발생하자 입법자가 이러한 지위남용행위를 방지하기 위해서 위와 같은 최혜국대우 조항을 아예 무효라고 규정한 것이다.

의 관점에서 Booking.com에 대하여 동의의결 결정을 한 것과 마찬가지 취지라는 지적이 있다.[56)57)]

56) Daniel Mainguy, Jean-Louis Respaud et Stéphane Destours, Malo Depincé, "Droit de la distribution, Chronique", La Semaine Juridique Entreprise et Affaires, n°50, déc. 2020, 1522.

57) 위 파기원 판결은 프랑스 불공정거래행위 관련 핵심 조항인 거래당사자의 권리·의무 관계에 있어서 심각한 불균형을 초래하는 행위 금지조항의 성격에 관하여도 판시하였는데 이는 프랑스 학자들의 관심을 끌었다. 이 사건에서 미국 회사인 Expedia는 프랑스법의 적용을 피하기 위하여 호텔과 체결한 계약에서 영국법의 적용을 받도록 하는 조항을 두었는데, 과연 이러한 경우에도 프랑스 경제부가 프랑스 상법상 당사간의 권리·의무 관계에 있어서 심각한 불균형을 초래하는 행위 금지 조항을 적용하여 불공정거래행위 피해자를 위하여 프랑스 법원에 소를 제기하는 것이 적법한지가 다툼의 대상이 되었다. 하지만 프랑스 파기원은 구 프랑스 상법의 L.442-6, I, 2° 조문을 경찰법(loi de police)으로 인정하면서 법관은 적용할 법을 결정함에 있어서 법들 사이의 상충 문제를 고려할 필요 없이 위 조문을 적용해야 한다고 판시하였다. 동 조문은 긴요한 규정으로서 이를 위반하지 않는 것은 당사자들 간의 무기대등과 공정을 유지함에 있어서 매우 중요하고, 프랑스의 경제적·사회적 질서에 있어서 필수불가결하다는 이유에서이다. 결과적으로 외국 사업자는 계약서에 외국법이 준거법이 되고 소제기시 관할은 외국법원이고 분쟁해결은 국제중재에 의한다는 식의 규정을 두는 방법을 통하여 프랑스 상법상 불공정거래행위 핵심 규정의 적용을 면하기가 쉽지 않게 되었고, 이 경우 프랑스 경제부내 DGCCRF가 피해자를 위하여 자신을 상대로 소제기 하는 제도도 부적법하다고 배척하기 어렵게 된 셈이다. 비록 동 사건의 당사자는 프랑스 경제부 내 DGCCRF와 Expedia이었지만 위 L.442-6, I, 2° 조문의 성격에 관한 판시 내용은 사인들 사이의 민사소송에도 적용될 것이다. Nocolas Mathey, "Les dispositions de l'article L.442-6 ancien sont des lois de police", Contrats-concurrence-consommation, n°10, oct. 2020, 140. Marie Malaurie-Vignal et Dominique Heintz et Marion Lécole, "Comment appréhender les abus et l'utilisation des données dans la relation d'une plateforme avec ses partenaires contractuels?", Contrats Concurrence Consommation, n°12. déc. 2020, dossier 16, para. 19. Martine Behar-Touchais, "L'article L.442-6, I, 2° du Code de commerce qualifié de loi de police par la Cour de cassation", La Semaine Juridique Entreprise et Affaires, n°41, 8 oct., 2020, 1375.

사건으로는 우리나라의 경우에도 온라인 예약 플랫폼의 최혜대우 약정에 대해서는 일차적으로 시장지배적지의 남용행위나 경쟁제한성을 중심으로 판단하는 불공정거래행위 유형들을 검토대상으로 삼는 것이 바람직하고, 이러한 방법으로는 해결이 어려운 예외적인 경우에야 이차적으로 불공정거래행위 중 불공정성을 중심으로 판단하는 행위유형으로 나아가는 것이 적절하다고 생각한다. 다시 말하면 불공정거래행위 중 거래상지위남용행위의 경우 해당 행위로 인한 효율성 증대 효과 발생 여부나 시장에서의 경쟁제한성을 고려하지 않기 때문에 최혜대우에 대해서 이를 적극적으로 우선 적용하는 것은 신중할 필요가 있다. 특히, 온라인 플랫폼의 최저가보장 약정을 거래상지위남용행위 중에서 적용요건이 추상적이고 특이한 조항인 경영간섭으로 의율할 경우 경쟁법의 글로벌 스탠더드에서 멀어질 수 있다. 또한, 우리나라와 비슷한 불공정거래행위 규제체계를 택하고 있는 일본의 경우에도, 숙박예약 사이트 운영사업자인 라쿠텐이 숙박사업자들에게 최혜대우 조항을 요구한 행위에 대하여 공정취인위원회가 숙박사업자의 사업활동을 부당하게 구속한 행위(구속조건부거래) 성립여부를 검토하였고 라쿠텐이 동 행위를 중지하는 등의 시정방안을 제출함에 따라 동의의결(확약) 형태로 사건이 종료되었다는 점도 참고할 만하다.[58]

2. 온라인 플랫폼의 경영간섭에 관한 특별법과 심사지침

이하에서는 온라인 플랫폼의 경영간섭과 연관이 있는 특별법과 심사

---

58) 라쿠텐 사건과 도출된 시정방안에 대해서는, 최지필, "동의결제도의 활성화 방안 연구 -일본 확약제도를 중심으로-", 「상사판례연구」, 한국상사판례학회(제34권 제4호, 2021), 254-255면 참고.

지침에 대해서 검토해 본다. 경영간섭행위를 금지하는 규정은 이미 거래상지위 남용행위의 특칙의 성격을 가지는 「하도급거래의 공정화에 관한 법률」, 「가맹사업거래의 공정화에 관한 법률」, 「대규모유통업에 있어서의 거래공정화에 관한 법률」, 「대리점거래의 공정화에 관한 법률」에 존재하고 있다. 그 외에 온라인 플랫폼 공정화법(정부안)과 온라인 플랫폼 사업자의 시장지배적지위 남용행위에 대한 심사지침도 경영간섭과 관련이 있다.

(1) 온라인 플랫폼 공정화법 제정안(정부)

정부는 공정한 온라인 플랫폼 중개거래 질서를 위한 제도적 기반을 마련하기 위함이라는 목적으로 「온라인 플랫폼 중개 거래의 공정화에 관한 법률」 제정안을 2021.1 국회에 제출한 바 있다.[59] 당시에도 온라인 플랫폼 공정화법이 우리나라에 필요한지에 대해서는 학계, 실무계, 산업계에서 많은 견해가 표출되었다. 위 정부안은 국회를 통과하지 못하였지만 이와 비슷한 의원입법안이 22대 국회(2022년~)에서도 계속 발의되고 있다.[60] 그런데 우리나라에서 플랫폼 공정화법이 결국 제정될 것인지는 현재로서는 예견하기 쉽지 않다. 국내에서 온라인 플랫폼 공정화법에 대한 찬반론이 대립하고 있을 뿐만 아니라, 미국 트럼프 행정부가 우리나라의 플랫폼 규제 특별법에 대해서 강하게 반대하고 있는 상황에서 플랫폼 공정화법의 제정은 통상마찰을 불러일으킬 수도 있기 때문이다. 물론 플랫폼 공정화법은 입점업체를 플랫폼의 갑질행위로부터 보호하기 위한 것

---

59) 공정위, 보도참고자료, "「온라인 플랫폼 공정화법」 제정안 국무회의 통과", 2021. 1.26. 고형석, "온라인 플랫폼 중개거래의 공정화에 관한 법률안에 관한 연구", 「유통법연구」, 한국유통법학회(제8권 제1호, 2021), 3-4면.

60) 예: 온라인 플랫폼 중개거래의 공정화에 관한 법률안(김남근의원 등 58인, 제안일 2024.10.18, 의안번호 제2204777호).

이어서, 2023년 말에 공정위가 추진하였던 (가칭)플랫폼 경쟁촉진법처럼 빅테크의 독점을 방지하기 위한 법안은 아니므로 양자를 달리 보아야 한다는 시각도 가능하다.

어쨌든 2021년의 온라인 플랫폼 공정화법 정부 제정안을 살펴보면, 제9조(불공정거래행위의 금지) 제1항 제5호에 온라인 플랫폼의 경영간섭행위에 관한 규정을 별도로 두고 있었다.[61] 즉, 위 제정안 제9조에 의하면, 온라인 플랫폼 중개사업자는 자신의 거래상 지위를 부당하게 이용하여 온라인 플랫폼 이용사업자의 경영활동을 간섭하는 행위를 하여서는 아니 된다.[62] 이처럼 경영간섭행위가 온라인 플랫폼 사업자의 불공정거래행위 유형으로서 제9조에 적시된 것을 볼 때, 온라인 플랫폼 사업자의 불공정거래행위를 규제하기 위한 수단으로써 경영간섭행위를 활용하겠다는 정부의 의지를 확인할 수 있다. 그렇다면 위 온라인 플랫폼 공정화법 제정안에 경영간섭행위가 불공정거래행위 유형으로 들어간 연유가 궁금한데, 추측하건대 거래상지위 남용행위의 특칙의 성격을 가지는 다

---

61) 공정위, 보도참고자료, "「온라인 플랫폼 공정화법」 제정안 국무회의 통과", 2021. 1.26.

62) 제9조(불공정거래행위의 금지)

① 온라인 플랫폼 중개사업자는 자신의 거래상 지위를 부당하게 이용하여 다음 각 호의 어느 하나에 해당하는 행위를 하거나 다른 사업자로 하여금 이를 하도록 하여서는 아니 된다.

1. 온라인 플랫폼 이용사업자가 구입할 의사가 없는 재화 또는 용역을 구입하도록 강제하는 행위
2. 온라인 플랫폼 이용사업자에게 자기를 위하여 금전·물품·용역, 그 밖의 경제상 이익을 제공하도록 강요하는 행위
3. 온라인 플랫폼 이용사업자에게 거래과정에서 발생한 손해를 떠넘기는 행위
4. 온라인 플랫폼 이용사업자에게 불이익이 되도록 거래조건을 설정 또는 변경하거나 그 이행과정에서 불이익을 주는 행위
5. 온라인 플랫폼 이용사업자의 경영활동을 간섭하는 행위

른 특별법들에 경영간섭과 관련된 규정이 이미 존재하고 있다는 점이 이에 영향을 미쳤을 수도 있고,[63] 추가적으로 배달앱 사업자의 배달음식점들에 대한 최저가보장제를 경영간섭행위로 인정한 공정위 심결례의 영향을 받았을 수도 있다. 그런데 위에서 언급한 바와 같이 거래내용 제한에 의한 경영간섭을 넓게 인정해서는 곤란하다는 것은 온라인 플랫폼 중개 공정화법에 있어서도 마찬가지이므로, 설사 추후에 온라인 플랫폼 중개 공정화법이 제정되고 조문에 경영간섭 규정이 삽입되더라도 경영간섭에 관한 조문은 엄격하게 해석되어야 할 것이다.

(2) 온라인 플랫폼 사업자의 시장지배적지위 남용행위에 대한 심사지침

1) 수정전 심사지침(안)

공정위는 2022.1.6. 플랫폼 분야의 경쟁제한행위 예방을 위하여 「온라인 플랫폼 사업자의 시장지배적지위 남용행위 및 불공정거래행위에 대한 심사지침(안)」(이하 '심사지침(안)'이라고 한다)을 행정예고하였다. 위 심사지침(안)은 온라인 플랫폼의 경쟁제한 우려에 초점을 맞추면서 멀티호밍제한, 최혜대우요구, 자사우대, 끼워팔기와 같은 경쟁제한행위를 주요 법위반행위 유형으로 들고 있고 행위의 부당성 여부는 주로 경쟁제한효과에 기초하여 판단하도록 하고 있었다[64]. 그런데 이 중 온라인 플랫폼의 최혜대우 요구행위는 본 논문과 관련이 있으므로 이에 대하여 살펴본다.[65]

---

63) 「하도급거래의 공정화에 관한 법률」 제18조(부당한 경영간섭의 금지), 「가맹사업거래의 공정화에 관한 법률」제14조의2(가맹점사업자단체의 거래조건 변경 협의 등), 「대규모유통업에 있어서의 거래공정화에 관한 법률」 제14조(경영정보 제공 요구 금지), 「대리점거래의 공정화에 관한 법률」 제10조(경영활동 간섭 금지).

64) 온라인 플랫폼 심사지침(안) II. 일반적 심사 원칙, 3. 위법상 판단 시 고려사항, 다. 경쟁제한성 등 부당성 판단.

먼저 위 심사지침(안)은 최혜대우 요구에 대하여 "온라인 플랫폼 사업자가 해당 온라인 플랫폼 시장에서 자사의 지배력을 유지·강화하기 위해 주로 활용하는 전략"이라고 평가하였다. 이어서 위 심사지침(안)은 최혜대우 요구를 적용범위에 따라 좁은 최혜대우와 넓은 최혜대우로 구분하면서, 온라인 플랫폼 사업자의 최혜대우 요구와 관련하여 무임승차 방지 및 투자 촉진과 같은 효율성 증대 효과가 발생할 수 있다는 것도 인정하였다.[66] 이처럼 동 심사지침(안)은 기본적으로 최혜대우 요구를 외국의 사례와 비슷하게 온라인 플랫폼 시장에서의 경쟁제한 우려라는 관점에서 바라보았다.

그런데 위 심사지침(안)은 최혜대우 요구와 관련하여 거래상지위남용행위 중 경영간섭에 특화된 내용도 뒷부분에서 같이 기술하였다. 문제는 경영간섭행위의 금지는 불공정성에 초점이 갖추어져 있기 때문에, 심사지침(안)이 최혜대우와 관련하여 플랫폼 시장의 경쟁제한 우려 관점에서 먼저 제시하였던 기본적인 틀과 경영간섭행위 관련 기재 부분이 서로 조화를 이루지 않는다는 점이다. 다시 말하면, 위 심사지침(안)은 ① 부당성 판단과 관련하여 "법 제45조(불공정거래행위의 금지) 부당성 판단 시에는 거래상대방의 거래처 및 거래조건 선택의 자유 등이 제한됨으로써 자유로운 의사결정이 저해되었거나 저해될 우려가 있는지 여부를 종합적으로 고려하여 판단할 수 있다"고 규정하였고, ② 적용법조와 관련하여서는 "최혜대우 요구는 법 제5조(시장지배적지위 남용 금지) 제1항 제3호 중 기타의 타 사업자 사업활동방해, 법 제45조(불공정거래행위의 금지) 제1항 제4호의 거래상지위남용행위 등에 해당할 수 있다"라고 기재

65) 온라인 플랫폼 사업자의 시장지배적지위 남용행위 및 불공정거래행위에 대한 심사지침(안), III, 2, 나.

66) 온라인 플랫폼 심사지침(안), III. 행위 유형별 심사기준, 1. 기본원칙, 2. 행위 유형별 위법성 심사기준, 나. 최혜대우(MFN: Most Favored Nation) 요구.

하였으며, ③ 플랫폼 사업자의 최혜대우요구행위의 예시로는 배달앱 사업자 甲의 경영간섭 사건을 들면서, 배달앱의 최저가 보장제를 통한 최혜대우 요구 행위는 거래상지위남용행위 등에 해당할 수 있고 경우에 따라 시장지배적지위 남용행위 중 타 사업자 사업활동 방해 등에 해당할 수 있다고 밝힘으로써 최혜대우에 경영간섭의 색채를 덧붙였다.[67]

그러다 보니 위 심사지침(안)은 일견 플랫폼 사업자의 최혜대우 요구행위에 있어서 플랫폼 시장의 특성을 감안하고 플랫폼 시장에서의 경쟁제한 효과를 중시하는 것처럼 보이기도 하지만, 실제로 최혜대우 사건이 발생할 경우에는 공정위가 배달앱 경영간섭 사건처럼 거래상지위가 있는 플랫폼 사업자가 거래상대방의 거래조건에 영향을 미쳤고 거래상대방의 자유로운 의사결정이 저해되었으니 부당성이 인정된다는 방향으로 사건을 전개할 가능성도 높아 보였다.

하지만 사견으로는 위 심사지침(안)이 플랫폼의 최혜대우 요구에 대하서 반경쟁적인 행위와 거래상지위남용행위를 섞어서 기술한 것은 바람직하지 않아 보인다. 게다가 온라인 플랫폼의 거래상대방에 대한 지위남용행위에 대해서는 온라인 플랫폼 공정화법(정부안)이 불공정거래행위 행위유형들을 제9조에서 적시하고 있는 이상, 위 심사지침(안)이 거래상지위남용행위의 일종인 경영간섭행위를 다시 최혜대우의 주된 예로 기재함으로써 경쟁제한성과 불공정성을 섞을 실익이 많지 않았다. 추가적으로 위 심사지침(안)은 최혜대우 요구의 법위반행위 유형이나 적용법조에 대하여 '법 제5조(시장지배적지위 남용 금지) 제1항 제3호 중 기타의 타 사업자 사업활동 방해, 법 제45조 (불공정거래행위의 금지) 제1항 제4

67) 공정위, 보도참고자료, "플랫폼 분야의 경쟁제한행위 예방을 위한 심사지침 마련 -온라인 플랫폼 사업자의 시장지배적지위 남용행위 등 심사지침 제정안 행정예고-", 2022.1.6. 온라인 플랫폼 심사지침(안), III. 행위 유형별 심사기준, 2. 행위 유형별 위법성 심사기준, 나. 최혜대우(MFN: Most Favored Nation) 요구.

호 중 거래상지위 남용행위 등에 해당할 수 있다'고 기재하고 있는 바, '등'이라는 용어를 사용함으로써 플랫폼의 최혜대우를 사실상 시장지배적지위 남용행위와 불공정거래행위의 모든 규정으로 규제할 수 있는 길을 열어둔 것은 명확성 측면에서도 바람직하지 않았다.

2) 수정되어 시행된 심사지침

이러한 심사지침(안)에 대한 비판을 받아들여, 공정위는 수정된 내용의 「온라인 플랫폼 사업자의 시장지배적지위 남용행위에 대한 심사지침」(제418호)을 2023.1.12.에 시행하였다. 먼저 동 지침은 제목에서부터 '시장지배적지위 남용행위 등'에서 '등'을 제거하였고, 내용에 있어서도 반경쟁적인 행위와 거래상지위남용행위를 뒤섞어서 기술하지 아니하고 비교적 경쟁제한성을 중심으로 플랫폼 사업자에 대한 시장지배적지위 남용행위의 적용 기준을 기술하였는바, 이는 긍정적인 변화로 평가될 수 있다.

최혜대우에 대해서 보더라도, 위 심사지침의 III. 나.에서는 최혜대우 요구의 의미 및 좁은 최혜대우와 넓은 최혜대우의 구분에 대해서 기술하고, 양자의 경쟁제한 우려를 설명한 후, 최혜대우로 인한 효율성 증대 가능성에 대해서 언급하고 있다. 특히 적용법조에 있어서 종전의 심사지침(안)이 시장지배적지위 남용행위 중 사업활동방해행위(제5조 제1항 제3호)와 불공정거래행위 중 거래상지위남용행위(제45조 제1항 제4호)를 병기하고 있었던 것과 대조적으로, 시행된 심사지침은 시장지배적지위 남용행위 중 사업활동방해행위(제5조 제1항 제3호) 하나만을 적용법조로 적시하고 있다는 차이점이 있다.

그런데 위 심사지침은 "플랫폼 사업자의 최혜대우행위에 대해서 거래상지위남용행위 중 경영간섭행위가 적용될 수 있는지"에 대해서는 여전히 모호성을 유지하고 있다. 위 심사지침 III. 나. (4) 적용법조의 단서에서 "단, 실제 적용법조는 사안별로 구체적인 사실관계에 따라 달리 판단할 수 있다"고 함으로써 불공정거래행위 중 경영간섭을 적용할 여지를 남겨두고 있기 때문이다. 그리고 아래의 예시 박스에서도 '배달앱의 최저가 보장제를 통한 최혜대우 요구'를 관련 사례로 들면서 "이러한 행위는 법 제5조(시장지배적지위 남용행위 금지) 제1항 제3호 관련 기타의 타사업자 사업활동 방해 등에 해당할 수 있다"고 함으로써 또다시 모호성을 남기고 있다. 결과적으로 공정위 실무상 플랫폼 사업자의 최혜대우 행위에 대해서 거래상지위남용 중 경영간섭이 적용될 수 있겠는가는 공란으로 남아 있는 셈이다.

IV. 정리

1. 공정거래법상 경영간섭은 본래 입법취지에 부합하도록 제한적으로 해석되어야

거래상지위남용 중 경영간섭 규정은 연혁상 일본의 사적독점금지법의 임원 선임 간섭에서 유래한 특이한 조항으로서 미국, EU, 프랑스, 독일법은 경쟁법에 이러한 경영간섭 규정을 따로 두고 있지 않다. 경영간섭 금지는 공정거래법 실무상 그 동안 폭넓게 활용되어 온 행위유형은 아닌데, 만약 요건이 추상적이고 포괄적인 '거래내용 제한에 의한 경영간섭'을 넓게 인정할 경우에는, 가격 등 거래조건이 당사자 일방에게 불리하게 설정되거나 변경된 많은 경우가 경영간섭에 포섭될 수 있게 되고, 공정위로서는 법적용이 복잡하고 경쟁제한성 입증을 요하는 시장지배적지위 남용행위나 불공정거래행위를 검토할 필요 없이 요건이 간단한 '거래내용 제한에 따른 경영간섭'으로 사건을 처리하면 족하게 된다. 그런데 공정거래법상 시장지배적지위 남용행위 규정과 불공정거래행위 규정이 포섭할 수 있는 행위유형들이 이미 광범위하기 때문에 경영간섭 금지를 넓게 인정해야 할 특별한 현실적인 필요성이 있다고 보기도 어렵다. 게다가 경영간섭이라는 단어 자체가 가지는 부정적인 어감·인식이 강하기 때문에 경영간섭을 적용하여 사업자를 제재할 경우 다른 불공정거래행위 규정을 적용한 사건에 비해서 해당 사업자의 기업 이미지가 더 훼손되고 해당 사건의 불법성이 실제보다 높게 평가될 수 있다. 따라서 거래상지위남용 중 경영간섭, 특히 거래내용 제한에 의한 경영간섭의 경우 제조하도급 원사업자와 수급사업자, 대규모유통사업자(백화점·대형마트 등)와 납품업자·매장임차인, 공급사업자와 대리점, 대형공기업과 시설운영사업자의 관계와 같이 수시로 거래상대방의 계약이행 여부를 확인하고 이를 평가하여 보상 내지 제재를 가하는 밀접한 관계를 바탕으로 해야 한다고 해석함이 적절해 보인다.

2. 경영간섭 규정의 온라인 플랫폼 사업자에 대한 다각도 활용에는 신중해야

그리고 최근에 나온 공정거래법상 경영간섭 규정을 적용한 배달앱 사업자 사례와 온라인 유통업자 사례[68], 온라인 플랫폼 공정화법(제정안)에 명시된 경영간섭 금지 규정, 온라인 플랫폼 사업자의 시장지배적지위 남용행위에 대한 심사지침(안)과 실제로 시행된 심사지침의 내용을 종합적으로 감안할 때, 경영간섭행위의 금지는 온라인 플랫폼 사업자의 행위에 대해서 다각도로 활용될 가능성이 있다. 하지만 사견으로는 온라인

68) 공정위, 전원회의 의결, 제2020-251호, 2020.8.24. 공정위, 전원회의 의결, 제2021-237호, 2021.9.23.

플랫폼과 관련하여 경영간섭을 부각시키는 사건처리, 입법, 정책 흐름에는 신중할 필요가 있다고 생각한다. 대법원이 배달앱 사업자의 경영간섭에 관한 형사 사건에서 무죄를 선고한 것도 참고할 필요가 있다.[69]

온라인 플랫폼 사업자의 남용행위에 대한 규제가 중요한 상황임은 분명하지만, 예를 들어 온라인 플랫폼의 최저가약정 행위에 있어서 불공정성을 중심으로 하는 거래상지위남용행위, 그 중에서도 거래상대방의 의사결정권 침해를 중시하는 경영간섭 규정을 쉽사리 적용하기 보다는 가능한 한 시장지배적지위 남용행위나 경쟁제한성을 바탕으로 한 불공정거래행위 행위유형을 검토함으로써 경쟁제한성과 효율성에 대한 판단을 거치는 것이 순리일 것이다. 또한 구속조건부거래(법 제45조)의 경우 행위유형이 제한적이기 때문에 온라인 플랫폼의 최저가약정 행위에 대해서는 이를 적용하기가 쉽지 않다는 지적이 있을 수 있는데, 이에 대해서는 이론상으로 수직적 합의에 의한 부당한 공동행위의 성립을 인정하거나 입법론상으로 불공정거래행위 중 구속조건부거래의 행위유형을 유연화하는 방안도 고민해 볼만하다고 생각한다.

그리고 거래내용 제한에 의한 경영간섭을 넓게 인정해서는 곤란하다는 것은 공정거래법뿐만 아니라 온라인 플랫폼 공정화법에 있어서도 마찬가지이므로, 설사 추후에 온라인 플랫폼 공정화법이 제정되고 그 조문 중에 경영간섭이 삽입된다고 하더라도 경영간섭에 관한 조문은 엄격하게 해석되어야 할 것이다. 비교법적으로도 유럽 경쟁당국들은 온라인 여행 플랫폼의 최혜대우 약정을 주로 반경쟁적인 합의나 시장지배적지위 남용행위의 관점에서 검토하였는데, 우리나라에서 이에 대하여 적용요건이 추상적이고 내용이 특이한 경영간섭을 적극 활용할 경우 경쟁법의 글로벌 스탠더드에서 멀어질 수 있고 나아가 형사처벌까지 더해질 경우에

---

69) 대법원 2025.2.20. 선고 2024도11863 판결.

는 이러한 괴리 현상이 심화될 것이다. 추가적으로 온라인 플랫폼의 시장지배적지위 남용행위에 대한 심사지침은 '경쟁제한성의 관점'에서 일관성 있게 온라인 플랫폼의 행위(최혜대우 등)를 바라보는 것이 법체계와 이론상 더 바람직하다고 본다.

제5장

온라인에서의 기만적인 인터페이스 (다크패턴)

디지털 경제에서는 인터넷 사용자가 자신의 웹사이트나 앱에 최대한 오래 머무르도록 하고 인터넷 사용자의 관심을 자신에게 쏟게 만드는 '관심경제(économie de l'attention)'가 온라인사업자의 이윤 획득에 있어서 핵심이 되었다.[1] 이처럼 소비자가 웹사이트나 앱을 자주 방문하고 일단 방문하면 오래 머무르면서 최대한 광고에 노출되고 다량의 상품이나 용역을 구매하는 것이 중요해지다 보니, 플랫폼 사업자로서는 다양한 상술을 동원하여 인터넷 사용자에게 영향을 미치고 소비자가 플랫폼에 유리한 결정을 내리도록 유도하는 경향이 있다. 이 과정에서 온라인 플랫폼이 인터넷 사용자의 관심을 끄는 행위가 과도해지고, 이에 유인된 소비자가 자신에게 불이익한 결정을 내리는 일이 잦아지자, 온라인 인터페이스(interface)상 소비자 기만행위에 대해서 '다크패턴(dark pattern)'이라 칭하면서 소비자 등 관련 당국이 다크패턴에 대하여 강력한 사전적·사후적 규제를 가하여야 된다는 지적이 제기되고 있다. 온라인에서의 지나친 다크패턴으로 인하여, 소비자는 금전적 손실, 자율성 저해, 사생활 침해, 인지력 저해, 중독과 같은 정신건강의 악화 등을 겪을 수 있고, 나아가 시장에서의 경쟁이 저해되고 가격의 투명성이 악화될 수 있다는 이유에서이다.[2] 온라인 상의 소비자 기만적인 인터페이스를 금지하는 새로운 규정을 마련하는 데에는, EU가 디지털 서비스법(Digital Services Act. 이하 'DSA'라 한다)[3]를 통해서 한발 앞서 나갔다는 평가를 받고 있고, 우

---

1) Marie Malaurie-Vignal, "Le consommateur captif des nouvelles technologies", Contrat- Concurrence-Consommation, n°1, janv., 2022.

2) EC, "Behavioural study on unfair commercial practices in the digital environment: dark patterns and manipulative personalisation", Final Report, 2022. DSA 서문 (67).

리나라에서도 다크패턴을 규율하는 내용의 전자상거래법이 개정(법률 제20302호, 2024.2.13., 일부개정)되어 2025.2.14.부터 시행되고 있다.

그런데 '다크패턴'이라는 범주를 만들어서 이에 대하여 특별한 규제를 신설하기 이전에 법이론적으로 짚어볼 사항이 있다. '다크패턴'이라는 용어의 개념과 범위, 다크패턴과 교묘한 상술 내지 넛징과의 구별, 다크패턴에 대응할 수 있는 기존 규정과의 관계 설정 등인데, 이에 대해서 차례로 기술한 후 EU Digital Service Act와 우리나라 전자상거래법에서의 다크패턴 규제 상황을 검토한다.

Ⅰ. 소위 '다크패턴'이란?

1. 다크패턴 명칭의 등장 배경

소비자가 자신의 웹사이트나 앱에 관심을 가지고 오래 머무르도록 하고자 한다면, 인터넷 사업자로서는 소비자에게 차별화된 양질의 서비스를 제공하고 이를 홍보하는 것이 마케팅의 정석에 해당할 것이다. 그러나 치열한 경쟁상황에 놓인 인터넷 사업자로서는 이외에도 다양한 상술을 동원하여 인터넷 사용자에게 영향을 미치는 경우가 많은데, 소위 '넛징(nudging, coup de pouce)'[4]이라 불리는 행위가 그 예이다. 소비자로

3) REGULATION (EU) 2022/2065 OF THE EUROPEAN PARLIAMENT AND OF THE COUNCIL of 19 October 2022 on a Single Market For Digital Services and amending Directive 2000/31/EC (Digital Services Act). DSA는 서문 (67)과 article 25에서 다크패턴에 관한 내용을 기재하고 있다.

4) '넛징(nudging)'이란 사전적 의미로는 팔꿈치로 상대방을 살짝 건드린다는 뜻이다. 송창룡, "넛지에 대한 트리즈 분석과 활용", 지식경영연구(제21권 제4호, 2020), p.21 이하.

하여금 더 많이 구매하도록 유도하는 넛징은, 사업자가 자신에게 유리하게 환경을 설정해서 소비자의 선택에 영향을 미치기는 하였지만 이를 강제하지는 않은 행위인데, 위법하지 않은 넛징은 다채로운 색감, 유머 감각이 있는 문구나 디자인을 통하여 소비자의 선택을 유도하기도 하고 여기에 심리학적인 방법을 가미하기도 한다.[5)]

이러한 교묘한 상술, 넛징, 나아가 다크패턴은 종전부터 오프라인에서도 존재하던 것인바, 온라인사업자가 계속해서 인터페이스를 자신에게 유리하도록 갈고 닦고, 다수의 소비자들이 이러한 인터페이스에 점점 영향을 받아서 기만당하기 쉽게 됨에 따라, 온라인에서의 기만적인 인터페이스 문제는 오프라인에서의 기만행위보다 사회적으로 더 큰 우려를 자아내게 되었다. 그래서 온라인상에서의 기만적인 인터페이스는 소비자의 자율성을 침해하고 금전적 손실을 유발할 뿐만 아니라 상당한 사생활 침해와 정신적인 손해를 발생시킨다는 주장이 설득력을 얻게 되었고, 나아가 여러 학자들과 소비자 당국들은 이러한 행위들을 '다크패턴'이라는 명칭으로 묶어서 표현하게 되었다.[6)]

2. '다크패턴'의 법률용어로서의 적합성

'다크패턴'이란 사용자 경험(user experience, UX) 디자이너이자 인지학 박사인 Harry Brignull이 "당신이 하려고 마음먹지 않았던 일(구매, 가입

---

5) Marie Malaurie-Vignal, Le consommateur captif des nouvelles technologies", Contrat-Concurrence-Consommation. Marie Malaurie-Vignal, "Fasc. 139: Droit de la concurrence et algorithmes", JurisClasseur Concurrence-Consommatiom, 15 juillet 2022, para 52.

6) OECD, "Dark commercial patterns", OECD digital economy papers, oct. 2022, no 336, p.5.

등)을 하도록 만드는 웹사이트나 앱에서 사용되고 있는 트릭"을 묘사하기 위해서 2010년에 고안한 용어로서, 그는 12개 이상의 다크패턴 유형을 분류하였다.[7] 다크패턴 용어는 10여년 전부터 디자인, 인공지능(AI), 법 등을 연구하는 학자들 사이에서 먼저 사용되기 시작하였고, 기업이나 법조계에는 상대적으로 덜 알려져 있었다.[8]

그런데 '다크패턴'이라는 용어가 현재 전 세계에서 많이 사용되고 있음은 분명하지만, 인지학·디자인 연구자가 직관적 이해를 돕기 위해서 만들어낸 '다크패턴'이 공식적인 문헌에 법률용어처럼 등장하는 것이 바람직한지는 의문이다. 법률용어는 일반적으로 법률행위의 요소, 태양, 범위를 표상(表象)하고 객관적 성질을 가지는 것이 바람직한바, '다크패턴'의 경우 '다크(dark)'라는 단어는 법률행위의 요소, 태양, 범위를 표상하지 못하면서 대중에게 부정·부도덕·악한 이미지를 떠올리게 한다. 그렇다고 해서 '패턴(pattern)'이라는 단어가 법률용어로서의 기능을 충분히 수행한다고 보기도 어렵다.[9] 한편, 온라인 상에서 소비자가 자신에게 이로운 결정을 내리기 쉽게 하고 소비자에게 해로운 결정을 내리는 것을 어렵게 만드는 디자인과 관련해서 '브라이트 패턴(bright patterns)'이라는 용어가 사용되기도 하고 있는데,[10] 이 역시 주관적인 용어에 가깝다.

그래서 유럽에서는 '다크패턴(dark patterns)' 대신 '디셉티브 패턴

---

7) Harry Brignull, "Dark Patterns : Deception vs. Honesty in UI Design", november 1, 2011, Interaction Design Journal, issue 338. OECD, *op. cit.*, p.8.

8) Marie Postel-Saville, "Dark patterns: l'étau législatif se resserre(enfin ?) sur les interfaces manipulatrices ou trompeuses", Revue pratique de la prospective et de l'innovation, n°2, nov. 2022.

9) 이와 달리, 불공정거래행위의 유형인 '거래 조건 차별'의 경우, '거래'·'조건'·'차별'이란 단어는 각각 법 위반행위의 요소, 태양, 범위를 그려내는 기능을 하면서 객관적인 성질을 띈다.

10) OECD, *op. cit.*, p.37.

(deceptive patterns)'이라는 용어를 사용하는 학자도 많은데, 이는 경멸적인 의미를 암시하고 있는 'dark'라는 단어로 인하여 선입관을 발생시키는 것을 피하기 위해서라고 한다. Marie Postel-Saville은 이러한 선입관 발생 우려에 전적으로 공감하지만, 이미 입법 검토 과정에서 '다크패턴'이라는 용어가 폭넓게 사용되고 있기 때문에 독자의 이해 증진 차원에서 어쩔 수 없이 자신의 논문에서 '다크패턴'이라는 용어를 사용하였다고 밝힌 바 있다.[11]

같은 취지에서 프랑스의 법학 논문에서는 'interfaces trompeuses(기만적인 인터페이스)'라는 표현을 사용하면서, 여기에 'dark patterns'을 괄호로 병기하는 경우가 많다.[12] 법률문헌이나 논문에서 더 정제된 단어인 '기만적 인터페이스'를 사용한다면 규정의 적용 범위와 요건이 구체화되기 쉽고, 대상 행위를 객관적으로 바라볼 수 있다는 장점이 있다. EU의 DSA 공식 프랑스어 버전 서문에서도 'interfaces trompeuses'라는 표현을 사용할 뿐 'dark patterns' 이나 'dark' 같은 용어는 쓰지 않고 있다.[13]

3. 다크패턴의 정의와 유형

다크패턴을 어떻게 정의내릴 것인가에 대해서는 전 세계적으로 다양한 학문적 시도가 있었는데, 정의를 어떻게 내리는가에 따라 그 유형 분

11) Marie Postel-Saville, *op. cit.*, 각주 5.

12) Marie Malaurie-Vignal, Fasc. 139: Droit de la concurrence et algorithmes, para 52. Jullette Crouzet, "Digital Services Act à l'approche" La Semain Juridique Edition Générale, n°24, 20 juin 2022, docr. 761.

13) https://eur-lex.europa.eu/eli/reg/2022/2065/oj, DSA의 영어 버전과 독일어 버전은 서문에서 'dark patterns'이라는 표현을 그대로 사용하고 있는바, 영어·독일어 DSA가 부정적인 선입관을 불러일으키는 'dark patterns'을 그대로 사용하고 있는 것은 아쉬운 일이다.

류도 달라지게 된다. 이 중 법적 정의에 한정해서 보더라도 다크패턴에 대한 정의는 일치되지 않고 다양하다.[14] '다크패턴'이라는 용어 자체가 온라인 인터페이스 상에서 흔히 일어나는 소비자의 이익에 반하는 교묘한 상술을 널리 포섭하기 위해서 등장한 '우산'과 같은 용어이기에, 이에 대한 확립된 정의를 세운다는 것 자체가 쉽지 않은 도전에 해당한다.[15]

다크패턴에 대하여, DSA는 온라인플랫폼사업자가 온라인 인터페이스를 디자인하고 구성하고 운영함에 있어서, 서비스 이용자를 속이거나 조종하는 방식을 사용하거나, 자유롭고 현명한 결정을 내리려는 이용자의 능력을 왜곡하거나 저해하는 방식을 사용하는 행위라고 보고 있다.[16] 그리고 OECD에 따르면, 다크패턴이란 온라인 유저 인터페이스에서 통상적으로 발견되는 다양한 행위로서, 소비자의 편향을 이용하는 것을 포함하여 소비자로 하여금 소비자에게 이롭지 아니한 선택을 하도록 이끄는 것을 뜻하고, 다크패턴은 소비자가 더 많은 돈, 개인정보와 시간을 소모하도록 유도하게 된다.[17]

프랑스 학계의 Marie Postel-Saville는 다크패턴을 소비자의 인지편향, 분류체계, 평가 기준을 조작하는 행위라 부르는데 즉, 온라인 사업자가 사람의 인지 편향을 이용하는 인터페이스를 설정함으로써 소비자에게 영향을 미치고, 자신이 원하는대로 소비자를 조종한다는 의미이다.[18] Laureline L'honnen-Fossard는 다크패턴이란 소비자가 비자발적인 결정을

---

14) Marie Postel-Saville, *op. cit.*

15) OECD, *op. cit.*, p.8 참고. "'Dark patterns' is an umbrella term referring to a wide variety of practices commonly found in online user interfaces that lead consumers to make choices that often are not in their best interests."

16) DSA 제25조, 전문 (67).

17) OECD, *op. cit.*, p.5, 16.

18) Marie Postel-Saville, *op. cit.*

내리도록 유도하고, 소비자의 개인정보 보호 능력과 스스로의 의식에 기초한 결정 능력을 저하시키기 위하여 마련된 이용자 인터페이스 및 시험이라고 정의한다.[19)]

이를 종합하면, 대략적으로는 온라인사업자가 온라인 인터페이스를 디자인하고 구성, 운영함에 있어서 소비자로 하여금 자신에게는 불리하면서 사업자에게는 유리한 행위를 하도록 교묘하게 유도하는 행위 정도로 다크패턴을 해석할 수 있겠다. 그런데 어떠한 정의에 따르더라도 다크패턴의 개념은 다양한 해석이 가능한 단어(인터페이스, 불리, 이익, 기만, 유도, 조종)들로 구성되어 있고, 그 대상 범위가 넓다. 게다가 비록 대부분의 다크패턴이 온라인 유저 인터페이스에서 발생한다고 하지만, 유선통화를 요구함으로써 서비스 취소를 어렵게 하는 행위와 같이 온라인 인터페이스와 거리가 있는 다크패턴도 있다. 그래서 영국 경쟁당국인 CMA(Competition and Markets Authority)나 네덜란드 경쟁당국인 ACM (Authority for Consumers & Markets)은 더 넓은 용어인 '온라인 선택 아키텍쳐(online choice architecture)'를 사용한다.[20)]

이처럼 다크패턴의 정의와 개념이 아직 확립되지 않은 상황을 감안하여, 이 글은 다크패턴의 구체적인 세부유형에 대해서는 자세히 논하지 않는다. 다크패턴의 세부 유형을 어떤 기준으로 나눌 것이고, 그 결과 몇 개의 세부 유형으로 나누어지는지, 세부 유형들간 공통점과 차이점은 무엇인지 등에 대해서는 관계 당국과 학자마다 많은 이견이 있을 수밖에 없고, 다크패턴의 구체적 유형에 대해서 중지가 모아질 수 있을지도 불

19) Laureline L'honnen-Fossard, "Un an de droit de la publicité", Communication Coomerce électronique, n°7-8, juillet 2022, chron.n. 9. Laureline L'honnen-Fossard는 다크패턴에 해당할 경우 소비자로부터 얻어낸 동의가 효력이 없게 될 수 있다고 한다.

20) OECD, *op. cit.*, p.15.

확실하다. OECD 역시 다크패턴의 새로운 형태가 지속적으로 출현하고 있기 때문에 종국적이고 완결된 다크패턴의 유형, 분류가 나오기는 쉽지 않다고 전망하였다.[21)]

참고로, 다크패턴에 대하여 DSA 제25조 제3항은 아래 Ⅲ.에서 보는 바와 같이, 세 가지의 행위 유형을 예시하였고, OECD 보고서는 행동 강제(forced action), 화면 조작(interface interference), 반복 간섭(nagging), 경로 방해(obstruction), 숨겨진 규정(sneaking), 사회적 증거(social proof), 시급성(urgency)의 7가지 유형으로 분류하였다.[22)] OECD 한국대표부는 판매 시간 카운트다운, 마감 임박 메시지, 기만적 추천, 미학적 차이를 악용한 선택 왜곡, 특정 옵션의 사전 선택, 감정적 언어를 통한 선택 유도, 등록 강요, 귀찮게 하기, 취소 방해 등으로 구분하였다.[23)] 학자의 경우 '다크패턴'이라는 개념을 처음 제시한 Harry Brignull은 'Trick Question'을 포함한 12가지의 유형[24)]으로 분류하였고, Colin M. Gray 등은 Brignull의 분류를 인간과 컴퓨터 간의 상호작용과 UX 실무자의 관점에서 재분류하여 행동 강제(forced action), 화면 조작(interface interference), 반복 간섭(nagging), 경로 방해(obstruction), 숨겨진 규정(sneaking) 5가지의 유형을 제시하였다.[25)] 그 외에 다크패턴을 구분함에 있어서 선택구

---

21) OECD, *op. cit.*, p.11.

22) OECD, *op. cit.*, p.8, 10, 11. 정무위원회, "전자상거래 등에서의 소비자보호에 관한 법률 일부개정법률안 검토 보고", <다크패턴 방지를 위한 사업자의 의무 신설>, 2022.9.

23) OECD 한국대표부, "소비자를 속이는 온라인상 다크패턴에 대한 대응 방안 등 논의", 2021.11.

24) Trick Questions, Sneak into Basket, Roach Motel, Privacy Zuckering, Privacy Comparison Prevention, Misdirection, Hidden Cost, Bait and Switch, Confirmshaming, Disguised Ads, Forced Continuity, Friend Spam.

25) 유영국, "온라인거래상 다크패턴의 규제 방향에 관한 검토", 「법학연구」, 경상대학

조와 소비자가 결정을 내리는 절차를 강조하는 분류(the 2022 EU study)[26]와 웹 크롤링(web crawling)을 중시하는 분류(Mathur et al.)[27] 등도 있다.[28]

4. 다크패턴과 교묘한 상술, 넛징과의 구별

이처럼 다크패턴의 개념과 유형이 아직 확립되어 있지 않고 행위유형이 상당히 넓게 설정되어 있다면, 다크패턴의 적용 한계를 그려내기란 쉽지 않은 일이다. 즉, 위법한 다크패턴과 법상 허용되는 소비자의 선택을 이끌어내기 위한 설득 마케팅(persuasive marketing practice)을 구분하기가 까다롭다.[29]

온라인상의 인터페이스 설정행위가 기만적인 다크패턴인가 아니면 소비자에 대한 선택권 확대인가의 문제도 그 구별이 간단하지만은 아니하다. 예를 들어, 온라인 호텔예약 플랫폼이 정상가격 상품과 함께 숙박료를 할인하는 대신에 환불이 제한되는 상품을 같이 노출한 경우, 실제로는 환불이 제한된다는 측면을 강조하여 이를 소비자를 기만하여 특정한 선택을 유도하는 다크패턴에 해당한다고 볼 여지도 있다. 그러나 환불제한상품은 소비자에게 가격 할인이라는 이점을 제공하고 소비자의 선택

교 법학연구소(제30권 제3호, 2022), p.83-84.

26) EC, "Behavioural study on unfair commercial practices in the digital environment: dark patterns and manipulative personalisation", Final Report, 2022.

27) Mathur, A. et al., "Dark patterns at scale: Findings from a crawl of 11K shopping websites", Proceedings of the ACM on Human-Computer Interaction, Vol. 3/CSCW, 2019.

28) OECD, *op. cit.*, p.11.

29) OECD, *op. cit.*, p.15. "Further complicating the delineation of dark patterns is the difficulty in demarcating them from legitimate or acceptable persuasive marketing practices."

권을 확장시킨다는 측면에서 보면 이는 기업의 영업의 자유에 기반한 경쟁적인 활동에 해당할 수도 있고, 이를 다크패턴이라고 제한할 경우에 소비자 후생이 감소할 여지가 없는 것은 아니다.

또한, 미국 남부 캘리포니아(Southern California)에서 4개의 유료도로(The Toll Roads)를 운영하는 TCA(Transportation Corridor Agencies)의 경우, 별도의 차단기를 두고 있지 않은 채 일반자동차도로를 운전하던 운전자가 자연스럽게 자신의 유료도로로 진입하고 통과하도록 하면서, 단지 진입 직전에 'FasTrak', 'Toll' 같은 표지판을 길가에 세워두고 있다. 그래서 운전자, 특히 외지인은 자기도 모르게 'FasTrak' 도로를 이용하거나 이용한 사실을 잊어버리기 십상이다. 문제는 'The Toll Roads'는 소비자에게 이용 사실을 따로 고지하지 않는데, 만약 운전 시로부터 5일 내에 통행료가 결제되지 않으면 정상통행료의 최대 47배에 달하는 벌금을 부과한다는 점이다(첫 번째 위반 시에만 벌금 면제). 그러다보니 이용자가 벌금의 위험을 확실하게 면하는 방법은 'TheTollRoads.com'에 회원으로 가입하고 자신의 카드를 자동이체로 등록해 두는 것뿐이다. 이는 운영사업자의 편의성과 수익성에 중점을 두면서 이용소비자가 도로 사정과 온라인 결제에 상당히 밝을 것을 전제로 하고 있는데, 과중한 벌금에 비추어 볼 때 소비자 보호가 충분한지 의문이 들거니와, 특히 온라인 회원 가입과 자동이체 카드 등록이 사실상 강제되고, 결과적으로 소비자의 유료도로 선택이 유도된다는 측면에서 볼 때 다크패턴의 범주에 든다고 볼 여지도 있다. 그런데 캘리포니아에서 'TheTollRoads.com'의 벌금 및 회원가입제도는 적법하게 운영되고 있다.

또한, Maurice Stucke와 Ariel Esrachi는 온라인 플랫폼이 제시하는 최저가 가격은 허상이라고 비판하면서, 이는 라스베이거스(Las Vegas)의 시설에서 소비자에게 낮은 비용이라고 제시하면서, 실제로는 소비자의 신용카드에서 추가비용을 수취함으로써 소비자를 속이는 것과 마찬가지라고 지적하였다.[30] 온라인사업자가 최저가 가격을 미끼로 소비자로부터 부가적인 이득을 몰래 빼내간다는 측면에서 최저가 가격을 다크패턴의 일종으로 취급할 경우에는[31] 다크패턴의 범위가 상당히 넓어지게 된다.

요컨대, 온라인이든 오프라인이든 다크패턴의 경계선을 설정하고, 사회적으로 용인되는 상술과 명확하게 구분짓는 것은 까다로운 일이다. 그러므로 온라인사업자의 특정한 행위가 다크패턴에 해당하는지 여부도 의미가 있겠지만, 해당 행위가 형식적으로 소비자를 기만하고 속이는 불공정한 행위의 행태에 속하는지, 그리고 내용적으로 소비자에게 불이익을 주고 부작용을 발생시키는지와 같은 실질적인 사항을 검토하는 일이 더 실익이 있을 수도 있다.

II. EU Digital Services Act와 다크패턴

이하에서는 다크패턴에 관한 규정을 둔 DSA[32] 규정을 살펴봄으로써 다크패턴 규율 방안에 대하여 검토한다.

---

30) M. Stucke et A. Etrazhi, “Competition overdose: How free market mythology transformed us from citizen kings to market servant”, 17 mars 2020.

31) Marie Malaurie-Vignal, Fasc. 139: Droit de la concurrence et algorithmes, para 52.

32) DSA의 주된 목적은 ① 인터넷 상의 불법한 재산, 서비스, 내용물을 없애고 ② 인터넷 서비스 제공자의 행위의 투명성을 높이고 이들에 대한 이의제기 가능성을 높이며 ③ 인터넷 서비스 이용시 발생하는 위험을 줄이기 위해서이다. DSA 주된 타겟은 수많은 부수적인 의무를 소비자에게 부담시키고 있는 온라인 플랫폼이라고 봄이 일반적이다. Jullette Crouzet, “Digital Services Act à l’approche”, La Semain Juridique Edition Générale, n°24, 20 juin 2022, docr. 761.

1. DSA 제25조와 서문 (67)의 내용

DSA는 온라인 플랫폼 사업자에게 투명성 의무를 부과하면서, 제25조와 서문 (67)에서 다크패턴에 관한 내용을 기재하고 있다. DSA 제25조 제1항은 온라인 플랫폼 사업자는 온라인 인터페이스를 디자인하고 구성하고 운영함에 있어서, 서비스 이용자를 속이거나 조종하는 방식을 사용해서는 안되고, 자유롭고 현명한 결정을 내리려는 이용자의 능력을 왜곡하거나 저해하는 방식을 사용해서는 안된다고 규정하고 있고, 이어서 제25조 제2항은 위 제1항의 금지사항은 소비자에 대한 불공정행위에 관한 2005년 directive나 2016년 GDPR(General Data Protection Regulation)에서 이미 대응(cover)하고 있는 행위에 대해서는 적용되지 않음을 밝히고 있다. 마지막으로, DSA 제25조 제3항은 위 제1항에 의하여 금지되는 행위에 대해서는 EU 집행위원회가 나중에 가이드라인(guideline)을 제시할 것 같다고 하면서, 3가지 행위 유형을 예시하고 있다.[33)]

---

33) Article 25 Online interface design and organisation

1. Providers of online platforms shall not design, organise or operate their online interfaces in a way that deceives or manipulates the recipients of their service or in a way that otherwise materially distorts or impairs the ability of the recipients of their service to make free and informed decisions.
2. The prohibition in paragraph 1 shall not apply to practices covered by Directive 2005/29/EC or Regulation (EU) 2016/679.
3. The Commission may issue guidelines on how paragraph 1 applies to specific practices, notably:
   (a) giving more prominence to certain choices when asking the recipient of the service for a decision;
   (b) repeatedly requesting that the recipient of the service make a choice where that choice has already been made, especially by presenting pop-ups that interfere with the user experience;
   (c) making the procedure for terminating a service more difficult than

추가적으로 DSA 서문(67)은, 온라인 플랫폼상 인터페이스에서 일어나는 다크패턴이 무엇인지와 다크패턴이 이용자에게 유발할 수 있는 부정적인 결과에 대해서 서술하고, 제25조 제3항에서 제시된 다크패턴의 3가지 유형에 대해서 부연설명함으로써 DSA 제25조를 보충하는 역할을 하고 있다.

2. DSA 제25조의 의미

이처럼 DSA 제25조 제1항이 온라인 플랫폼에 대하여 소비자를 기만하는 인터페이스를 사용하지 말라고 밝힌 것은, 온라인에서의 소비자 보호를 강화한다는 차원에서 의미가 있을 것이다. 그런데 이처럼 다크패턴과 관련하여 DSA가 온라인 인터페이스의 투명성 강화와 소비자 기만 방지라는 기본적인 방향성을 설정한 것 외에, 구체적인 법집행이라는 관점에서 DSA가 어떠한 내용을 담고 있는지도 중요하다.

(1) 넓은 대상 행위와 부분적인 예시

먼저 EU의 DSA가 다크패턴을 금지하고 있는 것은 논란을 피하기 어려운데, 비록 일부 예시가 수반되어 있기는 하지만, 기본적으로 규율 대상인 행위가 넓게 정의되어 있다는 점이다.[34] 이는 '다크패턴'이라고 불리고 있는 행위 자체가 대상 범위가 매우 넓다는 것과 관련이 있어 보인다. 먼저 DSA의 다크패턴 규정의 기준점은 온라인 플랫폼의 '온라인 인터페이스'인데, DSA 제3조(definition)에서 온라인 인터페이스는 웹사이트를 포함한 모든 소프트웨어와 애플리케이션이라고 정의되어[35] 그 범

subscribing to it.

34) Jullette Crouzet, *op. cit.*, docr. 761.

위가 넓다. 그리고 제25조 제1항의 다크패턴 금지규정의 내용은 추상적이어서, 그 자체만으로는 인터페이스의 어떠한 구성과 디자인이 이용자를 속이거나 조종하는 것이고 이용자의 결정과 능력을 왜곡하는 것인지 정확하게 가늠하기는 쉽지 않다.

그래서 DSA도 제25조 제1항의 내용을 보다 구체화하려는 목적하에, 제3항에서 제1항의 적용이 문제될 수 있는 세 가지 행위를 기재하였는데, 물론 이는 열거적, 제한적인 리스트는 아니다.[36] 제3항이 예시하는 세 가지 행위는 다음과 같다. 첫째로 서비스 이용자에게 결정을 내리도록 요구할 때 특정한 선택이 더 두드러지게 하는 행위, 둘째로 이용자가 이미 결정을 하였는데, 특히 이용자의 경험에 혼선을 주는 팝업(pop-up)을 띄움으로서 이용자가 선택을 하도록 반복해서 묻는 행위, 셋째로 서비스 이용 가입보다 해지를 더 어렵게 하는 행위이다..

그러나 제3항의 예시에도 불구하고 제25조 제1항의 금지 대상은 여전히 명확하지 않기 때문에, DSA는 제25조 제3항에서 "EU 집행위원회는 제1항이 특정한 행위에 대해서 어떻게 적용되는지에 대한 가이드라인을 발행할 것 같다"라고 규정하고 있다. 그러므로 DSA 제25조 제1항이 온라인 인터페이스에 대해서 어떻게 적용되는지에 대해서는 EU 집행위원회가 제시하는 가이드라인(guideline, lignes diretrices)에 의하여 구체화될 가능성이 높아 보이고, 그 이후에야 어떠한 온라인 인터페이스의 구조·디자인·기능이 DSA와 어긋나는지 여부에 대한 법적 분석에 가까워질 것이다.[37]

---

35) Article 3, Definition, (m) 'online interface' means any software, including a website or a part thereof, and applications, including mobile applications;

36) Marie Postel-Saville, *op. cit.*

37) Samir Merabet, "Le Digital Services Act: guide d'utilisation de lutte contre les contens illicites", La semaine juridique Édition générale, n°42, oct. 2022. Marie

(2) 현존 EU directive 및 regulation과의 관계

다음으로 EU는 사업자의 소비자에 대한 각종 기만적 행위와 불이익 제공행위를 촘촘하게 규율하는 directive와 regulation을 이미 구비하고 있기 때문에 이 규정들과 DSA와의 상호관계가 문제된다. 이에 대하여 DSA 제25조 제2항은 DSA 제1항의 금지규정은 사업자의 소비자에 대한 불공정상거래에 관한 directive(2005/29/EC)[38]나 개인정보에 관한 GDPR (2016/679)의 규율을 이미 받고 있는 행위에 대해서는 적용되지 않는다고 명시하고 있다. 그리하여 DSA 제25조 제1항의 적용 범위는 2005년 소비자 보호 directive와 2016년 GDPR이 규율하지 않고 있는 다크패턴 행위가 무엇인지에 따라 결정되게 된다. 이러한 측면에서 DSA는 소비자법, 개인정보법에 현존하는 규정들을 보완하는 역할을 하게 된다.[39]

그런데 위 2005년 directive의 경우, 제5조 불공정한 상거래행위(prohibition of unfair commercial practices), 제6조 기만적인 행동(misleading actions), 제7조 기만적인 생략(misleading omissions), 제8조 공격적인 상행위(aggressive commercial practices)와 항상 불공정하다고 여겨지는 상행위에 대한 자세한 annex를 두고 있는데, 이 규정들은 오인을 유발하는 대부분의 다크패턴에 대해서 적용될 수 있다. 그리고 온라인 인터페이스에서의 개인정보 수집과 이용의 공정성, 투명성 문제에 대해서는 GDPR의 다양한 규정들이 적용될 수 있다.[40] 비슷한 취지에서 DSA 전문 (67)은 “다크패턴 금지규정은 사업자가 서비스 이용자와 직접 상호작용하고 이

Postel-Saville, *op. cit.*

38) DIRECTIVE 2005/29/EC OF THE EUROPEAN PARLIAMENT AND OF THE COUNCIL of 11 May 2005 concerning unfair business-to-consumer commercial practices in the internal market.

39) Marie Postel-Saville, *op. cit.*

40) *Ibid.*

들에게 신규 또는 추가 서비스를 제공하는 것을 막는 것으로 이해되어서는 안 된다. 예컨대, 광고 분야에서 EU법에 부합하는 합법적인 행위가 그 자체로 다크패턴으로 간주되어서는 안된다"고 규정하고 있다.

또한, DSA 제25조 제2항은 2005년 불공정상거래 directive와 2016년 GDPR에 대해서만 언급하고 있으나, 그 외에도 다크패턴에 적용이 가능한 다수의 EU 규정들이 있다. 예컨대, 소비자의 권리에 관한 2011년 directive[41]는 '소비자에게 불리한 디폴트 설정'이나 '숨겨진 비용' 등에 적용될 수 있고, e-Privacy에 관한 2002년 directive[42]는 승낙 버튼을 거절 버튼보다 더 눈에 띄게 설정하는 행위에 적용될 수 있다.[43]

결국, 다크패턴을 금지하는 DSA 제25조가 직접 적용될 수 있는 범위가 어디까지인가는 아직까지는 불확실할 뿐만 아니라 생각보다 줄어들 여지도 있다.

3. 소결

온라인 인터페이스 상의 다크패턴 개념, 행위 유형과 위법성 인정 요소, 직접적인 적용 범위, 현존 관련 규정과의 관계와 같은 중요 쟁점에 있어서, DSA는 명확하고 종국적인 결론을 제시하고 있지는 않는 것으로 보인다. 다시 말하자면, 다크패턴에 관한 DSA 제25조나 전문 (67) 자체를 보면, 규정 내용이 추상적이고 예시된 사항이 다크패턴을 종합적으로

41) DIRECTIVE 2011/83/EU OF THE EUROPEAN PARLIAMENT AND OF THE COUNCIL of 25 October 2011 on consumer rights.

42) DIRECTIVE 2002/58/EC OF THE EUROPEAN PARLIAMENT AND OF THE COUNCIL of 12 July 2002 concerning the processing of personal data and the protection of privacy in the electronic communications sector.

43) Marie Postel-Saville, *op. cit.*

빠짐없이 포섭하고 있지는 않기 때문에 완결된 규율이라고 보기는 어렵다. 게다가 DSA 제25조 제2항이 2005년 소비자에 대한 불공정상거래 directive와 2016년 GDPR에 대해서 언급한 것도 주목할 만한 내용이다. 따라서 DSA에 기초한 구체적인 다크패턴 규율 방안과 규율 범위는, EU 집행위원회가 가이드라인을 통하여 구체적인 내용을 제시하고, EU 집행위원회나 회원국의 소비자·정보보호 당국이 위법한 다크패턴을 다룬 것이 사법기관의 판단을 받는 과정을 통해서 보다 정확하게 파악될 수 있을 것이다.

Ⅲ. 우리나라에서의 다크패턴 규제

1. 특정 분야·행위에 대하여 새로운 규정을 신설할 때 검토할 사항: 일반론

위에서 본 DSA 내용을 바탕으로, 우리나라에서의 다크패턴 규제 문제에 접근해 본다. OECD 보고서도 이에 관한 내용을 담고 있는데, 동 보고서는 소비자 피해에도 불구하고 일부 다크패턴은 현존하는 규제 틀의 밖에 위치하고 있다고 지적한다. 즉, 다크패턴과 관련이 있는 법집행 사례에서 법, 증거, 집행 능력에 있어서 공백이 발생할 수 있고, 특히 일부 다크패턴은 명백히 기만적이지는 않아서 기만적인 행위에 대한 금지규정을 피할 수 있으므로, 다크패턴에 대한 규제 수단과 집행 수단을 강화해야 한다고 본다.[44)]

개인적으로는 특정한 분야나 행위에 대한 '규제 공백'이 존재한다는 이

---

44) OECD, *op. cit.*, p.5, 7.

유로 규제를 신설 내지 강화해야 한다는 논리에 대해서는 주의할 필요가 있다고 생각하지만, 일단 '규제 공백' 논리에 따라서 별도의 법이나 규정을 신설하고자 할 경우에 그 전단계에서 검토할 사항들을 제시한다. 우리나라에는 다크패턴과 관련이 있고 다크패턴을 규율할 수 있는 법으로 전자상거래법, 표시·광고법, 공정거래법, 전기통신사업법, 개인정보보호법 등이 존재하고, 이 법들은 소비자에 대한 기만적이거나 공격적인 상술과 프라이버시 침해 등에 대응할 수 있는 다양한 규정들을 구비하고 있다. 그렇다면 이러한 기존의 법규정에는 구체적으로 어떠한 내용들이 담겨져 있는지를 파악하는 절차가 선행될 필요가 있다.

이어서 다크패턴과 관련된 법집행 사례를 볼 때, 법규정·증거·집행 능력에 있어서 중대한 흠결이 있어서 새로운 입법이 행해지지 않으면 다크패턴 문제의 해결이 어려운 상황인가를 확인하는 것이 바람직하다. 예컨대, 다크패턴 유형 중에서 어떠한 행위들이 명백히 기만적인 행위에는 해당하지 않아 기만적인 행위 금지규정의 적용이 불가능한지, 그렇다면 기만성이 아닌 다른 요소를 기준으로 하는 다른 규정으로는 여기에 대응할 수 없는 것인지, 우리나라 판례는 기만성 등 위법성 판단 기준을 어떻게 해석하고 있는지 등이다. 그리고 다크패턴에 대한 입법이 필요하다고 판단된다면 기존의 규정을 살짝 바꾸어서 해석상 유연성을 추가하는 방법으로 문제의 해결이 가능한지, 아니면 새로운 조문이나 규정을 신설해야 하는지에 대하여 고민해볼 만하다. 그리고 만약 다크패턴과 관련된 규정을 신설하기로 결정하였다면 DSA 제25조 제2항과 같이 2005년 directive나 2016년 GDPR처럼 다크패턴과 관련된 수단이 존재한다면 기존의 규정이 충분하게 대응하는 영역에 대해서는 다크패턴 신(新)규정이 적용되지 않는다는 내용을 명시함으로써, 기존 규정과 다크패턴에 관한 신규정 간의 선후관계를 정리하고 법체계를 조화시키는 과정을 거치면

좋을 것이다.

2. 우리나라에서의 다크패턴 규율 흐름

(1) 다크패턴을 금지하는 일반 조항을 두고자 하였던 전자상거래법 개정안

우리나라에서도 2022년에 이른바 '다크패턴'을 금지하거나 이를 방지하도록 인터페이스를 설계하라고 명하는 조문을 추가하는 전자상거래법 개정안이 발의된 적이 있었다.

〈표 1〉 폐기되었던 전자상거래법 개정안

현행	개정안 (2022.7.1. 제안, 제2116237호)
제21조(금지행위) ① 전자상거래를 하는 사업자 또는 통신판매업자는 다음 각 호의 어느 하나에 해당하는 행위를 하여서는 아니 된다.	제21조(금지행위) ① --- -------------------.
1. ~ 7. (생략)	1. ~ 7. (현행과 같음)
<신설>	8. 사용자 인터페이스(user interface)를 설계, 수정 또는 조작하여 소비자의 합리적인 의사결정을 방해하는 행위
② (생략)	② (현행과 같음)

현행	개정안 (2022.6.14. 제안, 제2115950호)
제7조(조작 실수 등의 방지) (생 략)	제7조(조작 실수 등의 방지) ① (현행 제목 외의 부분과 같음)
<신설>	② 전자상거래를 하는 사업자 또는 통신판매업자는 소비자의 조작 실

현행	개정안 (2022.6.14. 제안, 제2115950호)
	수 등으로 인한 의사표시의 착오 등으로 발생하는 피해를 방지할 수 있도록 사용자 인터페이스(user interface)를 설계하여야 한다.

위 2개의 개정안은 DSA의 제25조 제1항이 온라인 플랫폼에 대해서 소비자를 기만하는 인터페이스를 사용하지 말라고 밝힌 것과 일견 비슷해 보인다. 그런데 DSA가 제3조에서 인터페이스에 대한 정의 규정을 두면서, 이어서 제25조 제2항, 제3항이 적용 범위와 향후 구체화 계획을 명시한 것과는 달리, 위 전자상거래법 개정안들은 일반적인 다크패턴 '금지' 내지 '방지 의무' 규정을 간단하게 추가하였다.

따라서 위 법률안들은 다크패턴을 금지한다, 다크패턴을 방지하여야 한다는 취지를 피력하고 있을 뿐, 이를 통하여 금지되는 다크패턴의 유형과 성립 요건이 무엇인지를 구체적으로 파악하기가 어려웠다. 그리고 위 법률안의 검토보고서가 스스로 인정하고 있는 것처럼, 다크패턴 중 일부 행위들(숨겨진 정보, 허위 증거, 위장 광고)은 현행 전자상거래법상으로도 제재가 가능하였다(제13조 제2항[45], 제21조 제1항 제1호[46] 등).

45) 제13조(신원 및 거래 조건에 대한 정보의 제공) ② 통신판매업자는 소비자가 계약 체결 전에 재화등에 대한 거래 조건을 정확하게 이해하고 실수나 착오 없이 거래할 수 있도록 다음 각 호의 사항을 적절한 방법으로 표시·광고하거나 고지하여야 하며, 계약이 체결되면 계약자에게 다음 각 호의 사항이 기재된 계약 내용에 관한 서면을 재화 등을 공급할 때까지 교부하여야 한다. 다만, 계약자의 권리를 침해하지 아니하는 범위에서 대통령령으로 정하는 사유가 있는 경우에는 계약자를 갈음하여 재화등을 공급받는 자에게 계약 내용에 관한 서면을 교부할 수 있다.
1. ~ 11. (생략)

46) 제21조(금지행위) ① 전자상거래를 하는 사업자 또는 통신판매업자는 다음 각 호의 어느 하나에 해당하는 행위를 하여서는 아니 된다.

따라서 위 법률안들은 별도의 입법이 굳이 필요하지 않는 사항에 대해서까지 다크패턴을 넓게 금지하는 조항을 두게 된다는 문제가 있었다. 위 법률안들은 이후 폐기되었다.

(2) 다크패턴 규율을 위한 전자상거래법의 개정

이러한 문제점을 감안하여, 이후 공정위는 수범자가 금지되는 다크패턴의 종류와 태양을 보다 정확하게 파악할 수 있도록 하고, 다크패턴과 정상적인 마케팅 활동과 구분할 수 있도록 하며, 다른 관련 법률 조항에서 이미 규율이 되고 있는 다크패턴 유형을 추려내는 방향으로 다크패턴에 관한 입법을 준비하였다.

그리하여 개정된 전자상거래법(법률 제20302호, 2024.2.13., 일부개정, 시행 2025.2.14.)은 최근 소비자 피해가 많으나 현생법상 규율이 곤란한 6개 유형의 다크패턴을 명시하는 조항을 추가하였다. 이 중에서 작위의무는 1개인데, 통신판매업자는 재화 등이 무상으로 공급된 후 유료 정기결제로 전환되는 경우 등에 전환 이전에 소비자 동의를 받아야 한다는 것이다(숨은 갱신, 법 제13조 제6항). 이어서 5개의 부작위의무로서, 아래 〈표 2〉와 같이 전자상거래 사업자 또는 통신판매업자에게 온라인 인터페이스를 운영함에 있어서 소비자의 착각·부주의를 유발하여 불필요한 지출 또는 서비스 가입 등을 유도하는 5개 유형의 행위는 금지되었다(법 제21조의2 제1항 제1호부터 제5호).

그리고 개정된 전자상거래법이 시행되는 2025.2.14.에 발맞추어, 정기결제 대금의 증액·유료전환 전 소비자 동의기간 등 법률에서 위임된 사항과 그 시행에 필요한 사항을 담은 전자상거래법 시행령과 시행규칙도

---

1. 거짓 또는 과장된 사실을 알리거나 기만적 방법을 사용하여 소비자를 유인 또는 소비자와 거래하거나 청약 철회등 또는 계약의 해지를 방해하는 행위

개정되어 같은 날에 시행되게 되었다.[47]

〈표 2〉 전자상거래법 다크패턴 관련 주요 개정 내용[48]

구분	규제 내용	해당 조항 및 위임
작위 의무	① **(숨은갱신)** 정기결제 대금 증액 또는 무료 서비스의 유료 전환시 소비자의 사전 동의 의무화	제13조 제6항 시행령 위임(사전 동의 기간)[49]
부작위 의무	② **(순차공개가격책정)** 정당한 사유 없이 재화 등의 구입 총비용이 아닌 일부 금액만 표시·광고하는 행위 금지	제21조의2 제1항 제1호 시행규칙 위임(정당한 사유 고지 방법)[50]
	③ **(특정옵션사전선택)** 특정 상품 구매과정에서 다른 상품 구매 여부를 질문하면서 옵션을 미리 선택하는 행위 금지	제21조의 2 제1항 제2호
	④ **(잘못된 계층구조)** 선택항목의 크기·모양·색깔 등에 현저한 차이를 두어 사업자에게 유리한 특정 항목 유인 금지	제21조의2 제1항제 3호
	⑤ **(취소·탈퇴방해)** 소비자의 취소·탈퇴 방해 행위 금지	제21조의 2 제1항 제4호
	⑥ **(반복간섭)** 팝업창 등으로 소비자 선택을 반복적으로 변경 요구하는 행위 금지	제21조의 2 제1항 제5호 시행령 위임(변경요구 제한기간)[51]
위반시 제재	▸ 시정조치, 영업정지(또는 과징금), 과태료	시행령 위임(영업정지, 과태료의 기준)[52]
지침·자율 규약 마련	▸ 금지행위 예방을 위해 공정위는 지침을 마련하고, 사업자 및 사업자단체는 자진시정을 위해 자율규약 제정 가능	제21조의 2 제2항 및 제21조의 3

47) 공정위, 보도참고자료, “전사상거래법 시행령 및 시행규칙 개정”, 2025.2.10.

48) 공정위, 보도참고자료, “전자상거래법 시행령 및 시행규칙 개정”, 2025.2.10. 공정위, 보도참고자료, “전자상거래법 개정안 및 소비자기본법 개정안 국회 본회의 통과”, 2024.1.25.

(3) 공정위의 다크패턴에 대한 구체화 노력

이러한 전자상거래법 개정안이 실제로 시행(2025.2.14.)되기 전까지, 소비자들이 플랫폼의 다크패턴으로 인하여 피해를 입고 있다는 지적이 계속되었다. 그리하여 공정위는 2024.4.21. 다크패턴 종합대책을 발표하였고, 2024.7.31. 온라인 다크패턴 자율관리 가이드라인을 제정하였으며, 2024.11.6. 온라인 사업자의 다크패턴 행태에 관한 실태조사를 발표하는 등 사업자가 다크패턴을 시정하도록 유도하는 정책을 펼쳤다.

또한, 개정(2024.2.13.)된 전자상거래법이 법조문에서 온라인상 다크패턴에 관한 작위의무와 부작위의무를 명시적으로 기술하고 있음에도 불구하고, 법시행일(2025.2.14.)을 앞두고 관련 사업자들이 6개 유형 온라인 다크패턴에 대하여 많은 질의를 제기하였다. 질의 내용은 주로 "사업자의 특정한 행위가 위법한 온라인 다크패턴에 해당하는지"와 같이 구체적인 법령 해석 및 적용에 관한 것이 다수이었다.

이에 대응하여 공정위는 2025.2.13. 그동안 제기된 질의 중에서 다수의 사업자들이 궁금해 하는 사항에 대한 문답서를 제공하기도 하였는바,[53] 이처럼 공정위가 수범자의 궁금증을 해소하고 다크패턴에 관한 구

---

49) 정기결제 대금이 증액되거나 무료에서 유료로 전환되는 경우, 증액·유료 전환 전 30일 이내에 소비자의 동의를 받고, 동의를 취소하기 위한 조건·방법 등을 소비자에게 고지하도록 하였다.

50) 총금액에서 제외된 금액의 항목과 그 제외 사유를 가격을 표시·광고하는 첫 화면(공간의 제약이 있는 경우 제외 사유는 첫 화면과 직접 연결되는 화면)에 알린 경우, 순차공개 가격책정에서 제외하도록 하였다.

51) 반복간섭에 있어서 소비자가 7일 이상 이미 선택·결정한 내용의 변경을 다시 요구받지 않도록 선택할 수 있게 한 경우에는 반복간섭에서 제외하도록 하였다.

52) 6가지 유형의 다크패턴 관련 위반행위를 영업정지 및 과태료 부과대상에 추가하고 위반횟수에 따른 영업정지 기간 및 과태료 금액 기준을 마련하였다. 영업정지는 1차 3개월, 2차 6개월, 3차 12개월. 과태료는 1차 100만원, 2차 200만원, 3차 이상 500만원.

체적인 판단 기준을 제시하려고 노력한 것은 긍정적으로 평가할 수 있다. 같은 취지에서 공정위는 2025.8.29. 온라인 다크패턴 규제에 관한 구체적인 해석기준과 사업자에 대한 권고사항을 담은 '전자상거래 등에서의 소비자보호 지침' 개정안도 마련하였는데, 이 지침은 주로 행위나 용어에 관한 예시를 제시하고 있다는 특징이 있다.[54)]

Ⅳ. 정리

온라인상 인터페이스가 기만적으로 디자인되거나 운영될 경우에 발생하는 소비자 피해를 경감하고 소비자 보호를 강화해야 한다는 취지에 적극 공감한다. 다만, '다크패턴'은 아직 외국에서도 그 정의나 개념이 확립되지 않았고, 새로운 행위 유형이 지속적으로 출현하고 있기 때문에, 이에 대한 보다 정치한 분석이 선행될 필요가 있다. 이처럼 다크패턴의 개념과 유형이 불확실하다는 것은 다크패턴의 범위·한계는 어디까지인지, 즉 위법한 다크패턴과 적법한 소비자에 대한 설득적인 상술의 구분이 까다롭다는 것을 뜻한다. 그리하여 외국에서도 다크패턴에 대한 위법성 판단 요건에 대한 논란이 계속되고 있는 상태이다.

이러한 상황에서 전자상거래법은 다크패턴을 유형화하고 이를 규제하는 규정을 신설하였는바, 공정위가 적극적인 상술과의 구별이 모호한 행위에 대해서 위 규정을 과감하게 적용하는 것에는 신중할 필요도 있다. 즉, 공정위의 다크패턴 관련 문답서, 소비자보호 지침 등을 통하여 전자

53) 공정위, 보도참고자료, "새로운 다크패턴 규율, 이렇게 준수하세요", 2025.2.13.

54) 공정위, 보도참고자료, 전자상거래 등에서의 소비자보호 지침 개정안 행정예고", 2025.8.29.

상거래법이 규제하고자 하는 다크패턴이 점차적으로 구체화되고 있는 것은 사실이지만, 수범자로서는 여전히 자신의 행위가 전자상거래법상 위법한 다크패턴에 해당하는지 여부를 명확하게 판단하기는 쉽지 않은 상황이다. 게다가 전자상거래법상 다크패턴 조문은 추상적인 용어들을 다수 사용하고 있는데, 개별 사업자의 온라인에서의 서비스 종류와 내용, 구체적인 행위 등은 각양각색이다. 결국 온라인 사업자의 특정한 행위가 전자거래법상 위법한 다크패턴에 해당하는지에 대해서는 공정위와 법원의 판단을 기다려 볼 수밖에 없는데, 이 경우 수범자로서는 사업상 불확실성이 커진다.

또한, 다크패턴은 부정적, 비도덕적, 경멸적인 선입관을 발생시킬 우려가 있으므로 '기만적 인터페이스'나 '기만적 패턴'과 같은 용어를 대신 사용함이 나아 보인다. 국회의 법률안과 공정위 보도자료에서도 '다크패턴(dark pattern)'이라는 용어를 사용하고 있는바, '다크패턴'이 마치 법률용어처럼 인식되는 것은 바람직하지 아니하다. 그리고 다크패턴의 출발점에 해당하는 '온라인 인터페이스'에 대한 검토가 선행되는 것이 바람직한데, 개정된 전자상거래법에는 온라인 인터페이스에 대한 내용이 없는 점은 아쉬운 일이다.

그리고 다크패턴을 규율하는 EU DSA의 경우, 제25조가 완결적인 형태의 규제규정이라고 보기에는 미흡한 점들이 있다. DSA 제25조 제3항은 EU 집행위원회의 가이드라인이 나올 것임을 예고하고 있는바, 동 가이드라인을 보아야 비로소 구체적인 규제 방안을 파악할 수 있을 것으로 보인다. 또한, 제25조 제2항이 2005년 directive와 2016년 GDPR와 같이 다크패턴에 적용이 가능한 기존 규정과 DSA의 관계를 명확하게 한 것도 주목할 만하다.

아울러 우리나라 전자상거래법 등에는 소비자에 대한 기만적이거나 공격적인 상술에 대응할 수 있는 다양한 규정들이 이미 존재하고 있으므로, 현존 관련 규정들 만으로는 다크패턴 문제에 효과적으로 대응할 수 없는지, 만약 새로운 입법이 필요하다면 기존 규정의 미세조정만으로 충분한지, 아니면 별도의 규정을 신설해야 하는지 등에 대한 숙고가 요구된다. 이와 더불어 입법 및 법적용 과정에서 기존 규정들과 새로운 규정과의 상호관계 설정, 즉 법체계 조화 문제에 대한 고민도 충실하게 행해져야 할 것이다. 예컨대 만약 공정위가 특정한 행위가 전자상거래법상 위법한 다크패턴에 해당된다고 결정하면, 추후에 공정위가 이를 공정거래법 제45조 제1항 제4호의 불공정거래행위 중 부당한 고객유인이나 표시광고법 제3조 부당한 표시광고로 제재할 수는 없게 되는지가 문제될 수 있다.

마지막으로 OECD는 다크패턴에 대응할 수 있는 보충적인 수단으로서 브라우저(browser) 확장과 같이 소비자가 다크패턴에 의한 피해를 적게 입을 수 있는 기술적 수단을 활용하고, 소비자가 다크패턴을 감지하는데 도움이 될 만한 소비자 교육(안내 캠페인 등)을 활성화하거나 사업자의 자율규제(디자인 윤리 기준 마련 등)를 강화하는 방안을 제시하였다.[55] 이와 같이 온라인사업자가 다크패턴의 폐해를 방지하고 시장에 대한 신뢰 약화를 줄이기 위하여 노력하는 방안에 대해서도 관심을 기울일 필요가 있을 것이다.

---

55) OECD, *op. cit.*, p.6, 38, 46.

제6장

불공정거래행위와 플랫폼 자율규제

우리나라에서도 플랫폼·인터넷·게임·전자상거래 같은 분야를 중심으로 자율규제에 대한 논의가 활발하다. 기술적인 전문성이 요구되는 새로운 산업분야에서는 정부의 규제가 효과가 없을 수 있고 이로 인하여 혁신과 성장이 저해될 수 있으므로, 사업자들이 법적규제가 추구하는 바를 스스로 달성하는 자율규제를 중심으로 문제를 해결하자는 지적도 나오고 있다. 공정거래법 분야로 시각을 돌려보면, 플랫폼 갑질방지법인 **「온라인 플랫폼 중개거래의 공정화에 관한 법률안(이하 '플랫폼 공정화법(안)'」**을 둘러싸고 자율규제 논의가 부각된 바 있다. 그런데 우리나라에서 플랫폼 자율규제를 검토함에 있어서 '불공정거래행위'[1)]라는 주제에 대해서는 주목이 덜한 편이다. 즉, 플랫폼 공정화법(안)의 주된 대상은 플랫폼의 '불공정거래행위(주로 이용사업자에 대한 지위남용행위)'임에도 불구하고, 자율규제와 관련하여 규율 객체인 플랫폼의 특성에 대한 분석은 활발한 반면에, 정작 규율 대상인 '불공정거래행위'라는 관점에서의 논의는 드물다.

하지만 불공정거래행위의 특성을 도외시하면서, 자율규제를 통하여 플랫폼에서의 불공정거래 문제를 효과적으로 해결하기는 어려운 일이다. 예컨대 플랫폼 자율규제와 관련하여 논의되고 있는 투명성 증진, 이용자 보호 문제는 소비자를 포함한 '불특정 다수'를 대상으로 투명성을 제고하고 법위반행위를 방지하려는 측면이 강한 반면에, 불공정거래행위 중 거래상지위남용행위는 강자와 약자라는 '1대1' 구도가 기본이 되고 가해자와 피해자가 모두 사업자들인 경우가 많다.[2)] 게다가 불공정거래행위는

1) 이 글에서는 특별한 언급이 없는 한, 불공정거래행위라고 하면 거래당사자간의 협상력이나 구매력의 차이에 기반한 남용행위를 일컫는다.

국가마다 규율 주체, 보호 수단, 법적 체계가 매우 이질적이고 이를 어떻게 방지하고 억제할 것인가에 대한 정확한 답을 찾기 어려운 독특한 행위유형이기도 하다.[3] 그럼에도 불구하고 '불공정거래행위'는 거래가 일어나는 곳이라면 동서양을 막론하고 인류의 유구한 역사와 함께 계속되어 왔고, 미래에도 플랫폼뿐만 아니라 나아가 AI에 의한 거래에서도 문제될 수 있는 살아 있는 주제이다.[4]

따라서 '불공정거래행위'의 자율규제라는 소재에 걸맞게, 이 글은 '불공정거래행위'를 효과적으로 방지하고 억제한다는 측면에서 자율규제를 주시해 본다.[5] 본문에서는 자율규제에 있어서 자율성과 실효성이라는 핵심 사항을 살펴본 후, '불공정거래행위'의 특징과 '불공정거래행위'의 자율규제를 실행하고 논의한 적이 있는 EU 사례를 검토하고, 이어서 '불공정거래행위' 자율규제의 방향성에 대해서 고민한다.

---

2) 거래상지위남용행위에서 거래상대방은 원칙적으로 사업자에 한정되고, 불특정 다수 소비자에게 피해를 입힐 우려가 있거나 유사한 위반행위 유형이 계속적·반복적으로 발생하는 등 거래질서와의 관련성이 인정되는 경우에야 일반 소비자가 포함된다. 대법원 2015.9.10. 선고 2012두18325 판결.

3) 박세환, "EU 차원의 불공정거래행위 규제방안에 대한 연구", 「경쟁법연구」, 한국경쟁법학회(제38권, 2018), 158면.

4) 예컨대 우월적 지위를 가진 사업자가 AI에게 관련 계약과 거래 내용을 딥러닝시킨 후, AI에게 거래에서 자신이 최대 이익을 얻으면서 최소 위험을 부담하는 방안을 강구하라고 지시하면, AI는 열위적 사업자들에게 소위 갑질행위를 할 수도 있다.

5) 한편, 공정거래 자율준수프로그램(CP, Compliance Program) 역시 넓은 의미에서 자율규제와 관련이 있지만, 이 글은 CP에 대하여는 언급하지 아니한다. CP는 내부 준법시스템을 확립하고자 한다는 점에서 대내적 성격이 강하고, CP 평가기준은 자율준수관리자, 편람, 내부감시체계 구축, 임직원 교육, 위반 임직원 제재로 구성되어 있다. 공정위, "공정거래 자율준수프로그램(Compliance Program) 도입·운영 매뉴얼", 2020, 19면 참고.

Ⅰ. 자율규제의 자율성과 실효성

1. 개설

자율규제의 개념과 분류, 이어서 국가의 역할에 대해서 언급함으로써 불공정거래행위 자율규제에 관한 논의를 준비한다.

(1) 자율규제의 개념과 분류

자율규제의 개념은 일의적으로 정의내리기 어려운데, 보는 관점에 따라 자율규제의 범위가 달라질 수 있고 내용과 방식도 다양하게 된다.[6] 자율규제의 분류에 있어서는, Julia Black이 국가와의 관계라는 측면에서 4 분류한 것을 소개하는 경우가 많다: ① 민간이 국가의 요청을 받아 국가가 정한 틀 안에서 규범을 만들고 집행하는 명령적 자율규제, ② 민간이 스스로 형성한 규제가 잘 이행되지 않는 경우 국가가 직접 법규상 제재를 행하는 강요된 자율규제, ③ 민간이 자율규범을 정하여 정부의 승인을 받는 승인된 자율규제, ④ 국가의 직·간접적인 개입 없이 민간의 주도적 판단에 따라 이루어지는 자발적 자율규제.[7] 이 분류는 자율규제를 파악하기 위한 일차적 기준을 제시한 것 정도로 이해될 수 있겠다.

---

6) 자율규제에 있어서 자율과 규제의 의미에 대해서도 다양한 입장이 존재한다. 이에 대해서는 이승민, "온라인 플랫폼과 자율규제 논의의 기초", 「경제규제와 법」, 서울대법학연구소(제30권, 2022), 45-47면에 기술되어 있다.

7) 백대용, "공정경쟁 실현을 위한 자율규제의 역할과 방향", 「법학연구」, 연세대법학연구원(제89호, 2021), 373면. 채향석, "빅데이터 시대의 개인정보보호 자율규제 활성화 방안", 「고려법학」, 고려대법학연구원(제85호, 2017), 이희정, "온라인 플랫폼 자율규제에 관한 시론", 「경제규제와 법」, 서울대법학연구소(제30호, 2022), 27면. 이승민, 앞의 글, 47면 등 다수.

(2) 자율규제와 국가의 역할

민간이 경제 발전을 주도해 왔고 정부가 민간영역에 직접 개입하는 것을 꺼리는 미국에서는 자발적인 자율규제가 중심인데 비해서, 독일이나 프랑스에서는 자율규제는 정부가 정해둔 틀 안에서의 자율로 이해되고 자율규제에 관한 정부의 관여가 자연스럽게 여겨지는 경향이 있다.[8] 마찬가지로 국가가 입법·행정을 통하여 사적영역에 개입하는 경향이 있는 우리나라에서도 자율규제에 관한 국가의 역할을 중시하는 입장이 많다. 예컨대 자발적인 자율규제는 이념에 불과하여 현실에서는 존재하기 어렵고 자율규제는 국가의 후견적 지위를 전제로 하는 공동규제로 보아야 한다는 견해,[9] 사실상 모든 형태의 자율규제는 어느 정도는 국가 규범의 틀 안에서 이루어지게 되므로 자율규제는 실상은 공동규제 내지 규제된 자율규제를 뜻한다는 견해,[10] 감독기관의 자율규제에 관한 권한이 확대되어야 비로소 자율규제가 효과적으로 이루어진다는 견해를 예로 들 수 있다.[11]

이처럼 자율규제에 있어서 국가의 역할을 강조할 경우 우리나라에서 자율규제가 운영되는 현실을 잘 반영할 수 있다는 점에서 장점이 있다. 하지만 후술하는 것처럼 필자는 자율규제에서의 국가의 역할을 그대로 수용하기 보다는 자율성을 계속해서 강조할 필요성이 크다고 본다.

---

8) 이승민, 앞의 글, 48면.

9) 배진아, "포털의 공적 책무성과 자율규제", 「언론정보연구」, 언론정보연구소(제54권 제4호, 2017), 92면 이하.

10) 선지원, "규제 방법의 진화로서 자율규제의 실질화를 위한 연구", 「행정법연구」, 행정법이론실무학회(제64호, 2021), 107면.

11) 백대용, 앞의 글, 368면. 이 글은 아동에 관한 부적절한 광고를 억제하려고 한 미국 아동광고심의협회의 자율규제 정책을 연방거래위원회(FTC)와 연방통신위원회(FCC)의 행정권한이 뒷받침되어 성공한 예로 들고 있다.

2. 자율규제에서의 자율성과 실효성

자율규제의 핵심은 자율성을 해치지 않으면서 실효성을 높이는 것이다. 문제는 여기에서 자율성과 실효성은 서로 조화를 이루기가 쉽지 않다는 점이다.

(1) 자율성

자율규제에서의 자율성은 자율규제의 참여자, 담당기구의 구성·운영, 자율규제 방안의 내용과 결정 방식, 자율규제 방안의 사업자에의 구속력, 방안의 미이행 여부 판단과 미이행에 대한 제재 등과 관련이 있다. 기본적으로 자율규제에 대한 정부의 관여가 강해지면 참여사업자의 자율성은 약해지고 정부의 관여가 줄어들면 참여사업자의 자율성이 강해지는 경향이 있다.

이와 관련하여 국가의 개입 없이 사업자가 스스로 행하는 자발적 자율규제를 진정한 의미의 자율규제라고 봄으로써 자율성을 강조하는 입장도 있다.[12] 이에 비하여 해당 사안의 맥락에 맞게 자율규제를 행하려면 자율규제를 넓게 볼 필요가 있고 정부의 개입으로 인하여 완전한 자율성이 타협된다고 해서 이를 개념적으로 자율규제에 해당하지 않는다고 하면 논의의 발전에 도움이 안 된다는 지적도 있다. 동 견해는 우리나라에서 자율규제는 외부의 압력에 의하여 촉발되므로 외부와의 상호작용이 필연적이고, 부분적으로라도 자율성이 발휘될 수 있는 영역을 찾아 시도하는 것이 자율규제의 발전에 도움이 된다는 현실론에 입각하고 있다.[13]

---

12) 최철호, "행정법상의 자율규제의 입법형태에 관한 연구", 「법학논총」, 숭실대법학연구소(제23호, 2010), 6면.

13) 이희정, 앞의 글, 28면.

이처럼 현실론을 중시하는 입장이 우리나라의 자율규제 관련 글의 주류를 이루는 것 같다.

물론 자율규제는 특별한 입법이나 규제의 신설이 추진될 때 이에 대응하는 과정에서 정부의 관여하에 행해지는 것이 우리나라뿐만 아니라 전 세계적 현실이기는 하다. 하지만 사견으로 자율규제에 있어서 자율성은 계속 강조되어야 할 본질이라고 본다. 자율성을 확보한 자율규제가 꾸준히 실행되어야 행정규제와는 차별화되는 자신의 장점(예: 공정거래 문화와 토양의 확립)을 구현할 수 있다. 그리고 자율성이 훼손된 자율규제는 본연의 역할에서 벗어나거나 단기적인 성과에 지나치게 치중할 수 있다. 무엇보다도 사적거래에 대한 행정의 개입이 빈번한 우리나라에서는 정부가 자율성을 고수하면서 자율규제에 지나치게 소극적으로 관여할 가능성보다는, 정부가 자율규제 기구나 방안에 과도하게 관여하여 자율성이 후퇴할 가능성이 더 커 보인다. 즉, 개념상·이념상 자율규제라고 부르기 위해서가 아니라, 현실적인 측면에서도 자율성은 끊임없이 확인될 필요가 있다고 본다. 그리고 자율성이 부족한 자율규제 방안은 실질적으로 정부의 행정지도와 비슷해지는 현상을 낳을 수 있어서 이에 대한 경계도 필요하다.[14)]

(2) 실효성

그런데 자율규제는 장단점이 뚜렷한 제도이고, 특히 참가여부와 규제방안에 있어서 구속성·강제성이 없다는 근본적인 한계를 가지고 있다. 게다가 자율규제는 가시적인 성과가 늦게 나타나는 경향이 있어서 항상

14) 비슷한 취지에서 정부 주도로 행해지는 자율규제는 규제 체계의 혼선과 자율규제에 대한 왜곡을 가져오고 규제의 품질을 저하시킬 수 있다는 지적이 있다. 이승민, 앞의 글, 44면.

실효성 논란을 불러일으킬 수 있다. 그러므로 규제기관·사업자·이해당사자들이 인내심을 가지고 자율규제를 바라보아야 할 필요도 있다. 요컨대 자율규제의 실효성을 무리하게 강화하려고 하다가 부작용이 발생한다거나, 자율규제의 실효성 저하를 이유로 특별 규제 신설·강화를 곧바로 정당화하는 것에 주의를 기울여야 한다고 본다.

II. 불공정거래행위 관점에서 본 자율규제

이하에서는 '불공정거래행위의 자율규제'와 관련된 쟁점들을 검토한다. 먼저 불공정거래행위의 특성에 대해서 짚어 봄으로써 이에 대한 자율규제를 논의할 때 유의할 사항에 대한 실마리를 찾아본다(1). 이어서 불공정거래행위 규제 입법을 신설하려고 할 때 자율규제를 중심으로 문제를 해결하자는 논의가 실제로 행해졌던 EU 사례를 검토하고, 이어서 불공정거래행위의 특징을 반영한 자율규제의 방향성에 대해서 기술한다.

1. 불공정거래행위의 특징

(1) 불공정거래행위의 발생원인: 힘의 불균형과 두려움 요소

불공정거래행위가 발생하는 주원인으로 당사자 간의 힘의 불균형을 들 수 있다. 강한 협상력을 가진 계약당사자는 자신의 경제적 이익을 늘리는 방향으로 거래조건을 일방적으로 설정할 수 있다. 이와 더불어 불공정거래행위를 유발함과 동시에 근절을 매우 어렵게 하는 것이 '두려움 요소(fear factor)'이다: "가장 약한 거래당사자는 불만을 토로할 경우 거래관계가 끝날 수 있다는 점을 두려워한다". 두려움 요소에 의하여, 불공정거래행위의 피해자는 거래단절·축소라는 보복이 두려워서 가능한 피해구제 수단을 활용하지 못하게 되고, 가해자는 불공정거래행위의 이익을 누리게 된다.[15)]

(2) 불공정거래행위 법적 규제에 대한 사업자의 적응력: 특별 규제의 한계

또한 불공정거래행위를 억제하기 위한 특별 규정은 입법자의 의도와 달리 사문화되거나 실효적이지 못한 경우가 많다. 거래상대방과의 거래조건을 일방적으로 변경할 수 있는 힘을 가진 강자는 새로운 특별 규정을 위반하지 않으면서 기존의 경제적 이익을 유지할 수 있는 수단을 찾아내는 적응력이 있기 때문이다. 예를 들어 프랑스에서 1996년 시행된 Galland 법은 특별한 정당한 사정이 없는 한 사업자들이 동일한 거래조건에 따라 거래하도록 강제함으로써 대규모유통사업자가 가진 협상력과 구매력을 인위적으로 낮추려고 하였다(차별금지 규정). 하지만 프랑스에서 대형유통사업자들은 각종 백 마진을 활용하여 자신의 이익을 그대로 유지한 반면, 결과적으로 납품거래와 급부의 대가가 더욱 복잡하고 불투명해지고 이로 인한 비용이 납품업자와 소비자에게 전가되는 부작용이 발생하였다.[16)]

(3) 불공정거래행위는 거래의 전체 단계에서 발생

또한 불공정거래행위는 거래의 특정 단계에서만 발생하는 것은 아니고, 거래사슬의 전체 단계에서 발생할 수 있다는 특징이 있다. 예컨대 대

15) 박세환, EU 차원의 불공정거래행위 규제방안에 대한 연구, 167-170면.

16) 박세환, "대형유통사업자의 상거래행위를 특별히 규제하는 입법 방식과 적용범위에 대한 비교연구", 「상사법연구」, 한국상사법학회(제38권 제2호, 2019), 398, 399면.

형유통사업자와 그에게 상품을 공급하는 제조사업자 간의 거래단계 뿐만 아니라, 제조사업자와 그에게 부품을 납품하는 사업자 간의 거래단계, 부품납품 사업자와 그에게 원재료를 공급하는 사업자 간의 거래단계, 원재료 공급사업자와 원재료 생산사업자 간의 거래관계와 같이 거래사슬상의 모든 단계에서 불공정거래행위가 발생할 수 있다. 게다가 거래사슬의 상단에서 불공정거래행위가 발생하면, 그 피해자가 자신의 거래상대방에게 다시 불공정거래행위를 함으로써 비용과 위험을 전가할 수도 있다.

이와 같은 불공정거래행위에 있어서 힘의 불균형, 두려움 요소, 사업자의 특별규제에 대한 적응력 등을 감안한다면 불공정거래행위 분야에서 법적 규제는 완전하지 못하게 되고 자율규제의 의의(공정거래 문화의 정착)가 부각될 수 있다.

그리고 이론상으로 자율규제 행동강령의 내용이 엄격하고 자율규제 실행기관이 이를 사업자들에게 적극적으로 실시한다면, 불공정거래행위를 이유로 행정규제를 가하거나 사법적 판단을 구할 필요성이 줄어들게 된다. 또한, 해당 분야의 사업자들이 엄격한 공정거래 기준을 채택하여 이를 준수하고 있다면, 이러한 기준은 행정당국이나 법원이 개별 사안에서 불공정거래행위 여부를 판단하는데 있어서 준거로서 활용될 수도 있다.[17)]

2. 불공정거래행위 입법과 관련하여 실행된 자율규제의 예

EU에서는 불공정거래행위 규제 입법 신설을 둘러싸고 자율규제론이 활발하게 논해진 적이 있는바, 이를 살펴본 후 우리나라의 플랫폼 갑질

17) EU Commission notice, "Guidance on the interpretation and application of Directive 2005/29/EC of the European Parliament and of the Council concerning unfair business-to-consumer commercial practices in the internal market", 12.29.2021, C 526/22.

방지법인 온라인 플랫폼 공정화법(안)을 언급한다. 구체적인 사례를 통하여 불공정거래행위 자율규제 문제에 접근해 보기 위함이다.

(1) EU에서 자율규제방안으로 검토된 SCI[18][19]

1) SCI의 내용

식음료, 브랜드 상품 제조, 소매유통, 중소기업, 식료품 중개를 대표하는 유럽의 협회들은 2013년 식품공급 거래에서의 공정성을 증진하는 것을 목적으로 Supply Chain Initiative(이하 SCI)를 설립하였다. SCI 홈페이지[20]에는 바람직한 행동원칙(Principles of Good Practice)과 공정한 행위와 불공정한 행위의 예시 리스트가 게재되어 있다. SCI는 사업자간 분쟁해결을 위한 주요한 수단으로서 조정·중재를 활용하였고, 사업자 직원교육과 사업자들의 SCI 참여의 중요성을 강조하였다. 만약 참여 사업자가 요구사항을 지키지 아니할 경우, SCI는 해당 사업자를 탈퇴시킬 수는 있다. SCI의 운영은 소매유통사업자들과 납품업자들로 구성된 지도부가 담당하는데, SCI의 가입 절차·요건, 운영규정 등에 관한 내용은 SCI의 홈페이지에 공개되어 있다.

---

18) 이하는 박세환, EU 차원의 불공정거래행위 규제방안에 대한 연구, 177면 이하를 정리한 것이다.

19) European Commission, "Communication from the commission to european parliament, the council, the european economic and social committee of the regions, Tackling unfair trading practices in the busuness-to-business food supply chain", 7.15.2014, COM(2014) 472 final, p.8-11. European Commission, "Report from the commission to the european paliament and the council, on unfair business-to-business trading practices in the food supply chain", 1.29.2016, COM(2016) 32 final, p.8-13.

20) https://www.supplychaininitiative.eu/

2) SCI에 비추어 본 자율규제의 장점과 단점

행정규제나 민사소송과 비교할 때 SCI의 장단점은 명확하다. 먼저 상품·용역 거래에서의 불공정거래행위 문화가 근본적으로 변화하도록 독려할 수 있다는 것이 가장 큰 장점이다. 또한 민사소송에 비해서 SCI의 분쟁해결수단인 조정·중재는 시간과 비용을 절감할 수 있다. 하지만 SCI는 자율성에서 유래하는 태생적인 한계가 있다. SCI는 자율기구이기 때문에 관련사업자들이 SCI에 가입하도록 강제할 수 없어 실제로 SCI 가입하지 아니한 사업자(예: 농산물 생산자)가 많았다. 게다가 가입한 사업자가 SCI 행동강령을 지키지 않더라도 SCI의 탈퇴 외에 특별한 제재 내지 강제 수단이 없었다. 그리고 불공정거래행위 피해자가 SCI에게 신고한 경우, SCI는 독립적인 기구가 불공정거래행위를 조사할 것이고 이 과정에서 신고의 비밀성이 유지될 것이라는 점을 보장해주지 못하였다. 또한 SCI는 기업이 SCI의 요구사항을 실제로 준수하고 있는지를 확인하기 위한 현장조사를 실시하지 못한다는 한계가 있었다.

한편, 2013년에 창설된 SCI는 불공정거래행위 관련 EU 디렉티브가 나온 해인 2019년까지만 활동하였고 2019년부터 활동을 종료한 상태이다. SCI의 실행과 중단은 EU 불공정거래행위 디렉티브 신설 문제와 밀접한 관계가 있어서, 이하에서는 EU 디렉티브의 진행과정을 간략히 정리한다.

(2) EU 불공정거래행위 디렉티브 제정 과정에서 부상한 자율규제 추진 논의[21]

EU 집행위원회의 불공정거래행위 녹서(green paper)[22] 발간을 계기로

21) 박세환, EU 차원의 불공정거래행위 규제방안에 대한 연구, 177면 이하를 기술한 것이다.

22) Commission européenne, “Livre vert sur les pratiques commerciales déloyales

본격화 되었던 EU 차원의 불공정거래행위 규제방안 신설 논의는 자율규제를 둘러싼 집행위원회와 의회 사이의 공방(攻防) 형태로 전개되었다.

① EU 집행위원회는 2014년 자율규제(SCI)를 중심으로 불공정거래행위를 근절하겠다는 내용의 communication[23]을 EU 의회에 제출하였다. 불공정거래행위 해결의 주된 역할은 SCI가 담당하게 하고 행정규제를 통하여 SCI의 약점(억제력)을 보완한다는 취지이다.

② 그러자 EU 의회는 2015년에 불공정거래행위를 하지 말 것을 권유하는 자율규제로는 불공정거래행위 문제를 완화시킬 수 있을 뿐 이를 적절하게 해결하기는 어렵다는 의견을 집행위원회에게 제시하였다.[24] 회원국 경쟁당국이 불공정거래행위를 규율하고 신고의 비밀성을 보장하고 조사권과 제재권을 보유하여야 한다는 것이다.

③ 이에 따라 EU 집행위원회는 2016년 1월에 자율규제의 약점을 개선함으로써 식품 분야에서의 불공정거래행위를 근절하겠다는 취지의 report[25]를 제시하였다. 여기에서 집행위원회는 SCI가 현재 성공적으로 정착하고 있다고 평가하였다. 예를 들어 2013년 창설 후 2년만에 1155개의 회사들이 SCI에 가입하였고, 불공정거래행위에 관한 자율규제 플랫폼이 벨기에에서 가시적인 성과를 냈다는 것을 그 근

---

dans la chaîne d'approvisionnement alimentaire et non-alimentaire interentreprises en Europe", 2013.1.31.

23) Commission européenne, "Communication-Lutter contre les pratiques commerciales déloyales dans la chaîne d'approvisionnement alimentaire interentreprises", 2014.7.15.

24) Parlement européen, "Projet de rapport sur les pratiques commerciales déloyales dans la chaîne d'approvisionnement alimentaire", 2015.7.6.

25) Commission européenne, "Rapport de la Commission au Parlement européen et au Conseil sur les pratiques commerciales déloyales interentreprises dans la chaîne d'approvisionnement alimentaire", 2016.1.29.

거로 들었다. 즉, EU 집행위원회는 SCI가 식품 유통에서 불공정거래행위 문화에 변화를 일으키고 있으니, SCI의 실효성을 제고하는 방안(중소기업에 대한 홍보강화, 가입독려, 중립적인 거버넌스, 신고비밀 보장, 독립적인 조사기관 지정)을 실행하겠다고 하였다.

④ 그럼에도 불구하고 EU 의회는 2016년 6월 자율규제방안의 한계점을 재차 확인하면서 집행위원회로 하여금 불공정거래행위 규제안을 만들 것을 촉구하는 resolution[26]을 내놓았다. EU의회는 현재의 불공정거래행위의 심각성을 감안할 때 자율규제 중심의 해결방안으로는 불공정거래행위를 확실하게 제어할 수 없다는 입장을 유지하였다.(두려움 요소 해소 불가).

⑤ 그리하여 EU 집행위원회는 2018년 4월에 식품 공급망에서의 불공정거래행위 디렉티브(안)을 발표하게 되었는데,[27] 이 안은 적용범위가 제한적이고 일반적인 금지조항을 두지 않았으며 특별하게 금지되는 불공정거래행위 유형이 상세하지 않다는 점에서 불공정거래행위 입법에 있어서 조심스러운 입장을 취하였다. 하지만 EU의회는 2019년 3월에 적용범위를 확대하고 농산물 생산자와 중소식품공급업자 보호를 강화한 디렉티브[28]를 의결하였다.[29] 이에 따라

---

26) Parlement européen, “Résolution sur les pratiques commerciales déloyales dans la chaîne d'approvisionnement alimentaire (2015/2065(INI))”, 2016.6.7.

27) Commission européenne, “Proposition de directive du Parlement européen et du Conseil sur les pratiques commerciales déloyales dans les relations interentreprises au sein de la chaîne d'approvisionnement alimentaire”, 2018. 4. 12. 디렉티브(안)의 방식, 범위, 내용, 의의, 문제점에 대해서는 박세환, EU 차원의 불공정거래행위 규제방안에 대한 연구, 181면 이하에 상술되어 있다.

28) Directive (UE) 2019/633 du 17 avril 2019 sur les pratiques commerciales déloyales dans les relations interentreprises au sein de la chaîne d'approvisionnement agricole et alimentaire.

29) 박세환, 대형유통사업자의 상거래행위를 특별히 규제하는 입법 방식과 적용범위에

EU 회원국들은 이 디렉티브에 부합하도록 하는 입법·규제·행정조치를 2021.11.1.까지 해야 실행할 의무를 부담하였다. 프랑스의 경우 이미 강한 불공정거래행위 행정 규제 수단들을 입법화한 상태이었기 때문에, 위 디렉티브가 겨냥하고 있는 불공정거래행위의 대부분은 프랑스에서 이미 위법하다고 평가받고 있었다. 그리하여 프랑스에서는 2021년에 농산물 대금지급기간의 축소, 금지행위의 추가[30]와 같은 미시적인 입법 조정을 함으로써 디렉티브를 입법에 반영하는 절차를 마무리하였다(Ord. n°2021-859 du 30 juin 2021).[31]

(3) 우리나라 온라인 플랫폼 공정화법안과 자율규제

한편 우리나라에서도 공정위가 플랫폼의 갑질행위를 방지하자는 플랫폼 공정화법(안)을 정부안으로 발의한 바 있다(2021.1.28). 이에 대해서는 플랫폼에의 의존도가 높은 소상공인과 자영업자들을 불공정거래행위로부터 보호해야 할 필요성이 크므로 이를 조속히 시행해야 한다는 찬성론과 법적 규제는 플랫폼이라는 역동적인 신산업의 발전을 저해할 수 있고 국내 플랫폼 기업들은 국내 시장에서 다국적 빅테크 기업과 치열하게 경쟁을 하고 있어서 EU와는 상황이 다른데 EU식 사전규제를 성급히 도입해서는 곤란하다는 반대론이 제기되었다. 그런데 2022년 윤석열 정부가 들어선 이후에는, 플랫폼 산업의 특성과 혁신을 통한 플랫폼 산업 육성의 중요도를 감안하여 자율규제를 추진하되 공정위·기획재정부·과학

대한 비교연구, 415-416면.

30) 과도하게 짧은 기한 주문의 취소 금지, 영업비밀의 취득, 이용 혹은 공개 금지, 계약조건을 서면으로 확인하는 것의 거절 금지

31) Yves Petit, "Le complément européen de la loi Egalim : la directive sur les pratiques commerciales déloyales dans la chaine d'approvisionnement alimentaire", Revue de droit rural, n°479, 2020, p.33-36.

기술정보통신부·방송통신위원회 등이 참여하는 '범부처 플랫폼 정책협의회'가 플랫폼과 입점업체·소비자 관계에서 자율규제 성과가 나타나도록 지원하는 형태로 논의가 진행되었다.[32)33)] 요컨대 우리나라에서도 플랫폼의 불공정거래행위 규제방향을 둘러싸고 자율규제가 부상한 적이 있다.

3. 불공정거래행위의 특수성을 반영한 자율규제의 방향성

아래에서는 불공정거래행위의 특성을 반영한 자율규제의 방향성에 대해서 검토한다. 아래에서는 먼저 불공정거래행위 자율규제를 하향식과 상향식으로 나누어서 각각의 장단점을 비교·분석하고, 추진되던 행정규제의 결론(규제의 실행 혹은 중단)이 자율규제의 미래에 영향을 미치는 현상을 논한다.

(1) 불공정거래행위의 특성 반영

불공정거래행위 자율규제에 있어서는 위 2.에서 본 불공정거래행위의 특징과 EU SCI에서 나타난 자율규제의 한계를 고려할 필요가 있다. 즉, 불공정거래행위 자율규제는 피해자의 '두려움 요소'에 대응할 수 있어야 하고, 경제적 강자 중심으로 자율규제 기구가 편파적으로 운영되어서는 곤란하고, 관련 사업자들이 최대한 자율규제 기구에 가입하는 것이 바람직하며, 자율규제를 준수하도록 독려하고 미이행을 막아야 한다.

EU나 우리나라 모두 불공정거래행위에 대한 입법 신설 여부를 둘러싸

---

32) 이희정, 앞의 글, 30-32면.

33) 위 협의체는 자율기구 법적근거 마련, 범부처 플랫폼 실태조사 추진, 자율규제 이행점검 지원 등을 추진하였다. 기획재정부, 보도자료, "온라인 플랫폼 기업, 플랫폼 자율규제 적극 참여의지 표명", 2023.8.29.

고 자율규제 논의가 진행되었다는 유사점이 있다. 하지만 EU와 우리나라는 불공정거래행위 규제체계나 상황이 다르다는 점도 감안할 필요가 있다. EU 불공정거래행위 디렉티브가 나오기 전에 실행된 SCI의 경우 신고나 조사 절차에 있어서 익명성을 보장해 주지 못하고 행동강령 위반이 있어도 이를 조사하여 제재할 별도의 기관이 마련되어 있지 않다는 결정적인 흠결이 있었기 때문에 이해당사자들의 참여율이 높지 않았고 결과적으로 SCI 자율규제의 실효성은 낮다는 평가를 받게 되었다(두려움 요소의 미해결). 특히 당시에 프랑스를 제외한 대부분의 EU 회원국들은 불공정거래행위를 행정제재하는 시스템을 완비하지 않고 있었고, 회원국마다 불공정거래행위 규제 방식과 체계가 제각각이었으며, 불공정거래행위에 대한 EU 차원의 효과적 대응수단이 미흡하였던 상황이었다.[34]

하지만 우리나라의 경우 이미 불공정거래행위를 종합적·일반적으로 규율하는 규정이 공정거래법(제45조)에 마련되어 있고 공정위는 이를 활발하게 적용하여 다수의 사건들을 처리하고 있다. 또한, 불공정거래행위 발생시 피해자는 공정위에 신고(익명 가능)할 수 있고 공정위는 필요할 경우 현장조사를 실시할 수도 있으며 법위반사실이 확인될 경우 사업자에게 과징금과 시정명령을 가할 수 있는 공적인 구제절차가 완비되어 있다는 점에서 디렉티브 전 EU와는 상황이 다르다(우리나라는 두려움 요소에 대해서 대응 가능). 게다가 적용범위라는 측면에서 보면, 위 EU 디렉티브는 식품 공급채널에서의 거래에 한정되고 일정한 연매출액 기준을 충족하는 구매자와 공급자간 거래에만 적용된다.[35] 따라서 EU 차원

34) 해당 디렉티브 이전에도 EU 회원국들은 이미 불공정거래행위에 관한 회원국 차원의 대응수단을 가지고는 있었다. 해당 디렉티브는 EU법에 의한 최소한의 보호 기준을 설정하는데 적합한 방안을 마련한다는 취지이다. Yves Petit, *op. cit.*, p.33.

35) 위 EU 디렉티브의 구체적인 적용범위는, 박세환, 대형유통사업자의 상거래행위를 특별히 규제하는 입법 방식과 적용범위에 대한 비교연구, 425-429면에 상술되어

에서는 여전히 일반적인 불공정거래행위 행정규제 체계가 완전히 구비되어 있다고 보기는 어렵다.

(2) 하향식 불공정거래행위 자율규제: 방사형(放射形)

이하에서는 불공정거래행위 자율규제를 이행의 편의상 하향식 자율규제와 상향식 자율규제로 나누어서 이를 비교하고 분석해 본다.

이 글에서 하향식 불공정거래행위 자율규제란 정부가 주도하여 특정 분야의 주요 대형 사업자를 선정하고 정부가 이들의 자율규제 이행안 결정이나 평가에 적극적으로 관여하는 형태를 의미한다. 이러한 자율규제는 정부가 자율규제기구에 관여하여 적절한 이행안을 도출해 낸 후 대형 사업자들이 이를 이행하도록 독려함으로써 단기간에 시장에서 가시적인 성과를 발생시킬 수 있다는 장점이 있다. 즉, 정부가 자율규제기구가 주요 대형사업자들에게 유리하게 편파적으로 운영되지 않도록 관리·감독하는 셈이고, 정부는 사업자들의 이해관계를 조정하며, 자율규제가 정착되고 성과를 낼 수 있도록 이끌어가게 된다. 이러한 하향식 자율규제로는 정부의 독려 하에 주요 대형사업자가 불특정 다수의 이용자나 소비자를 위한 투명성 증진 내지 이용자 보호 방안을 제시하는 것을 예로 들 수 있겠다. 이와 같은 서비스 이용 조건과 방법의 명시, 순위나 등급 기준에 대한 표시 강화, 차별대우 기준 명시, 거래조건 변경시 고지의무, 계약 해지 제한 혹은 사전통지, 분쟁처리 절차 확립 등은 투명성을 높여서 불공정거래행위를 사전에 방지하는 수단으로 작동할 수 있다. 우리나라에서 실행된 '플랫폼 민간 자율기구'의 갑을 분과 자율규제방안이 여기에 가깝다고 볼 수 있다.[36]

있다.

36) 관계부처합동, 보도자료, "플랫폼 자율규제 방안 발표회 개최", 2023.5.11.

그런데 이 경우 중소 사업자나 약자인 다수의 거래상대방들은 자율규제기구에 직접 참여하기 어렵게 되고, 결과적으로 자율규제기구는 정부의 관여하에 주요 대형사업자, 관련 직능단체, 사업자·소비자단체 위주로 운영되기 쉽다. 그 결과 불공정거래행위 피해자 측면에서 볼 때 기구의 대표성 문제가 발생할 수 있다. 또한, 수많은 사업자들이 시장을 분점하고 있는 경우에는 이러한 하향식 자율규제는 실행하기가 쉽지 않게 된다. 그리고 하향식 자율규제의 경우 정부가 언제까지 해당 자율규제 기구의 운영에 관여하여야 하는가도 문제이다. 정부가 특정 자율규제 기구에 끝없이 매달릴 수는 없기 때문에, 언젠가는 참여사업자들이 주도적으로 자율규제를 운영하여 자생력을 구비해야 하는 시점이 올 수밖에 없다.

또한, 불공정거래행위 중 거래상지위남용행위는 강자와 약자라는 1대1 구도가 기본이고, 거래사슬의 전단계마다 각각 발생할 수 있으며, 거래사슬 상단에서 불공정거래행위 발생시 그 피해자가 자신의 거래상대방에게 비용과 위험을 순차적으로 전가시킬 수 있다는 특징이 있다. 그렇다면 대형 사업자를 중심으로 하향식 불공정거래행위 자율규제를 할 경우 최상단에서 불공정거래행위가 발생하는 것을 줄임으로써 아래 사슬에서 순차적으로 불공정거래행위가 발생(위험과 비용의 전가)하는 것을 줄일 수 있다는 효용이 있다. 하지만 이러한 자율규제는 거래사슬의 2차·3차·4차… 단계에서 개별적으로 발생하는 불공정거래행위를 줄이는데 있어서는 직접적 효과를 거두기는 어렵다.

따라서 공정거래문화 토양의 확립이라는 불공정거래행위 자율규제의 궁극적인 목표 달성을 위해서는, 여러 단계에 있는 다수의 사업자들이 자율규제기구에 가입하여 상향식으로 자율규제를 실행하는 방안에 대해서 비교·검토할 필요가 있다.

(3) 상향식 불공정거래행위 자율규제: 거래당사자 참여형

이에 비하여 자율규제 기구의 구성과 운영에 정부가 직접 관여하지 아니하고 거래사슬 단계에서 거래당사자가 되는 경제적 강자와 약자들이 폭넓게 참여하는 자율규제를 상향식 자율규제라고 부르기로 한다. 위 2.에서 본 EU SCI가 이러한 상향식 자율규제 형태에 가깝게 된다. 이러한 민간 주도의 자율규제는 다수의 이해당사자들이 참여하여 합의된 행동강령을 준수하기 때문에 자율성이 강화되고 상생문화의 확립이라는 불공정거래행위 자율규제의 본래 목적에 잘 부합한다는 장점이 있다.

그런데 SCI와 같은 상향식 자율규제는 단기간에 가시적인 성과를 거두기 쉽지 않다는 단점이 있다. 특히 행동강령 위반에 대한 조사·제재 방안이 미흡하여 실효성에 문제가 있다는 비판이 많았다. 또한 SCI에서도 대규모유통사업자와 같은 대형 사업자가 중요한 역할을 하였는데, 그 결과 약자인 거래상대방(농산물 생산자, 도매유통사업자, 중소기업)이 SCI의 중립적 운영에 의문을 가져서 가입률이 높지 않았다.[37] 따라서 상향식 자율규제가 장기적으로 성과를 도출하기 위해서는 다수의 시장참여자들 특히 대기업이 아닌 사업자들이 해당 자율규제를 신뢰하고 여기에 적극적으로 동참할만한 체계를 마련하는 것이 중요해 보인다.[38]

(4) 행정규제의 실행 내지 중지와 이에 따른 자율규제의 운명

현실적으로 자율규제 논의는 입법을 통하여 행정규제가 발생하려고 할 때 부상하는 경향이 있다. 그런데 만약 자율규제를 행하는 중에 행정

---

37) EU집행위원회의 2016년 report, p.10.

38) 비슷한 취지에서 거버넌스의 구성에 있어서 관련 이해당사자들의 이익이 빠짐없이 균형되게 반영되도록 하여야 한다는 지적으로는, 황성기, “온라인 플랫폼 자율규제 방안에 관한 연구”, 「경제규제와 법」, 서울대법학연구소(제30호, 2022), 112면.

규제의 도입이 확정되거나 혹은 행정규제의 도입 가능성이 소멸된 경우에는, 자율규제는 급격하게 동력을 상실하여 종료되곤 한다. 이처럼 행정규제의 진행 상황에 따라 자율규제가 종료하는 것은 바람직한 현상은 아닌데, 정부와 사업자가 자율규제를 시작하고 실행할 때 내세웠던 목적(예: 상생문화의 확립)과 실질적인 목적(예: 행정규제 미도입을 위한 근거)이 달랐다고 여겨질 수 있고, 이는 자율규제에 대한 일반의 신뢰를 저하시킬 우려가 있다.

행정규제 가능성이 줄어들자 자율규제가 중단된 경우로는, 미국 연방통신위원회(Federal Communication Commission)가 방송 콘텐츠를 규제할 가능성이 줄어들게 되자 미국 광고연합 단체가 이에 관한 자율규약을 폐기한 사례를 들 수 있다.[39] 반대로 행정규제 실행이 확정되자 자율규제가 종료된 사례로는, EU에서 불공정거래행위 디렉티브가 2019년에 통과되자 SCI가 2019년에 6년간의 활동을 종료한 것이 대표적이다. 이처럼 EU 불공정거래행위 디렉티브 신설 문제는 자율규제가 대안이 될 수 있는지를 중심으로 논의가 진행되다가, EU 의회가 자율규제는 실효성이 부족하다고 결론을 내리자 강력한 디렉티브 신설 쪽으로 빠르게 진행된 바 있다.

그렇지만 자율규제의 실효성 여부가 해당 특별 규제의 적정성 여부를 덮어버리는 현상은 바람직하지 아니하다.[40] 위 EU 디렉티브 신설에 즈음하여, 프랑스에서도 위 디렉티브의 채택은 자율규제의 실패에 의하여 정당화된다는 지적이 있었지만,[41] 개인적으로는 이와 견해를 달리한다.

39) 백대용, 앞의 글, 367면.

40) 흔히 민주국가, 법치국가라고 평가받는 미국과 EU에서 행정규제 가능성이 줄어들자 자율규제가 중단되었다는 점은 흥미로운 일이다. 역설적으로 미국과 EU에서는 법치가 확립되어 있기에 사업자가 자율적인 의사에 기초하여 자율규제를 임의로 종료할 수 있었다고 볼 수도 있겠다.

다시 말하면 불공정거래행위에 대한 특별 행정규제의 필요성 여부는 대상이 된 법위반행위, 기존의 법체계나 규제 상황, 관련 분야와 산업의 특성 등을 종합적으로 고려하여야 하고 여기에는 자율규제의 존부·내용·성과도 당연히 포함되겠지만, 새로운 법적규제가 필요하고 적절한가라는 본질적인 문제에 논의를 집중하여야 한다는 의미이다. 즉, 실효성이 보장되지 않는 자율규제가 존재함을 이유로 새로운 법적규제가 필요하지 않다는 결론이 바로 연결되는 것은 아니고, 반대로 자율규제는 자율성으로 인하여 실효성이 부족할 수밖에 없는데 이를 들어 새로운 법적규제가 필요하다는 결론이 바로 도출되는 것은 아니라고 생각한다. 이러한 관점에서 '온라인 플랫폼 공정화법(안)'을 살펴보면, 논의의 핵심은 공정거래법에 일반적인 불공정거래행위 규율 규정이 있음에도 플랫폼에 관한 특별법이 필요한지와 해당 법안의 내용은 적절한가가 되어야 한다.

4. 불공정거래행위 자율규제에 관한 기타 논점

위 3.의 내용을 바탕으로, 불공정거래행위 자율규제에 관하여 생각해 볼만한 기타 사항을 정리한다. 먼저 자율규제 참여 업종 범위를 넓게 포섭할 것인지 좁게 포섭할 것인지를 논한 후, 자율규제 시행방안의 구체적인 내용을 검토하면서 이를 동의의결 시정방안과 비교하고, 마지막으로 자율규제 이행 인센티브와 페널티에 대해서 기술한다.

(1) 자율규제 참여 업종의 범위

불공정거래행위 자율규제의 참여 범위를 어떻게 설정할 것인가도 중

41) Laurence Idot, "Un nouveau par vers un droit européen de la concurrence déloyale", Europe, n°5, mai 2019, alert 30.

요한 문제이다. 기본적으로 분야와 업종마다 거래 내용과 성격이 매우 다른 경우가 많기 때문에(예: 유통업과 건설업), 여러 분야와 업종을 널리 아우르는 불공정거래행위 자율규제를 실시하는 것은 바람직하지 않고, 특정 분야나 업종 맞춤형 자율규제를 실시하는 것이 불가피해 보인다. 지나치게 이질적인 사업자들이 불공정거래행위 자율규제에 참여할 경우 관심사항이나 이해관계가 분절되어 자율규제 기구의 구성·운영·결정에 관한 합의가 어려워질 수 있다.

이에 비해 매우 좁은 분야의 몇몇 사업자들이 자율규제에 참여할 경우에는 자율규제 행동강령을 발전시키는 과정에서 참여 사업자들이 부당한 공동행위를 할 가능성이 있다는 점에 유의하여야 한다. 실례로 프랑스에서 영화배급연합회, 영화연합회, 영화제작수출 경영자 조합이 자율규제 행동강령을 배포하고 사용하는 과정에서 프로모션 때의 할인을 제한하는 합의를 한 적이 있었다. 프랑스 경쟁위원회는 이를 반경쟁적인 합의(카르텔)에 해당할 수 있다고 보았는데, 이 사건은 사업자단체들이 새로운 행동강령을 실시하는 등의 시정방안을 제시함에 따라 동의의결 형태로 종료되었다.[42]

(2) 자율규제 시행방안의 내용: 동의의결 시정방안과의 비교

그리고 '플랫폼 민간 자율기구'의 갑을분과에서 자율규제와 관련하여 '투명성 강화방안'이 제시된 바 있다: 입점 계약기간, 계약 변경·해지시 그 사유 및 절차, 서비스 제한·중지·변경 시 그 사유 및 절차, 수수료·광

---

42) Cons. conc., déc. n°07-D-17, 10 mai 2007 relative à des pratiques mise en oeuvre dans le secteur de l'explitation des firms en salles de cinéma. Muriel Chagny, "Vers une autorégulation des marchés numériques ?", Cahiers de droit de l'entreprise n°3. mai 2019, dossier 22.

고비 적용방식, 대금정산 주기 및 절차, 검색 노출순서 결정 기준, 계약 해지 내지 변경 전 사전통지, 분쟁해결 협력, 리뷰정책 제공 등.[43] 이러한 주요 대형 사업자의 투명성 강화 방안(ex ante)는 거래사슬의 최상단에서의 불공정거래행위를 예방하는데 도움이 될 수 있음은 이미 기술하였다.

다음으로 '입점업체와의 상생 및 부담완화를 위한 자율규제 방안'에 주목할 만하다: ① 오픈마켓: 소상공인 수수료 우대 정책 확대, 연내 기존 수수료 정책 동결, 소상공인 채널 메시지 할인, 신규판매자 수수료 할인, 신규판매자 성장 지원 프로그램 제공, 중소상공인 판로 확보 및 디지털 전환 지원 확대, 중소상공인 라이브 방송 지원 확대, 소상공인들을 위한 선정산 서비스 추진, 창업 7년 미만 영세업체 대상 유동성 공급 지원, 동반성장 펀드 조성, 온라인 창업지원 희망리턴사업 유치 및 적극 운영 등, ② 배달 플랫폼: 포장주문 서비스 이용 요금 무료 지원 정책 1년 연장, 대금 정산주기 축소, 중개수료가 낮은 사업자는 현재의 수수료 정책을 연내 계속 유지 등.[44]

이러한 자율규제 방안은 종전의 공정위 동의의결 시정방안(상생지원안)과 유사성을 띈다.[45] 예컨대 ① 네이버의 검색결과와 유료서비스, 키워드 광고의 미구분이 문제된 동의의결 사건에서는, 공익법인 설립 및 기금출연(부당표시광고 모니터링, 분쟁조쟁, 중소사업자 긴급구제자금

---

43) 관계부처합동, 보도자료, "플랫폼 자율규제 방안 발표회 개최", 2023.5.11. 공정위, 보도자료, "배달 플랫폼 자율규제 방안 발표회 개최", 2023.3.6.

44) 상동.

45) 동의의결 시정방안의 필요성·비례성의 의미와 동의의결에서 상생지원방안이 중요한 위치를 차지하는 경우의 문제점에 대해서는, 박세환, "동태적시장에 관한 미래지향적 약속으로서의 동의의결", 「경쟁법연구」, 한국경쟁법학회(제47권, 2023), 292-297면 참고.

대출, 소비자피해신고센터 운영), 소비자 후생제고와 상생지원 사업(소비자 교육, 공익캠페인, 중소사업자 홍보 및 판로 지원) 등이 시정방안으로 확정되었다.[46] ② 남양유업의 대리점 수수료 일방 변경과 관련된 동의의결 시정방안은 동종업계 평균 이상으로 농협 위탁수수료율 유지, 도서지역·영세 점포 거래 대리점 지원, 순영업이익 공유, 긴급생계자금 무이자 대출, 자녀 대학 장학금제도 확대 운영, 장기 운영 대리점 포상 등이었고,[47] ③ 스타필드하남의 임차인 관리비와 관련한 동의의결 시정방안은 인테리어 공사 기간 중 관리비 인하, 관리비 청구서·구성항목 개선, 인테리어 공사기간 중 관리비 부과 금액 중 일부 환급, 복리 및 후생지원이었다.[48]

그런데 동의의결은 공정위의 법위반행위 조사개시 이후에 사업자가 제안한 시정방안이 타당한 경우에 공정위가 법위반여부를 확정하지 않고 사건을 신속하게 종결하는 제도라는 점에서, 공정위의 법위반행위 조사를 전제로 하지 않고 사업자가 스스로 규율하는 자율규제와는 성격이 본질적으로 다르다. 즉, 참여사업자가 자율규제 방안 내용을 스스로 결정한다는 자율규제가 행정청이 최종적으로 시정방안을 결정하는 동의의결과 내용상 비슷하다는 점은 동의의결과 자율규제 양쪽으로 고민해 볼 만한 점이다. 추가적으로 자율규제 시행방안이나 동의의결 시정방안이나 모두 공정한 경쟁질서·거래질서를 확립하고 법위반행위를 효과적으로 예방하기 위하여 필요한 것이어야 하는데, 금전 지원 중심인 '상생 및 부담완화안' 내지 '상생지원안'이 거래질서 회복 내지 법위반행위의 방지

46) 공정위, 보도자료, "공정위, 네이버·다음에 동의의결 최종 확정", 2014.3.14.

47) 공정위, 보도자료, ""대리점과 사전 협의 강화하고 5년간 영업 이익 공유한다" - 남양유업, 대리점 수수료 관련 동의의결 최종 결정 -, 2020.5.6.

48) 공정위, 보도자료, "스타필드하남의 동의의결 및 스타필드 3사의 대규모유통업법 위반행위 적발·제재", 2022.11.9.

와 깊은 관련이 있는지는 의문이 든다.[49]

(3) 자율규제 이행 인센티브와 자율규제 미이행 페널티

불공정거래행위 자율규제의 실효성 제고를 위해서, 정부가 관여하는 하향식 자율규제기구는 방안을 이행한 참여 사업자에게는 인센티브를 주고, 미이행한 사업자에게는 페널티를 주는 방안을 모색할 수 있다. 이 경우 실질적으로는 특별 규제방안의 미신설이 이행 인센티브가 되고, 특별 규제방안의 신설이 미이행 페널티가 될 수 있겠다. 이에 비해서 민간이 주도하는 상향식 자율규제기구의 경우 행동강령 미이행 사업자에게 페널티를 준다는 것은 기구의 본질상 어려운 일이고, 자율기구에 대한 정부의 관여가 적기 때문에 특별 규제방안의 신설 내지 미신설도 자율기구가 결정할 사안은 아니다.

이러한 관점에서 하향식에 가까운 우리나라의 '플랫폼 민간 자율기구' 갑을분과는, 참여 사업자가 방안을 준수할 경우 얻을 수 있는 인센티브는 명시하지 아니하면서, 대신 미이행 상황이 지속, 반복될 경우에는 미이행 사업자 현황 및 미이행 내용을 대외적으로 공표한다고 밝힌 적이 있다.[50] 그런데 정부가 관여하는 하향식 자율규제라고 하더라도 사업자들로 구성된 자율기구가 미이행을 스스로 공표한다는 것은 일종의 '자기비판(self-critique)'처럼 보일 수 있다는 문제가 있다. 사업자가 스스로 자신의 흠과 잘못을 인정하고 이를 대내외에 알린다는 것은 법치국가 개념에 비추어 볼 때 자연스럽지 아니하기 때문이다.

49) 참고로 동의의결의 시정방안, 특히 상생지원안에 대해서는 박세환, 동태적 시장에 관한 미래지향적 약속으로서의 동의의결, 292면 이하에 상술되어 있다.

50) 관계부처합동, 보도자료, "플랫폼 자율규제 방안 발표회 개최", 2023.5.11.

III. 정리

'두려움 요소', '사업자의 법적규제에의 적응력', '거래전단계에서 발생 가능'과 같은 불공정거래행위의 특수성을 감안할 때, 공정거래문화 토양을 확립할 수 있는 자율규제는 의미가 크다. 행정기관의 개입 강화만으로는 거래의존도가 높고 협상력이 차이가 나는 거래당사자간의 지위남용행위를 근본적으로 해결하기는 어렵고, 이를 위해서는 대결논리에서 상생논리로의 전환, 거래상대방로부터 뽑아내는 성장보다는 당사자들이 같이 발전해가는 성장으로의 전환이 필수적이다.[51] 그런데 자율규제는 장단점이 뚜렷하고 자율성과 실효성에서 상충을 일으키기 쉬운 제도이다. 특히 실효성 추구라는 명목하에 자율규제의 본질적이고 현실적인 가치인 자율성이 훼손되지 않도록 끊임없이 확인할 필요가 있다. 또한, 자율규제가 불공정거래행위를 일소해 줄 수 있다는 과도한 기대는 금물이고, 관련자들이 이를 꾸준히 실행하면서 상호 신뢰를 쌓아가는 노력이 필요하다.

한편, 우리나라에서는 정부가 주도하여 특정 분야의 주요 대형 사업자를 선정하고 정부가 이들의 자율규제안 결정이나 평가에 관여하는 형태로 자율규제가 진행되는 경향이 있다. 정부의 도움은 자율규제 기구가 안착하고 단기간에 가시적인 성과를 도출하는 데 기여를 할 수 있지만, 궁극적으로는 법적규제 도입 여부나 정부의 관여와 무관하게 불공정거래행위 자율규제가 자생적으로 지속할 수 있는 토대를 마련할 필요가 있다. 이러한 관점에서 본문에서 자율규제기구의 운영에 정부가 관여하지 아니하고 거래당사자가 될 수 있는 경제적 강자와 약자들이 폭넓게 참여

51) Jérôme Foucault, "La loi Hamon, un instrument imparfait de rééquilibrage des relations entre fournisseurs et distributeurs", AJCA, 2014, p.192 이하.

하는 불공정거래행위 자율규제인 EU SCI를 비교·분석하였는바, SCI 사례는 우리나라 자율규제의 운영에 있어서 시사점을 줄 수 있다.

또한, 자율규제는 법적규제의 신설을 검토하는 과정에서 부상하는 경향이 있기는 하지만, 자율규제는 법적규제의 신설을 피하거나 줄이기 위한 방어수단이 본질은 아니기 때문에, 양자의 운명을 서로 지나치게 연계하는 것은 바람직하지 않다. 법적규제의 대안으로 자율규제가 논의되더라도, 새로운 법적규제가 적절하고 현재 필요한 것인가에 대한 고민은 계속되어야 한다. 요컨대 자율규제가 이미 행하여지고 있다고 하여 행정규제가 불필요하거나 줄어들어야 한다는 결론에 직결되는 것은 아니고, 반대로 자율규제의 실효성이 생각보다 적다고 하여 바로 새로운 행정규제의 신설이 정당화되는 것도 아니라고 본다.

디지털 경제에서의 동의의결

-동태적 시장에 관한 미래지향적 약속의 관점에서-

제7장

동의의결이란 경쟁사건의 당사자인 경쟁당국과 법위반혐의가 있는 사업자 간에 상호 합의를 통하여 조사 또는 심의절차를 종료시키는 것으로서, 독점규제 및 공정거래에 관한 법률(이하 '법'이라 한다)의 동의의결은 경쟁제한의 우려가 있는 행위에 대하여 위법성을 확정하지 않은 상태에서 행위중지나 원상회복, 소비자나 중소기업의 피해구제를 신속하게 마련하기 위한 제도라고 이해된다.[1] 과징금을 부과하고 시정조치를 가하는 행정제재에 비해서, 동의의결은 신속하게 경쟁질서를 회복하고 소비자나 중소기업의 피해를 보상할 수 있다는 장점이 있고, 내용 측면에서도 동의의결은 적극적인 경쟁질서 회복방안이나 실질적인 피해구제 방안과 같은 탄력적이고 다양한 수단을 활용할 수 있다는 장점을 가지고 있기 때문에, 우리나라에서도 온라인 플랫폼으로 대표되는 디지털 경제에서 동의의결은 활용성이 높다는 점에 대해서는 크게 이견이 없어 보인다.[2]

하지만 이러한 장점에도 불구하고 동의의결제도는 우리나라에서 더 적극적인 활용이 요구되는 바, 사건번호 기준으로 2025년 8월까지 동의의결이 인용된 건은 의결번호 기준으로는 19건이고, 의결일 기준으로는

---

1) 이봉의, 「공정거래법」, 박영사(초판, 2022), 1304면.

2) 이봉의, 위의 책, 1304-1307면. 김형배, 「공정거래법의 이론과 실제」, 도서출판삼일(전면개정판, 2022), 1006-1007면. 황태희, "공정거래법제에 있어서의 동의의결 활성화 방안", 「경쟁법연구」, 한국경쟁법학회(제44권, 2021), 99면. 최난설헌, "최근 동의의결의 동향과 향후 과제", 「상사법연구」, 한국상사법학회(제40권 제4호, 2022), 526면. 정완, "경쟁법상 동의의결제도의 문제점과 개선방안", 「홍익법학」, 홍익대법학연구소(제22권 제3호, 2021), 464면. 구성림, "공정거래법상 동의의결제도 관련 쟁점 및 개선방안 연구", 「법학연구」, 충남대법학연구소(제32권 제3호, 2021), 187-188면. 박세환, "온라인 검색광고 중개플랫폼의 시장지배적지위남용행위 규제 「상사법연구」, 한국상사법학회(제40권 제1호, 2021), 287면.

10일에 그치고 있다.[3] 반면에 입법차원에서는 동의의결제도는 공정위 소관 특별법들로 대폭 확대되고 있다. 먼저 2014.1.「표시·광고의 공정화에 관한 법률」에 동의의결제도가 도입되었고, 2021.12.「대리점거래의 공정화에 관한 법률(이하 '대리점법'이라 한다」에 동의의결에 관한 조문들이 신설(2022.6. 시행)되었으며, 2022.1에는「가맹사업의 공정화에 관한 법률(이하 '가맹사업법'이라 한다)」,「하도급거래 공정화에 관한 법률(이하 '하도급법'이라 한다)」,「대규모유통업에서의 거래 공정화에 관한 법률(이하 '대규모유통업법'이라 한다)」,「방문판매 등에 관한 법률」도 동의의결제도를 도입하였다(2022.7. 시행). 뿐만 아니라 온라인 플랫폼 규제와 관련하여 지대한 관심을 끌고 있는「온라인 플랫폼 중개거래의 공정화에 관한 법률(이하 '온라인 플랫폼 공정화법' 이라 한다)(제정안)」과「전자상거래 등에서의 소비자보호에 관한 법률 (이하 '전자상거래법'이라 한다)(개정안)」까지도 동의의결제도를 도입하는 방안을 제시하고 있다.[4] 이와 발맞추어 공정위는 동의의결 처리기간 단축 및 신속한 피해구제를 위해 동의의결 절차에 서면심리를 도입하는 등 동의의결제드를 통하여 신속한 법위반 시정과 적극적인 피해구제를 추진하겠다는 의사를 밝힌바 있다.[5][6] 이처럼 동의의결은 입법상으로는 전성기를 구가중이다.

이 글의 작성은 동의의결 제도가 특별법으로 확대되는 현상과는 별개

3) 최난설헌, 최근 동의의결의 동향과 향후 과제, 532-534면 참고. 최지필, "동의의결 제도의 활성화 방안 연구",「상사판례연구」, 한국상사판례학회(제34권 제4호, 2021), 266면 참고.

4) 최난설헌, 최근 동의의결의 동향과 향후 과제, 523, 533면.

5) 동의의결제도 운영 및 절차 등에 관한 규칙(공정위 고시 제2021-16호, 2021.12.30. 시행) 제5조, 제12조. 공정위, 보도자료, "공정위, 스타필드하남이 신청한 동의의결 절차 개시 - 스타필드 하남, 매장임차인과의 상생 강화를 위한 시정방안 제시 -", 2022.6.7.

6) 공정위, 2021년 업무계획, 2021.1, 8, 23면. 구성림, 앞의 글, 200면.

로, 동의의결 제도가 본연의 역할을 다할 수 있도록 제도 자체를 재검토해보자는 취지에서 시작되었다. 무엇보다도 동의의결 제도를 반석에 올려놓기 위해서는 "시정방안이 공정거래법 위반으로 판단될 경우 예상되는 시정조치와 균형을 이루어야 한다"고 규정하고 있는 조문(법 제89조 제3항)을 개선하는 일이 시급하다. 이를 위해서는 먼저 동의의결제도의 주된 목적과 활용 분야를 확인할 필요가 있는데, 디지털 경제에서 동의의결은 "동태적인 시장에 관한 미래지향적인 약속"이라는 관점에서, 신속하고 효과적으로 경쟁질서·거래질서가 회복되었는지 여부를 주시할 필요도 있고, 동의의결을 "정태적인 시장에 관한 과거지향적인 복원"이라는 관점에서만 바라보아 피해구제나 민원해결에 지나치게 몰입되지 않도록 균형을 잡을 필요도 있어 보인다. 부연 설명하면, 이 글은 동의의결제도의 운영에 있어서 피해구제가 중요하지 않다거나 이를 배제하자고 주장하는 것이 아니다. 불공정거래행위가 중요한 위치를 차지하는 우리나라 공정거래법의 특성상 동의의결에 있어서 피해구제가 의미가 크다는 것은 명백하지만, 동 제도를 운영함에 있어서, 특히 시정방안과 관련하여, 피해구제 관점 외에 다른 측면이 부각될 필요도 있다는 의미이다. 다음으로 이 글은 이론적인 관점에서 동의의결 시정방안의 '비례성'과 '필요성'의 의미에 대해서 검토한다. 동의의결제도의 시정방안에 대해서는 많이 논의되지는 않았는데 동 제도에 있어서 시정방안은 중요한 의미를 지닌다. 이와 더불어 동의의결 시정방안의 구체성·명확성 문제와 성실한 이행을 담보하기 위한 이행강제금 문제에 대해서도 다루어 본다.

연구방법론 측면에서, 이 글은 동의의결 사건의 내용과 시정방안의 내용에 초점을 맞추면서, 우리나라와 비슷한 성문법 체계를 택하고 있음에도 동의의결제도가 안착된 프랑스의 현황을 확인하고 이와 비교하여 우리나라의 현황을 분석한다. 이를 바탕으로 동의의결 시정방안에 있어서

비례성과 필요성의 의미를 정립하고 현행 동의의결제도를 개선하는 방안을 제시해 본다.

I. 동의의결제도의 활용 현황

아래에서는 그 동안 프랑스와 우리나라에서 있었던 동의의결 인정 사례들을 비교, 분석함으로써 공정거래법상 동의의결 제도가 나아갈 길에 대한 실마리를 찾아본다.

1. 프랑스에서의 동의의결제도 활용 현황

(1) 수치상 상당한 비중

미국의 연방거래위원회는 대부분의 사건을 동의명령(consent order)을 통하여 마무리하고 있고, 2004년에 동의의결 제도를 도입한 EU도 사건 중 상당수를 화해결정(commitment decision)에 의하여 해결하고 있다.[7] 마찬가지로 프랑스에서도 2004년 도입 이후 동의의결 제도는 경쟁질서를 회복하기 위한 중요한 수단으로서 활발하게 활용되고 있다. 2011년에 동제도를 도입한 우리나라와 대조하기 위하여 2011년 이후 프랑스의 현황을 살펴 보면, 일단 프랑스에서는 동의의결 인용 건수가 적지 않고 전체 의결 수 대비 동의의결 인용 결정의 비율이 상당하다는 점을 확인할 수 있다. 예컨대 2020년 기준으로 보면, 프랑스 경쟁위원회가 한 해 동안 처리한 사건 수(129건)와 의결 건수(23건)가 우리나라보다 훨씬 적음에

7) 최난설헌, "공정거래법상 동의의결제도에 대한 불복절차에 관련한 비교법적 검토", 「경쟁법연구」, 한국경쟁법학회(제26권, 2012), 173면.

도 불구하고 동의의결 인용 건 수는 3건에 이르기 때문에, 실질적으로 보면 프랑스 경쟁당국이 사건을 동의의결으로 종결하는 비율은 상당히 높다고 하겠다(아래 〈표 1〉).

〈표 1〉 프랑스 경쟁위원회의 처리사건 수, 의결 수, 동의의결 인용 건 수[8)]

	'11	'12	'13	'14	'15	'16	'17	'18	'19	'20
처리사건	164	149	139	139	162	143	132	132	139	129
의결 (기업결합제외)	21	29	23	22	20	31	27	26	27	23
동의의결 인용 의결	5	6	3	3	6	0	5	2	0	3

이에 비해 우리나라 공정위의 경우 2020년 한 해 동안에만 2572건의 사건을 처리하고 622건의 의결을 하였음에도 불구하고, 이중에서 동의의결 인용으로 사건이 종료된 것은 '남양유업(주)의 거래상지위남용행위에 대한 건' 1개 뿐이다.[9)]

(2) 사건의 내용: 경쟁제한과 직결, 동태적인 온라인 플랫폼·인터넷·IT·혁신 분야

프랑스 경쟁위원회의 경우 시장에서의 경쟁제한성이 문제되는 시장지배적지위남용행위, 반경쟁적인 합의, 기업결합 업무를 주로 담당하고 불

8) Aut. conc., "Rapport annuel 2020", 2021, p.106. Aut. conc., "Annexe du rapport annuel 2020", juillet 2021, p.25.

9) 공정위, "2021년판 공정거래백서", 2022, 77-78면. 공정위 의결, 제2020-132호, 2020. 5.28. 따라서 2020년도 처리사건 수 대비 동의의결의 비율은 프랑스 3/129, 우리나라 1/2592이고, 전체 의결 수 대비 동의의결의 비율은 프랑스 3/23이고 우리나라 1/622이다.

공정성이 문제되는 거래상지위남용행위 등 불공정거래행위의 조사는 프랑스 경제부 내 DGCCRF(Direction générale de la concurrence, de la consommation et de la répression des fraudes)가 주로 담당하고 있기 때문에, 위에 기재된 프랑스 경쟁위원회의 동의의결 건수는 TFEU 제101조, 제102조나 이에 상응하는 프랑스 상법 L.420-1(시장지배적지위남용행위), L.420-2(반경쟁적인 합의)가 적용되는 사건에 관한 것이고 소위 불공정거래행위 사건은 여기에 포함되지 아니한다. 즉, 경쟁위원회의 동의의결 대상은 경쟁제한성과 관련된 시장지배적지위남용행위나 반경쟁적인 합의로 한정된다. 그 중에서도 프랑스 경쟁위원회의 동의의결 결정례의 상당수는 시장에서 배제효과를 발생시키거나 시장에의 접근을 봉쇄시킬 수 있는 일방적인 행위에 대해서 내려졌다. 약탈적 가격설정 행위, 애프터마켓에서의 시장지배력 남용행위, 차별적 취급행위, 독점 조항, 시장봉쇄, 시장접근 거절 행위가 그 예이다.[10] 또한 프랑스 경쟁위원회는 시장에 미치는 영향이 큰 사건들, 동태적·혁신적 시장에서 발생한 거대 시장지배적사업자의 반경쟁적인 행위에 대해서 과감하게 동의의결로 사건을 처리하고 있는 데, Booking.com 사건, Nespresso 사건, Lego 사건, Google/언론사 저작인접권 사건을 차례로 살펴 본다.[11]

---

10) Louis Vogel, 「Droit de la concurrence, Droit français」, Bruyant, 3ème édi., 2020, p.1003-1006.

11) 이와 관련하여 프랑스 경쟁위원회는 경쟁제한성 관련 사건만 담당하기 때문에 경쟁제한성 대형 사건 동의의결이 프랑스에 많은 것이고 우리나라와는 사정이 다르다는 의문이 제기될 수 있겠다. 하지만 우리나라의 문제는 불공정성과 관련된 동의의결이 나오고 있다는 것이 아니라, 공정위가 경쟁제한행위 및 불공정거래행위를 모두 담당함에도 불구하고 동의의결 건수가 매우 적고, 특히 막상 중요한 대형 시장지배적지위남용 사건에 대해서는 동의의결이 드물다는 것이다.

1) 동의의결로 처리된 대표적인 사건

첫째로, 온라인 호텔 예약 플랫폼이 호텔과 체결한 최혜대우 조항이 문제된 Booking.com 사건에서, 프랑스·이탈리아·스웨덴 경쟁당국은 2015.4.21. 동의의결 형태로 사건을 종결하였다. 프랑스 경쟁위원회는 최혜대우 조항이 호텔의 영업정책의 자유를 제한하고 반경쟁적인 합의(TFEU 제101조와 프랑스 상법 L.420-1) 또는 시장지배적지위남용행위(TFEU 제102조와 프랑스 상법 L.420-2)에 해당할 수 있다고 보았고, Booking.com은 경쟁제한 우려를 해소하기 위하여 가격에 관한 최혜대우 조항을 수정하고, 객실이용 가능성이나 거래조건 측면에서 최혜대우 의무를 부과하는 조항들을 삭제하기로 하였다.[12)]

둘째로, 에스프레소 커피캡슐 및 머신을 생산·판매하는 사업자인 네스프레소가 새로운 버전의 캡슐커피 머신을 출시함에 있어서 경쟁사업자의 호환 캡슐은 네스프레소 머신 안에서 터지게 하는 등의 방법으로 경쟁 호환캡슐 사업자를 시장에서 배제시키려고 한 행위가 시장지배적지위남용행위(끼워팔기)에 해당하는지가 문제된 사건에서, 프랑스 경쟁위원회는 2014.9 동의의결로 사건을 종결하였다. 이 사건에서 Nestle France는 새로운 머신 모델에 관한 생산 개시결정 후 경쟁 호환캡슐 사업자들에게 머신의 기술적 변경에 관한 정보를 제공하고, 새로운 머신이 시장에 유통되기 최소 4개월 전에 위와 같은 정보를 제공하기로 약속하는 등 매우 강력한 경쟁제한 우려 해소 방안을 경쟁위원회에게 제시하였다.[13)]

---

12) Aut. conc., déc. n°15-D-06 du 21 avr. 2015. David Bosco, "Un bilan peu flatteur de l'interdiction française des clauses de parité tarifaire de Booking.com", Contrats Concurrence Consommation, n°4, avril 2017, comm. 82. 박세환, "온라인 플랫폼과 경영간섭", 상사법연구, 한국상사법학회(제43권 제3호, 2022). 21면.

13) 박세환, "혁신으로 인한 결과물의 경쟁사업자와의 공유문제", 「비교사법」, 한국사법

셋째로, 프랑스 경쟁위원회는 2021년 1월에 장난감 제조·판매 사업자인 Lego France의 동의의결 신청을 받아들였다. Lego France는 2013년 말에 전체 상품가격을 15% 인상하면서 유통사업자들에게 최대 13.044%의 할인을 해주었는데, Lego France가 오프라인 판매점포를 운영하는 유통사업자에 비하여 온라인 판매만 하는 유통사업자에게 불리하도록 할인율을 정하는 차별적인 가격정책을 펼친 것이 시장지배적지위남용행위 또는 반경쟁적인 합의에 해당하는지가 문제되었다. Lego France는 각기 다른 범주의 판매사업자들에게 공평하고 적절하게 적용될 수 있는 할인기준을 재정립하고, 판매사업자들이 할인율 산정 방법이나 할인 시기를 보다 투명하게 알 수 있도록 하겠다는 경쟁제한 우려 해소 방안을 경쟁위원회에게 제시하였다.[14)]

넷째로, 프랑스 경쟁위원회는 2020.4.9. 저작인접권(droit voisin)에 기초하여 구글이 사용한 언론사 기사의 사용대가에 관하여 언론사와 선의(bonne foi)로 협상에 임하라는 임시조치를 구글에게 내린바 있다.[15)] 이 사건은 검색엔진 혹은 온라인 플랫폼이 언론사의 기사를 사용하는 것에 대해서 정당한 대가를 언론사에게 지급하여야 한다는 사회·경제적으로 중요한 주제와 관련이 있기 때문에, 프랑스뿐만 아니라 전세계적으로도 많은 관심을 끌었다.[16)] 이어서 프랑스 경쟁위원회는 2021.7.12. 구글이 위 임시조치를 이행하지 아니하였다는 이유로 구글에게 5억 유로의 과징금을 부과하고 임시조치 이행을 명하였다.[17)] 구글은 경쟁위원회의 이러

학회(제28권 제1호, 2021), 513-514면.

14) Aut. conc., déc. n°21-D-02 du 27 janvier 2021, p.3, 25, 26. Aut. conc., "Rapport annuel 2020", juillet 2021, p.69.

15) Aut. conc., déc. n°20-MC-01 du 9 avril 2020.

16) 위 Google/언론사 저작인접권 사건에 대해서는 제3장에서 상술하였다.

17) Aut. conc., déc. n°21-D-17 du 12 juillet 2021.

한 처분에 대해서 법원에서 치열하게 다투면서도, 2021.12 경쟁위원회에 동의의결을 신청하였고, 결국 프랑스 경쟁위원회는 2022.6.21. 구글의 동의의결 신청을 받아들이면서 사건을 종료하였다. 즉, 구글은 기사 등에 대한 정당한 대가를 구하는 언론사들과 선의로 협상할 것을 약속하였고, 이를 위하여 구글은 언론사에게 제안한 저작인접권 대가를 투명하게 평가하는데 필요한 정보들을 언론사들에게 제공하기로 하였고, 구글은 언론사가 자신에게 기사 사용의 대가를 요구하였다는 이유로 색인, 분류, 기사 노출에 있어서 불이익을 입지 않도록 충분한 조치를 취하기로 하였고, 구글은 프랑스 경쟁위원회가 임시조치 불이행을 이유로 자신에게 5억 유로를 부과했던 것에 대해서 불복하였던 소송들을 취하하기로 하였으며, 구글은 언론사와 저작인접권에 기초한 대가에 대한 협상을 시작하면 그 후 3개월 내에 대가를 제안하기로 약속하였다.[18)][19)]

이처럼 동의의결은 향후 프랑스에서 디지털 플랫폼, 인터넷, IT, 혁신 분야에서의 경쟁제한에 관한 중요 사건에서 탄탄한 지위를 유지할 것으로 전망된다.

---

18) Aut. conc., communiqué de presse, 21 juin 2022, Droit voisin : l'Autorité accepte les engagements de Google.

19) 그 외에 EU에서도 TV 셋탑박스 및 인터넷 모뎀의 핵심부품인 칩셋(System- on-a-Chip)을 생산하는 사업자인 Broadcom이 셋탑박스, 인터넷 모뎀 제조업자들과 체결한 칩 공급계약에 포함된 배타적 성격의 조항과 지렛대 효과를 발생시키는 조항들의 TFEU 제102조(시장지배적지위남용행위) 우반 여부가 문제된 사건에서, EU 집행위원회는 2020월 10월에 배타적 성격을 가지거나 지렛대 효과를 발생시키는 관련 조항들을 멈추게 하는 내용의 Broadcom의 동의의결안을 승인함으로써 사건을 종결하였다. 박준영, "디지털 경제하 공정거래법상 임시중지명령 도입방안 - EU의 Interim Measures에 대한 비교법적 고찰을 중심으로 -", 「경제규제와 법」, 서울대법학연구소(제14권 제1호, 2021), 103, 108면

2) 디지털 경제와 동의의결의 장점인 신속성

반경쟁적인 행위 사건을 신속하고 효과적으로 해결할 수 있는 동의의결 제도의 장점은 디지털 경제에서 더욱 두드러진다고 할 수 있다. 위 1)에서 기술한 것처럼, Booking.com 사건에서 프랑스·이탈리아·스웨덴 경쟁당국은 2015.4.21. 동의의결 형태로 사건을 마무리하였는데, 이와 달리 독일 연방카르텔청은 통상적인 절차를 밟아 2015년 12월에 Booking.com의 최혜대우 조항(좁은 최혜대우 포함)이 경쟁법에 위반된다는 결정을 내렸고,[20] Booking.com이 이에 불복함에 따라 법원에서 지난한 법적 다툼이 진행되었다. 최종적으로 독일 연방대법원은 2021.5.18. Booking.com의 '좁은 최혜대우 조항'이 경쟁법상 위법함을 확인하였는데, 이는 뒤셀도르프 법원의 판단[21]을 뒤집고 독일연방카르텔청의 결정을 지지한 것이다.[22][23] 물론 이 사건에서 독일 연방대법원이 최혜대우 조항을 보다 자세히 검토하여 구체적인 판시를 내렸다는 점은 의미가 있지만, 독일에서는 프랑스·이탈리아·스웨덴 보다 6년 이상 오랜 시간이 소요되었다는 점에서 Booking.com 사건은 동의의결의 신속성을 보여준다.

---

20) Bundeskartellamt, decision of 23 December 2015, B9-121/13. 이호영, 이상규, 최난설헌, 박세환, "온라인 플랫폼 분야 경쟁법 집행기준 마련을 위한 연구", 공정위 연구용역, (사)한국경쟁법학회, 2020, 149면.

21) Düsseldorf Higher Regional Court, decision of 4 June 2019, VI-Kart 2/16 (V), WuW 2019, 386.

22) Bundesgerichtshof, decision of 18 May 2021, KVR 54/20.

23) 이호영, 이상규, 최난설헌, 박세환, 온라인 플랫폼 분야 경쟁법 집행기준 마련을 위한 연구, 147면 이하. Bundeskartellamt, "Courtesy translation of Press Release No 099/2021 published by the Bundesgerichtshof (Federal Court of Justice) on 18/05/2021 provided by the Bundeskartellamt", 18. 5. 2021. Stephan Waldheim et Maren Steiert, "The German Federal Court of Justice rules that an online hotel booking platform's "narrow" best price clause violates antitrust law (Booking.com)", e-Concurrence, mai 2021, art. n°101165.

(3) 시정방안의 내용

더 나아가 경쟁당국이 받아들인 시정방안의 내용이 어떠한지를 구체적으로 살펴볼 필요가 있는데, 위에서 언급한 Booking.com 사건, Nespresso 사건, Lego 사건, Broadcom 사건의 시정방안은 경쟁제한 우려를 해소하는 방안에 집중되고 있고 우리나라에서와 같은 직접적인 피해구제 내지 상생지원안은 부가되지 않았다는 특징이 있다. 그리고 이 사건들에서 채택된 경쟁제한 우려 해소방안은 동의의결을 신청한 사업자의 사업모델에 상당한 영향을 끼칠 정도로 강력하다. 이처럼 동의의결에 의하여 경쟁당국과 해당 사업자가 디지털 플랫폼·인터넷·IT·혁신 시장에 특화된 적극적인 해결방안을 이끌어낼 경우, 이는 경쟁당국의 통상적인 제재수단에 비해서 경쟁제한 우려를 더 실효적으로 해결할 수 있다. 그리고 III에서 후술하겠지만, 프랑스 경쟁당국의 동의의결은 시정방안의 내용이 구체적이어서 이행과정에서 경쟁당국과 신청인 사이에 이견이 발생할 여지가 적다.[24)]

(4) 소결

요컨대 프랑스에서의 동의의결 현황을 검토하면, ① 수치상으로 동의의결이 인용된 횟수나 비중이 상당하고, ② 행위 측면에서는 시장에서의 반경쟁적인 행위, 특히 시장지배적지위남용행위가 동의의결의 주요 대상

---

24) 다만, Google 저작인접권 사건의 경우에는 프랑스 경쟁위원회가 배제남용이 아닌 착취남용으로 규율하였기에, 기존의 동의의결과는 달리 시정방안이 주관적 해석의 여지를 상당히 남겨 두고 있고 언론사를 보호하려는 측면도 내포하고 있다. 이는 위 사건에서 구글에게 부과되었던 임시조치 자체가 저작인접권에 기초한 대가라는 가격 설정행위를 주된 대상으로 하고 있고, '선의로 협상하라'라는 추상적인 내용을 담고 있으며, 경쟁위원회가 법의 왜곡·잠탈 내지 부당한 거래조건의 강요를 이유로 시장지배적지위남용행위의 성립을 인정하였기 때문이다.

이었고, ③ 관련분야와 행위자 측면에서는 디지털 플랫폼·인터넷·IT 등 동태적·혁신적인 분야에서 발생한 시장과 산업에 큰 영향을 미치는 거대 다국적 기업의 행위가 문제된 대형 사건에 대하여 동의의결이 인용되고 있으며, ④ 시정방안의 관점에서는 신청인이 이행할 내용이 구체적이고, 특히 경쟁제한 우려를 신속하고 효과적으로 해결하는 방안이 선택되고 금전지급 등의 피해구제·상생지원안은 필수적인 요소가 아니다. 그렇다면 이와 비교할 때 우리나라의 동의의결제도는 어떻게 활용되고 있는지를 검토한다.

2. 우리나라에서의 동의의결제도 활용 현황

(1) 수치상 많지 않고 주로 갑질행위에 편중됨

우리나라에서 동의의결이 인용된 숫자가 많지는 않거니와 그 대상은 거래상지위남용행위 또는 이에 기초한 특별법(소위 '갑질행위') 위반행위에 쏠려 있다. 2025년 8월까지 공정위가 최종적으로 동의의결을 인용한 것은 의결번호 기준으로는 19건이고, 의결일 기준으로는 11일에 그치고 있다.[25]

〈표 2〉 공정위의 동의의결 인용 사건[27]

의결일	사건명	의결번호
25.6.9.	(주)에스엠엔터테인먼트의 불공정하도급거래행위에 대한 건 관련 동의의결에 대한 건	2025-115
	(주)하이브의 불공정하도급거래행위에 대한 건 관련 동의의결	2025-116

25) 최난설헌, 최근 동의의결의 동향과 향후 과제, 532, 534면 참고. 최지필, 앞의 글, 266면 참고. 김형배, "동의의결제도 활용현황 및 활성화방안", 한국경쟁포럼 발표문(2022.3.3), 7면 참고.

의결일	사건명	의결번호
	에 대한 건	
	(주)스타쉽엔터테인먼트의 불공정하도급거래행위에 대한 건 관련 동의의결에 대한 건	2025-118
25.4.18.	(주)코리아세븐의 대규모유통업법 의반행위에 대한 건 관련 동의의결에 대한 건	2025-070
	(주)지에스리테일의 대규모유통업법 위반행위에 대한 건 관련 동의의결에 대한 건	2025-069
	(주)이마트24의 대규모유통업법 위반행위에 대한 건 관련 동의의결에 대한 건	2025-068
	(주)비지에프리테일의 대규모유통업법 위반행위에 대한 건 관련 동의의결에 대한 건	2025-067
24.6.7	(주)한솔의 가맹사업법 위반행위에 대한 건 관련 동의의결에 대한 건	2024-231
24.3.29.	(주)유진종합건설의 불공정하도급거래행위에 대한 건 관련 동의의결에 대한 건	2024-106
22.10.28	스타필드하남의 거래상 지위 남용행우 건에 대한 건 관련 동의의결에 대한 건[26]	2022-275
21.3.16	애플코리아(유)의 거래상지위남용행위 등에 대한 건 관련 동의의결에 대한 건	2021-074
20.5.28	남양유업(주)의 거래상지위남용행위에 대한 건 관련 동의의결에 대한 건	2020-132
16.9.29	에스케이텔레콤(주)의 부당한 광고행위에 대한 건 관련 동의의결에 대한 건	2016-281
	㈜케이티의 부당한 광고행위에 대한 건 관련 동의의결에 대한 건	2016-280
	㈜엘지유플러스의 부당한 광고행위에 대한 건 관련 동의의결에 대한 건	2016-279
15.8.24	마이크로소프트 코포레이션(MS) 및 노키아 코포레이션의 기업결합 제한규정 위반행위에 대한 건 관련 MS의 동의의결에 대한 건	2015-316
14.12.4	에스에이피코리아(주)의 거래상지위 남용행위에 대한 건 관련 동의의결에 대한 건	2014-272

<table>
<tr><th>의결일</th><th>사건명</th><th>의결번호</th></tr>
<tr><td rowspan="3">14.5.8</td><td>네이버(주)의 시장지배적지위남용행위 등에 대한 관련 동의의결에 대한 건</td><td rowspan="2">2014-103</td></tr>
<tr><td>네이버비즈니스플랫폼(주)의 시장지배적지위남용행위 등에 대한 관련 동의의결에 대한 건</td></tr>
<tr><td>(주)다음커뮤니케이션의 시장지배적지위남용행위 등에 대한 건 관련 동의의결에 대한 건</td><td>2014-104</td></tr>
</table>

이와 관련하여 사업자가 동의의결을 신청할 유인이 적다는 점에서 동의의결제도가 비활성화된 원인을 찾는 견해에도 주목할 만하다. 공정위의 동의의결 결정과 사업자의 시정방안 이행 절차는 투명하고 예측가능하며 합리적으로 이루어져야 하는바, 예컨대 동의의결 신청이 기각되어 정식 심의·의결 절차를 거쳐 과징금까지 부과 받았음에도 불구하고, 사업자가 혹시 모르는 불이익에 대한 염려로 공정위에게 종전에 제출하였던 상생지원안을 어쩔 수 없이 이행하고 있는 사례가 늘어난다면 동의의결 신청율이 저하될 수 있다는 것이다.[28] 한편, 공정위 입장에서도 동의의결이 신청되는 것이 자신에게 반드시 유리한 것만은 아닌데, 동의의결 인용시에는 면죄부 부여 논란이 불거질 염려가 있고 동의의결 기각시에는 동의의결 검토 과정에서 처분시효가 진행하여 사건처리 부담이 늘어나는 경우가 있을 수 있기 때문이다.

(2) 사건의 내용: 경쟁제한성과 관련이 적은 사건이 대다수

게다가 위 <표 2>에서 동의의결이 인용된 사건들의 내용을 보면, 경

26) 공정위, 보도자료, "스타필드하남의 동의의결 및 스타필드 3사의 대규모유통업법 위반행위 적발•제재", 2022.11.9.

27) 최난설헌, 최근 동의의결의 동향과 향후 과제, 533면, 김형배, 위의 글, 7면 참고.

28) 최난설헌, 최근 동의의결의 동향과 향후 과제, 533면.

쟁제한성과 관련이 깊은 행위유형이 문제된 사건은 네이버와 다음의 시장지배적지위남용행위 건과 MS와 노키아의 기업결합 건 정도이고, 나머지 사건은 거래상지위남용행위와 그의 특별법(하도급법, 대규모유통업법, 가맹사업법) 위반행위, 부당한 광고행위에 대한 것이어서 경쟁제한적인 행위하고는 거리가 멀다. 예컨대 동의의결이 인용된 '㈜스타필드하남의 거래상지위남용행위 건' 역시 매장에 입점한 임차인들에게 '인테리어 공사기간 중 관리비'를 '정상적인 영업기간 중 관리비'와 동일하게 부과한 행위가 공정위의 조사대상이 되었고 거래상지위남용행위 성립여부가 문제되었다.[29)]

(3) 시정방안: 상생지원안이 중요한 부분을 차지

그리고 우리나라 동의의결 시정방안은 경쟁질서 회복이나 거래질서 회복 외에 피해구제 기금 출연·소비자 후생증진·중소기업 지원·대리점 후생 증대·온라인생태계 지원 등을 망라하는 다양한 '상생지원안'이 중요한 비중을 차지하고 있다.[30)] 예컨대 네이버와 다음의 동의의결 건은, 인터넷 검색서비스 시장 또는 온라인 광고시장에서 시장지배적사업자인 인터넷 포털사업자가 검색 결과와 자사가 제공하는 유료서비스를 구분 없이 제공하고 키워드 광고를 명확히 구분하지 않은 행위 등이 시장지배적지위남용행위 중 부당한 사업활동방해행위에 해당하는지가 문제된 건

29) 공정위, 보도자료, "스타필드하남의 동의의결 및 스타필드 3사의 대규모유통업법 위반행의 적발·제재", 2022.11.9.

30) 공정위, 보도자료, "공정위, 네이버·다음에 동의의결 최종 확정", 2014.3.14. 공정위, 보도자료, "남양유업, 대리점 수수료 관련 동의의결 최종 결절", 2020.5.7. 공정위, 보도자료, "공정위, 애플코리아의 동의의결 최종 확정 - 1000억원 규모의 소비자·중소사업자 상생지원안 포함-", 2021.2.4. 공정위, 보도자료, "스타필드하남의 동의의결 및 스타필드 3사의 대규모유통업법 위반행위 적발·제재", 2022.11.9.

이므로, 일반적인 심의·의결 절차를 거쳤다면 시장에서의 경쟁제한 우려를 중심으로 판단되었을 것에도 불구하고, 동의의결 결정에서는 금전지급을 포함한 상생지원안이 중요한 위치를 차지하였다.[31)]

〈표 3〉 네이버 동의의결 사건의 시정안

대상행위	시정안
자사 유료서비스 제공 (책, 뮤직, 영화, 가격비교, 부동산)	① 서비스명칭에 '회사명' 표기(예: 네이버부동산) ② 자사 서비스라는 안내 문구 명확히 표기 ③ 경쟁사업자 외부 링크 우측상단에 상시노출
키워드광고의 불명확한 구분	① 광고영역에 '…관련된 광고' 라는 문구 상시 표시 ② 광고노출 기준에 관한 안내문 제시 ③ 광고영역에 음영처리
대행사 이관제한 정책	이관제한 정책 폐지
네트워크 광고 우선협상권	우선협상권 조항 즉시 삭제
계열사 인력파견	파견상태 해소 또는 인력지원계약 체결
상생지원안 (3년간 1,000억원)	① 공익법인 설립 및 기금출연(3년간 200억 원) - 부당표시광고 모니터링, 분쟁조정, 정책연구 수행, 중소사업자 긴급구제자금 대출, 소비자피해신고센터 운영 등 ② 소비자 후생제고와 상생지원 사업 집행(3년간 300억 원) - 소비자 교육, 공익캠페인, 중소사업자 홍보 및 판로 지원 등 ③ 중소상공인 희망재단 연계 운용(500억 원) - 희망재단에 출연계획인 500억 원 대하여 위 공익법인과 상호협력관계를 구축하여 공정경쟁질서 확립 및 중소업체 상생지원에 사용

31) 공정위, 보도자료, "공정위, 네이버·다음에 동의의결 최종 확정", 2014.3.14.

(4) 소결

요컨대 우리나라에서는 ① 일단 수치상으로 동의의결이 인정된 횟수와 비중이 많지는 않고, ② 행위 측면에서는 반경쟁적인 행위보다는 거래상지위남용행위나 하도급법·대규모유통업법·가맹사업법 위반행위가 주요 대상으로 부각되고 있고, ③ 관련분야와 행위자 측면에서는 디지털 플랫폼·인터넷·IT 등 동태적이고 혁신적인 분야에서 발생한 거대 다국적 기업의 시장지배적지위남용행위와 같이 시장과 산업에 큰 영향을 미칠 수 있는 대형 사건에 있어서는 막상 주목할 만한 동의의결 인정 사례가 나오지 않고 있으며,[32] ④ 시정방안의 관점에서는 경쟁질서 내지 거래질서 회복도 추구하고 있기는 하지만, 금전 지급이 수반되는 '상생지원안'이 중요한 비중을 차지하고 있다.

이와 관련하여 네이버·다음 사건이나 애플 코리아 사건의 경우 신청인이 주요 플랫폼·IT기업이므로 우리나라에서도 동태적 시장에서의 경쟁질서에 관한 동의의결이 행해졌다고 볼 여지도 있다.[33] 그런데 네이버·다음 사건의 경우 시장지배적지위남용행위와 관련이 있기는 하지만, 시정방안에 있어서 소비자와 중소사업자에 대한 혜택을 제공하는 상생지원안이 중요한 지위를 차지하고 있고, 경쟁질서 회복방안도 "… 표기", "…노출", "… 제시"와 같은 이용자의 오인가능성이 중심이라는 점에서 이를 통하여 시장에서의 경쟁제한성과 관련이 깊은지는 의문이다. 그리고

32) 공정위 역사상 가장 많은 액수의 과징금이 부과되었던 퀄컴 인코포레이티드 등의 시장지배적지위남용행위 사건(공정위, 의결 제2017-25호, 2017.1.20.)에서도 퀄컴 인코포레이티드 등은 공정위에 동의의결절차 개시신청을 하였으나 공정위는 동의의결로 처리하는 것이 바람직하지 않다면서 이를 기각하였다(공정위, 의결 제2016-063호, 2016.12.15.).

33) 우리나라에서 그 동안 동태적 시장에서 동의의결이 많이 내려졌다는 견해로는, 구성림, 앞의 글, 192면.

애플코리아 사건도 불공정성이 중심을 이루는 거래상지위남용행위 여부가 문제된 건으로서, 거래상대방이 속한 이동통신서비스제공 시장은 정부의 인허가와 관련이 깊고 기간설비가 필요하여 시장에 신규 진입하기 어려운 과점시장이고 사업자별 시장점유율의 변화가 적은 정태적인 시장이며 시정방안에 있어서도 비용분담과 상생안이 중시되고 있기 때문에, 동 사건을 동태적 시장에서의 경쟁질서 회복을 위한 동의의결의 전형적인 예로 분류하기는 쉽지 않다고 생각한다.[34)]

II. 현행 동의의결제도의 문제점과 개선방안

위와 같이 우리나라에서는 경쟁제한적인 행위에 대해서는 동의의결제도의 활용도가 낮고 갑질행위에 대해서 주로 활용되고 있으며, 상생지원안이 시정방안의 핵심을 차지하게 된 원인은 무엇일까. 이하에서는 먼저 선행 연구에서 지적되어 온 우리나라 동의의결제도의 문제점을 정리하고 필자의 견해를 덧붙인다(1). 이어서 동의의결 시정방안에 있어서 비례성과 필요성의 의미를 정립한 후 이를 토대로 '동태적 시장에 관한 미래지향적 약속'이라는 관점에서 동의의결 제도를 개선하는 방안을 제시한다(2). 논의의 목표는 동의의결 시정방안이 시정조치나 제재와 균형을

34) 위 사건에서는 이통사들로부터 광고비용과 보증수리 촉진비용을 지급받은 행위, 이통사에 대하여 특허권 라이선스 조건과 일방적인 계약해지 조항을 설정한 행위, 이통사의 단말기 소매가격 결정과 광고 관련 활동에 관여한 행위가 문제되었고, 적용된 조문도 구 공정거래법 제23조 제1항 제4호의 거래상지위남용행위(이익제공강요, 불이익제공, 경영간섭)이고, 경쟁질서 회복을 위한 시정방안에 있어서도 광고기금 조항, 최소보조금 조항과 같은 비용분담 문제가 주를 이루면서 1000억원에 이르는 상생방안이 중요한 위치를 차지하고 있다(공정위, 의결 제2021-074호, 2021.3.16).

요할 것을 요구하는 공정거래법 규정을 개선하고, 동의의결제도에 있어서 피해구제의 의미와 위치를 재고하는 것이다.

1. 동의의결제도의 활용을 저해시킨다고 지적받아 온 사항들

우리나라에서는 동의의결 제도의 도입 추진 당시부터 동 제도에 대한 비판이 많이 제기되었다. 예를 들어 경쟁당국과 사업자간의 합의에 의하여 불법판단 없이 사건을 중도에 종결하는 제도는 형사절차상 영미법계의 유죄협상과 비슷하여 우리나라의 법체계에 잘 부합하지 않을 수 있고 국민의 법감정과 부합하지 않는 면이 있으며 특히 동의의결이 기업에 대한 '면죄부' 내지 봐주기 수단으로 악용될 가능성이 있다는 것이다.[35] 이러한 염려를 불식시키기 위하여 공정거래법은 동의의결 인정 요건이나 적용 대상을 엄격하게 통제하게 되었고 이 과정에서 동의의결제도의 본질적인 성격과는 어울리지 않는 내용들이 법 조항에 삽입되게 되었다. 이하에서는 그 대표적 예인 '시정조치나 제재와 균형을 이룰 것'이라는 요건부터 논의를 시작한다.

(1) '시정조치나 제재와 균형을 이룰 것'을 요구

공정거래법 제89조 제3항은 시정방안과 관련된 동의의결의 요건과 관련하여, 첫째로, 법위반행위를 한 사업자가 동의의결을 통해 제재를 면

35) 이봉의, 앞의 책, 1305면, 신현윤, 「경제법」, 법문사(제8판, 2020), 385면. 유진희·최지필, "공정거래법상 동의의결 제도의 내용과 문제점 검토", 「고려법학」, 고려대법학연구원(제64호, 2012), 371면. 최승재, "동의의결제 입법이후 적용사례로 본 입법상 보완필요성", 「인권과 정의」, 대한변호사협회(제447호, 2015), 122면. 송태원, "공정거래법상 동의의결제를 통한 경쟁규제집행의 책임성 확보 방안", 「안암법학」, 안암법학회(제56권, 2018), 51-52면 참조.

탈하는 것을 방지한다는 취지에서 "해당 행위가 공정거래법을 위반한 것을 판단될 경우에 예상되는 시정조치, 그 밖의 제재와 균형을 이룰 것", 둘째로 "공정하고 자유로운 경쟁질서나 거래질서를 회복시키거나 소비자, 다른 사업자 등을 보호하기에 적절하다고 인정될 것"을 동시에 요구하고 있다. 이중에서 특히 첫 번째 요건인 '제재와의 균형'은 그동안 많은 논란의 대상이 되어 왔는데, 이에 대해서는 동의의결제도에 대한 부정적인 시선이 여전한 상황에서 동의의결이 면죄부 부여 수단으로 남용되지 않도록 하는 최소한의 장치가 필요하고 이를 삭제하는 것에는 신중할 필요가 있다는 입장도 있다.[36)]

하지만 동의의결의 시정방안이 법위반행위 판단시 예상되는 제재와 균형을 이루라는 것은 법위반여부를 확정하지 않고 사건을 종료하는 동의의결의 본질과 부합하지 않을 뿐만 아니라 이로 인하여 동의의결 제도의 활용이 저해될 수 있으므로 이는 삭제할 필요가 있다는 견해가 많고,[37)] 필자도 이론적인 관점에서 제재와의 균형 조항을 개선하여야 한다고 생각한다. 동 조항에 대한 구체적인 개선방안은 아래에서 상술한다.

---

36) 구성림, 앞의 글, 195, 196면. 송태원, 공정거래법상 동의의결제를 통한 경쟁규제집행의 책임성 확보 방안, 68면.

37) 유진희·최지필, 앞의 글, 377-379면. 이봉의, 앞의 책, 1318-1319면. 황태희, 앞의 글, 112면. 정완, 앞의 글, 465면. 박세환, 혁신으로 인한 결과물의 경쟁사업자와의 공유문제, 553면. 또한, '제재와의 균형' 규정으로 인하여 등의의결 신청시점과 판단시점이 뒤로 늦어지고 있고 그 결과 신속한 조치라는 동의의결의 장점이 퇴색되고 있다는 지적이 있다. 최난설헌, 최근 동의의결의 동향과 향후 과제, 532, 537면.

(2) 고발, 부당한 공동행위와 동의의결

1) 고발요건 해당과 동의의결

이어서 공정거래법상 동의의결의 대상에 대해서 언급하면, 공정거래법 제89조 제1항 제2호는 고발요건(법 제129조 제2항)[38]에 해당하는 명백하고 중대한 법위반행위의 경우에는 공정위는 동의의결을 하지 아니하고 이 법에 따른 심의절차를 진행하여야 한다고 규정하고 있다. 물론 경제질서나 경쟁에 있어서 매우 중대한 해를 끼친 행위를 동의의결의 대상으로 삼기에는 바람직하지 않으므로 이에 대해서는 정식의 심의절차를 진행하여 제재를 할 필요성이 있다. 그리고 동의의결제도의 운영에 있어서는 공정거래법에 존재하고 있는 전속고발권도 감안하여야 할 것이다.

하지만 그렇다고 해서 현행법과 같이 동의의결 대상 제외 여부를 검찰고발 요건 충족 여부와 직접적으로 결부시킬 필연적인 이유가 있는지는 의문이다. 왜냐하면 특정한 행위에 대해서 형벌을 부과해야 하는지와 동

---

38) 제129조(고발)

① 제124조 및 제125조의 죄는 공정거래위원회의 고발이 있어야 공소를 제기할 수 있다.

② 공정거래위원회는 제124조 및 제125조의 죄 중 그 위반의 정도가 객관적으로 명백하고 중대하여 경쟁질서를 현저히 해친다고 인정하는 경우에는 검찰총장에게 고발하여야 한다.

③ 검찰총장은 제2항에 따른 고발요건에 해당하는 사실이 있음을 공정거래위원회에 통보하여 고발을 요청할 수 있다.

④ 공정거래위원회가 제2항에 따른 고발요건에 해당하지 아니한다고 결정하더라도 감사원장, 중소벤처기업부장관, 조달청장은 사회적 파급효과, 국가재정에 끼친 영향, 중소기업에 미친 피해 정도 등 다른 사정을 이유로 공정거래위원회에 고발을 요청할 수 있다.

⑤ 공정거래위원회는 제3항 또는 제4항에 따른 고발요청이 있을 때에는 검찰총장에게 고발하여야 한다.

의의결로 처리함이 적절하지 아니한지는 다른 영역에 속하고 이에 대해서는 다른 판단이 내려질 수도 있기 때문이다.[39] 다시 말하면 동의의결을 하지 말아야 할 것인지는, 공정위가 예를 들어 '해당 행위가 경제질서에 현저한 해를 가하고 중대한 경쟁제한 폐해를 발생시켰는지'와 같은 기준에 따라 판단하면 된다고 생각한다. 참고로 동의의결에 관한 프랑스 상법 L.464-2, I은 이에 관하여 명문 규정을 두고 있지는 아니하지만, 프랑스 경쟁위원회는 결정례에서 "경제적 공공질서를 현저하게 침해하는 행위에 대해서는 동의의결 절차를 진행하지 아니하고 금전적 제재를 가한다"는 입장을 취하고 있다.[40] 마찬가지로 우리나라 공정거래법도 경제나 시장에 미치는 폐해가 현저하게 큰 행위에 대해서는 동의의결을 하지 않는다고 조문에서 규정하는 것이 나아 보이고, 이를 굳이 검찰고발 요건 규정과 결부시킬 필요성은 많지 않아 보인다. 또한, 동의의결 결정 전 검찰총장과의 협의의무(법 제90조 제3항) 역시 형사처벌을 염두에 두지 않은 사안에 대해서까지 불필요한 협의를 거치도록 하여 동의의결의 실효성을 저해할 우려가 있다.[41] 공정위가 매년 검찰에 고발하는 공정거래법 사건의 숫자가 적지 않은 상황에서,[42] 고발요건 충족시 동의의결 불가 규정과 동의의결 결정 전 검찰총장과의 협의 규정은 위원회가 동의의결을 적극적으로 인용하는 것을 또다시 주저하게 만들 수 있다.

---

39) 비슷한 취지로 형벌 부과의 필요성 및 판단기준과 동의의결의 필요성 및 판단기준은 별개라는 지적이 있다. 구성림, 앞의 글, 191-192면.

40) Aut. conc., déc. n°09-D-32 du 26 oct. 2009. Louis Vogel, *op. cit.*, p.1002.

41) 이봉의, 앞의 책, 1310-1311면.

42) 공정위가 법 제129조 제2항에 기초하여 고발한 사건 수는 2018년 84건, 2019년 82건, 2020년 37건이다. 공정위, "2021년판 공정거래백서", 2022, 78면.

2) 부당한 공동행위와 동의의결

또한 공정거래법 제89조 제1항은 제40조 제1항의 부당한 공동행위에 대해서는 동의의결을 하지 아니하고 일반적인 심의절차를 진행하도록 하고 있다. 그런데 법 제40조 제1항이 "계약·협정·결의 또는 그 밖의 어떠한 방법으로도 다른 사업자와 공동으로 부당하게 경쟁을 제한하는 다음 각 호의 어느 하나에 해당하는 행위"라고 부당한 공동행위를 포괄적으로 정하고 있기 때문에, 일단 부당한 공동행위에 해당하면 공동행위의 대상, 태양, 결과를 불문하고 동의의결을 진행하기 어렵게 된다.

사견으로는 부당한 공동행위 전체를 동의의결 대상에서 제외하기보다는, '경제질서에 현저한 해를 가하고 중대한 경쟁제한 폐해를 발생시켰는지'의 기준에 따라 공정위가 공동행위 사안별로 동의의결 절차 개시 여부를 판단할 여지를 남겨 두는 방안도 고려할 만하다. 예컨대 특정 지역을 배경으로 영세사업자들이 행한 매우 작은 규모의 공동행위나, 농수산식품·해운·금융보험업과 같이 산업적 특수성이 강한 분야에서 발생한 공동행위에 대해서는 경쟁당국이 동의의결을 통하여 신속하게 경쟁질서를 회복하면서 해당 사업자들에게 과징금이나 시정조치를 가하지 아니하고 사건을 종료할 현실적인 필요가 있을 수 있다.[43] 물론 위와 같은 필자의 의견에 의하더라도, 부당한 공동행위 사건이 동의의결로 종결된다는 것은 상당히 특수한 사례에 한정될 것이고 실제로도 드물 것이다.

참고로 프랑스 경쟁위원회는 수평적인 가격 담합에 대해서는 동의의결로 처리하지 아니하고 과징금을 부과하는 입장을 취하다가, 이를 변경

---

43) 카르텔을 일괄적으로 동의의결 대상에서 제외하는 것에 대해서 문제를 제기하고, 연성카르텔의 경우 담합의 증명이 어려울 수 있어 동의의결을 통한 해결일 효율적일 수 있다는 견해로는, 이봉의·김건식·복홍석, "동의의결제도의 규범적 정당성 및 실효성에 관한 연구", 「한국공정거래조정원 연구보고서」, 2015, 53면. 권오승·서정, 「독점규제법 이론과 실무」, 법문사(제5판, 2022), 756면.

하여 현재는 문제된 행위사실의 성격과 행위로 인한 결과를 고려할 때 동의의결이 경쟁을 유지하고 회복함에 있어서 특히 적합하다고 판단될 경우에는 동의의결을 할 수 있다는 유연한 태도를 보이고 있다. 예컨대 프랑스 은행들이 타은행 계좌이체 수수료를 담합한 사건에서, 경쟁위원회는 은행들이 조속히 위 수수료를 없애겠다는 내용의 동의의결을 받아들인 바 있다.[44]

2. 동의의결 제도의 개선방안

이하에서는 동의의결 제도를 '동태적 시장에 관한 미래지향적인 약속'이라는 관점에서 주시하고, 동의의결 시정방안에서의 '필요성'과 '비례성'에 대해서 탐구해 본다. 이 문제는 동의의결 인용시의 시정방안에 있어서 '경쟁질서 회복'과 '피해구제'의 관계를 어떻게 설정할 것인지 와도 관련이 있다. 아래에서는 미래지향적이고 명확하고 무거운 약속이라는 관점에서 프랑스의 동의의결제도를 언급하고, 상대적으로 과거지향적인 보상·구제 측면이 중시되는 우리나라의 동의의결제도에 대하여 검토한다.

(1) 미래지향적인 명확하고 무거운 약속의 관점에서: 프랑스

1) 신속하게 경쟁을 회복하겠다는 미래지향적인 약속

위에서 본 것처럼 유럽과 프랑스 경쟁당국은 디지털 플랫폼·IT·인터넷·혁신 시장에서 발생한 거대 사업자의 반경쟁적인 행위 사건들을 과감하게 동의의결로 마무리하였다. 프랑스는 우리나라와 비슷하게 정부가 공권력을 통하여 사인간의 거래에 개입하는 경향이 있고 사업자간 불

44) Aut. conc., déc. n°12-D-17 du 5 juillet 2012. Louis Vogel, *op. cit.*, p.1003.

공정거래행위에 대해서 많은 주의를 기울인다는 특성이 있음에도 불구하고, 프랑스에서는 동의의결을 과거지향적인 피해구제, 약자 보호수단 내지 제재수단의 관점에서 보고 있지 아니하다. 즉, 프랑스어로 동의의결은 약속절차(procédure d'engagement)이라고 불리는데, 신청인은 경쟁당국과 약속한 경쟁질서를 회복시킬 적절한 방안을 신속하고 적절하게 이행할 의무를 부담하게 되고 경쟁당국은 이를 전제로 법위반행위 해당 여부를 확인하지 아니하고 사건을 종료하게 된다. 여기에서 약속의 내용은 이미 발생한 경쟁제한 우려를 신속하게 종료시킬 수 있는 방안을 지체 없이, 충실하게 실행하겠다는 것이고, 이에 비하여 신청인이 자신의 행위로 피해를 입은 사업자나 소비자에게 보상을 해주고 피해를 구제하는 것은 약속의 내용에 포함되지 않는다.[45]

관련 조문을 살펴보면, 동의의결에 관한 프랑스 상법 L.464-2, I[46]은, 경쟁당국은 사업자 혹은 단체가 제시한 약속이 반경쟁적인 행위로 의심되는 행위로 인한 경쟁제한 우려를 확실하게 없앨 수 있을 경우에 약속을 받아들일 수 있다고 규정하고 있다. 이처럼 프랑스 상법상 동의의결의 대상은 반경쟁적인 행위에 국한되고 소위 말하는 불공정거래행위는 이에 포함되지 아니한다. 또한, 동의의결의 인정요건도 시정방안의 경쟁

---

45) Louis Vogel, *op. cit.*, p.1001, 1002. Daniel Mainguy, Malo Depincé et Mathilde Cayot, 「Droit de la concurrence」, LexisNexis, 3ème édi., 2019, p.379-380. Aut. conc., Communiqué de press relative aux engagements en matière de concurrence, le 2 mars 2009.

46) Code de commerce L.464-2, I L'Autorité ... peut aussi accepter des engagements, d'une durée déterminée ou indéterminée, proposées par les entreprises ou associations d'entreprises et de nature à mettre un terme à ses préoccupations de concurrence susceptibles de constituer des pratiques prohibées visées aux articles L. 420-1 à L. 420-2-2 et L. 420-5 ou contraires aux mesures prises en application de l'article L. 410-3.

우려 해소 여부이고[47] 우리나라 공정거래법(제89조)과 같이 '다른 사업자나 소비자를 적절하게 보호하는지' 내지 '제재와 균형을 이루는지' 여부는 인정요건이 아니다. 프랑스 판례 역시 "동의의결 절차는 경쟁위원회가 시장에서의 경쟁이 작동되도록 한다는 자신의 임무를 수행할 수 있도록 하는 수단 중 하나인데… 이는 불만을 제기하는 일방의 요구를 충족시켜 주기 위해서가 아니라 경쟁을 저해할 우려가 있는 상황을 종료시키기 위해서이다"[48]라고 판시하였다.[49] 이처럼 프랑스 상법과 판례가 시장에서의 경쟁질서 회복 여부를 중심으로 동의의결 인정 여부를 결정하도록 한 것은, 프랑스 경쟁위원회는 시장에서의 경쟁을 저해하는 반경쟁적인 행위를 방지하고 제재하는 역할에 집중하고, 거래당사자간 힘의 차이에서 주로 기인하는 불공정거래행위를 직접 적발하고 제재하는 역할은 다른 기관(경제부 내 DGCCRF)이 주로 행하도록 하는 프랑스 법집행 체계와도 관련이 있다.

2) 명확하고 무거운 약속

프랑스 경쟁위원회의 동의의결 결정의 또 다른 특징을 언급하면 약속(시정방안)의 내용이 구체적이어서 이행과정에서 경쟁당국과 신청인 간에 이견이 발생할 여지가 적다는 점이다. 예컨대, 위 II. 1에서 언급한 네스프레소 사건에서 도출된 경쟁제한 우려 해소 방안은 아래 <표 4>와 같이 그 내용이 강력할 뿐만 아니라 시정방안의 내용이 구체적이고 명확하다.[50] 그리고 프랑스 상법은 신청인의 약속이행을 담보하기 위하여,

47) Marie Maurie-vignal, 「Droit de distribution」, Sirey, 3ème édi., 2015, p.281 참고.
48) Cour d'appel de Paris, pôle 5, 19 déc. 2013, n°202.
49) 박세환, 혁신으로 인한 결과물의 경쟁사업자와의 공유문제, 546-553면.
50) 박세환, 혁신으로 인한 결과물의 경쟁사업자와의 공유문제, 532면 이하.

신청인이 동의의결 약속을 미이행한 경우 프랑스 경쟁위원회는 전세계 일일 평균 매출액의 5%의 한도 내에서 이행강제금을 부과할 수 있도록 하고 있다(프랑스 상법전 L. 464-2, I, II, L. 464-3). 따라서 거대 다국적 기업이 프랑스 경쟁위원회와의 동의의결 약속을 계속 지키지 않을 경우 부과될 수 있는 이행강제금의 상한은 매우 높다. 프랑스의 경우 경쟁위원회의 조사부서가 신청인의 자료를 근거로 약속 이행여부를 판단하는 바, 약속 자체가 명확하고 무겁다면 경쟁위원회가 시정방안의 이행을 관리하기가 용이할 것이다.

〈표 4〉 네스프레소 동의의결 사건의 시정방안

	시 정 안
기술적 장벽 제거	① 네스프레소는 새로운 커피머신 모델에 관한 생산 개시결정을 파트너 머신 제조사에게 내린 후 지체없이 호환캡슐 사업자에게 머신의 기술적 변경에 관한 정보를 제공하고, 이러한 정보제공은 최소한 새로운 머신이 시장에 유통되기 4개월 전에 행하여야 함 ② 기술적 정보의 교환을 계기로 네스프레소의 영업기밀과 기술이 경쟁사업자에게 유출되는 것을 막기 위해 정보제공을 관리할 제3의 매개체를 구성함 ③ 네스프레소는 위 제3의 매개체를 통하여 자신의 새로운 커피머신 모델의 시제품 최소 15대를 호환캡슐 제조사에게 제공함
법적 장벽, 마케팅 장벽 제거	① 네스프레소 머신과 관련된 모든 문서(보증서 포함)에서 경쟁 호환캡슐에 대해서 언급했던 내용을 전부 삭제함 ② 언론이나 자신의 'Club Nespresso' 등에서 다른 경쟁 호환 캡슐에 대해서 일절의 언급을 하지 않기로 함

※ 비고: 위 시정방안에는 호환캡슐 제조자나 소비자에게 금전을 지급하는 내용이 없음

(2) 시정방안은 경쟁질서 회복뿐만 아니라 피해구제도 동시에 강조, 주관적인 시정방안과 불충분한 이행강제금: 우리나라

동의의결의 '시정방안'은 동의의결제도의 의의와 직결되고 그 운영에 있어서 핵심적이고 근본적인 사항이다. 따라서 동의의결 시정방안의 '필요성'과 '비례성'에 대한 개념을 검토하고, 동의의결의 시정방안은 경쟁질서 회복과 피해구제를 항상 동시에 추구해야 하는지에 대해서 고민해본다. 추가적으로 동의의결 시정방안은 구체적이고 명확하여야 하며 이행강제금은 이행을 담보하기에 충분한 금액이어야 한다는 점을 덧붙인다.

1) 공정거래법에 의한 시정조치 부과의 일반원칙

동의의결의 시정방안에 대해서 논하기에 앞서, 공정거래법에 의한 시정조치 부과의 일반원칙을 간략히 살펴본다. 공정거래법에 의한 시정명령이 지나치게 구체적인 경우 매일 다소간의 변형을 거치면서 행해지는 수많은 거래에서 정합성이 떨어져 결국 무의미한 시정명령이 되므로 시정명령은 그 본질적인 속성상 다소간의 포괄성·추상성을 띨 수밖에 없다.[51)]

이와 동시에 공정위의 시정조치는 당해 법위반행위를 시정함에 있어서 효과적이어야 하고, 시정조치는 당해 법위반행위의 위법성 판단과 연관되도록 명하여져야 하며, 시정조치는 당해 법위반행의의 내용과 정도에 비례하여야 한다. 그리고 시정조치의 내용은 피심인이 이해할 수 있도록 분명하고 구체적이어야 하며, 시정조치는 피심인이 사실상·법률상 이행하는 것이 가능한 선에서 부과되어야 한다.[52)]

51) 대법원 2013.4.25. 선고 2010두25909 판결.

52) 신영수, "영화산업 개편 수단으로서 구조적 시정조치의 타당성에 관한 검토", 「법학논총」, 국민대법학연구소(제29권 제1호, 2016), 348면.

2) 동의의결 시정방안의 '필요성'과 '비례성'

그리고 사업자가 적절한 시정방안을 제시하면 경쟁당국이 법위반행위 여부를 확인하지 아니하고 사건을 중도에 종료하는 동의의결 제도의 속성을 감안할 때, 동의의결 제도의 시정방안은 공정위가 법위반행위에 대해서 부과하는 일반적인 시정명령과 비교하여 보다 유연하고 적극적인 내용을 담을 수 있다는 장점이 있다.[53] 그렇지만 동의의결의 시정방안 역시 '필요성'과 '비례성'이라는 시정조치 부과에 있어서의 기본적인 일반 원칙에서 지나치게 멀어져서는 곤란하다고 생각한다. 따라서 동의의결의 시정방안은 대상행위로 인하여 발생한 경쟁질서·거래질서훼손 우려를 해소하는데 있어서 필요한 것이어야 하고(필요성), 대상행위로 인하여 발생한 경쟁질서·거래질서 훼손 우려를 해소함에 있어서 충분한 것이어야 하지만 지나치게 과도해서는 안 된다는 점에서 균형을 유지하는 것이 바람직하다(비례성).

이러한 관점에서 보면, 현행 공정거래법이 동의의결의 시정방안은 공정거래법 위반으로 판단될 경우 예상되는 제재와 균형을 이루어야 한다고 규정하고 있는 것은 동의의결에 있어서 균형(비례성)의 본래 의미와 잘 어울리지 아니한다. 재차 강조하지만 동의의결의 시정방안은 법위반으로 판단될 경우 예상되는 시정조치 내지 제재와 균형을 이루어야 하는 것이 아니라, 해당행위로 인하여 유발된 경쟁질서·거래질서 훼손 우려와 균형을 이루어야 한다고 생각한다. 그리고 동의의결의 시정방안, 특히 상생지원안에 있어서 동의의결 대상행위와 관련이 적은 내용이 주요한 자리를 차지할 경우에는 필요성 측면에서 문제가 생긴다.

참고로 프랑스 동의의결 절차 지침은 시정방안은 인지된 경쟁제한 우려를 제거함에 있어서 필요하고 충분한 것이어야 한다고 규정하고 있는

---

53) 이봉의, 앞의 책, 1307면 참고.

바[54], 이는 해당 행위로 인한 경쟁제한 우려 해소와 무관하거나 이를 넘어서는 과도한 내용이 동의의결 시정방안에 담겨서는 안 된다는 것을 뜻한다. 마찬가지로 프랑스 경쟁위원회도 결정문에서 시정방안을 통하여 해소하고자 하는 경쟁우려의 성격이 무엇이던지 간에 그 시정방안은 필요하고 비례성을 유지해야 하고, 예비평가에서 나타난 경쟁우려를 넘어서는 시정방안을 요구해서는 아니 된다고 지적하였다.[55] 아래에서는 구체적인 사례를 보면서 비례성과 필요성의 의미를 확인한다.

3) 경쟁질서 회복 방안에 상생지원안을 가미

우리나라의 동의의결에는 경쟁질서의 회복이나 거래질서의 적극적인 개선을 위하여 필요한 시정방안 뿐만 아니라 소비자나 다른 사업자 등의 피해를 구제하거나 예방하기 위하여 필요한 시정방안들이 포함되는 경향이 있다.[56] 후자는 상생지원안이라고도 불리는데, 예를 들어 애플코리아 사건에서의 상생지원안의 내용을 살펴보면 아래 〈표 5〉와 같다.

〈표 5〉 애플코리아 상생지원안[57]

지원분야 및 금액	주요내용
1) 중소기업 지원을 위한 제조업 연구개발(R&D) 지원센터 설립	ㅇ 한국 중소기업의 스마트 제조업 역량 강화를 위한 연구개발(R&D) 지원센터 설립 및 운영 ㅇ 중소기업들이 스마트 공정과 관련된 최신 장비를 경험할 수 있도록 하며 신청인측 전문 인력이 직접 참여하여 교

54) Aut. conc., Communiqué de procédure du 2 mars 2009 relatif aux engagements en matière de concurrence, point 34.

55) Aut. conc., déc. n°11-D-20 du 16 déc. 2011. Louis Vogel, *op. cit.*, p.1006.

56) 법 제89조 제2항 제2호, 제3호, 제3항 제2호.

57) 공정위, 보도자료, "공정위, 애플코리아의 동의의결 최종 확정 - 1000억원 규모의 소비자·중소사업자 상생지원안 포함-", 2021.2.4.

지원분야 및 금액	주요내용
(400억원)	육 및 협업 실시
2) 디벨로퍼 아카데미를 통한 미래 인재 양성(250억원)	○ 4차 산업혁명에 필요한 유능한 정보통신기술(ICT) 인재 양성 ○ 학생들에게 인공지능(AI), 소프트웨어 개발, 비즈니스, 마케팅, 디자인, UI, UX 교육 프로그램을 제공하고 사업체들과의 네트워킹 지원
3) 공교육 분야 디지털 교육 지원 (100억원)	○ 혁신학교와 교육 사각지대에 있는 초·중등학교 및 학생들에게 디지털 기기와 콘텐츠를 제공하고, 공공시설(도서관 등) 등에 창의적 디지털 콘텐츠 교육 지원 ○ 위와 같이 제공된 기기에 대해서는 파손을 대비하여 AppleCare+ 2년 무상제공
4) 소비자 편익 증대 -유상수리 비용 및 AppleCare+ 할인 (250억원)	○ 기존 아이폰 사용자에 대해 유상수리 비용 10% 할인 ○ AppleCare+를 구입하는 아이폰 사용자에게 10% 할인 제공 ○ AppleCare+나 AppleCare를 이미 구입한 아이폰 사용자들에 대해 10% 환급

이 사건에서 동의의결의 대상이 된 행위는 행위유형상으로는 거래상 지위남용행위이고, 구체적으로는 ① 이동통신사들로부터 광고비용과 보증수리 촉진비용을 지급받은 행위, ② 이동통신사에 대하여 특허권 라이선스 조건과 일방적인 계약해지 조항을 설정한 행위, ③ 이동통신사의 단말기 소매가격 결정과 광고 관련 활동에 관여한 행위이다.[58)]

그런데 위 상생지원방안들 중에서 1) 중소기업을 위한 연구개발 지원센터 설립, 2) 미래 인재 양성, 3) 디지털 공교육 지원 지원 방안의 경우 장기적인 관점에서 관련 산업의 생태계 조성에 있어서 도움은 되겠지만, 이 사건의 동의의결 대상 행위들과 얼마나 관련성이 있는지 의문이다. 즉, 설령 상생지원안이라고 하더라도 애플코리아와 거래상대방인 이동통

58) 공정위, 전원회의 의결, 제2021-074호, 2021.3.16, 8-11면.

신사 사이의 거래와 관련이 있는 내용들을 담고 있어야 할 것인데, 위 1), 2), 3)의 상생지원안은 애플코리아와 이통통신사 간의 거래질서의 회복과 깊은 연관이 있다기보다는, 정부나 지방자치단체가 예산을 투입하여 장기적으로 추진할 정책과제에 가까워 보인다.[59] 또한, 법 제89조는 상생지원안과 관련하여 "소비자, 다른 사업자 등을 보호하기에 적절하다고 인정될 것"(제3항 제2호)이라고 규정하고 있는 바, 위 1), 2), 3) 시정방안은 소비자나 다른 사업자 보호와 가깝다고 보기도 어렵다. 게다가 위의 사용처와 지원금액은 어떠한 근거와 기준에 의하여 정해진 것인지도 불명확하다. 이에 대해서는 '시정조치나 제재와 균형을 이룰 것을 요구하는 조항'과 관련이 있다는 정도의 추측이 가능할 뿐이다. 요컨대 위 시정방안들은 동의의결 시정방안에 있어서의 필요성·비례성 개념에 잘 부합하지 아니한다.

4) 동의의결에 있어서 피해구제와 상생지원안

이어서 우리나라 동의의결제도에 있어서 중요한 특징을 이루고 있는 피해구제에 대해서 검토한다. 논리적으로 볼 때 경쟁질서 침해가 우려되는 반경쟁적인 행위에 관한 사건에서는 동의의결 결정 내용도 경쟁을 회

---

59) 이 문제와 관련하여 위 공정위 의결서 22, 23면은, "우선 "제조업 R&D 지원사업"은 제조업을 영위하는 국내 중소기업들이 스마트 공정과 관련된 최신 장비를 경험하면서 역량을 강화하여 4차 산업혁명 시대에 부합하는 스마트 제조산업 발전에 기여할 수 있을 것으로 기대된다. 또한 "디벨로퍼 아카데미 설립 및 운영"은 실무기술을 활용한 문제해결 능력, 경영능력, 마케팅능력의 배양을 통해 스타트업 창업에 관심이 있는 유능한 기업가를 양성하고 더 나아가 세계시장 진출에 도움이 될 수 있을 것으로 기대된다. 다음으로 "공교육 분야의 디지털 교육지원"은 공교육의 디지털 교육과정을 강화하고 원격교육에서 소외되어 있는 취약계층이나, 도서·산간지역의 아동, 학생, 학교의 디지털 생활 격차를 좁히는 데 기여할 수 있을 것으로 기대된다"라고 기재하였다.

복하는 조치가 담겨지고, 불공정성이 부각되는 거래상지위남용행위에 관한 사건에서는 그 결정 내용에는 거래질서를 회복하고 거래상대방 내지 소비자를 보호하는 조치가 들어가도록 구분하는 것이 정연할 것이다. 이 경우 위에서 검토한 동의의결 시정방안에 관한 필요성 원칙에도 잘 부합하게 된다.

그런데 우리나라 동의의결 결정 내용을 보면, 해당 행위의 위법성이 경쟁제한에 관한 것인지 아니면 불공정에 관한 것인지, 그리고 해당 행위로 인한 주된 폐해는 시장에서의 경쟁제한 우려인지 아니면 관련자의 피해발생인지에 대하여 선택하지 아니하면서, 경쟁질서 내지 거래질서 회복방안과 함께 다양하고 상세한 상생지원안을 다 같이 채택하는 방식을 택하고 있다. 이는 동의의결을 통하여 불공정·경쟁제한·소비자·경제력 집중 문제에 대하여 전부 대응하고자 하는 셈이다. 하지만 사건으로는 시정방안에 경쟁질서·거래질서의 회복뿐만 아니라 다른 사업자나 소비자의 피해구제를 총망라하는 방안을 자세히 나열하는 방식이 적절한지 의문이다. 또한, 동의의결 결정을 통해서 경쟁질서 회복·거래질서 회복·소비자 보호·거래상대방 보호·중소기업이나 소상공인 보호를 동시에 추구한다는 것이 과연 가능한지에 대해서도 고민해 볼 필요가 있어 보인다. 다시 말하면 동의의결 제도는 손상된 경쟁질서나 거래질서를 효과적이고 신속하게 회복할 수 있는 수단이라는 측면에서, 특히 디지털 플랫폼·IT·인터넷·혁신 시장에서 발생한 거대 사업자의 반경쟁적인 행위 사건을 해결하기에 효과적인 수단이라는 측면에서 바라볼 필요도 있다는 것이다.

그리고 동의의결이 민원해결을 위하여 최적화된 제도인지에 대해서도 고민해 볼 필요가 있다. 첫째로, 실질적인 피해구제라는 측면에서 보면, 동의의결 대상행위로 피해를 입은 자로서는 동의의결 상생지원안에 따른 간접적인 혜택을 받기 보다는 조정 등을 통하여 자신의 손실을 더 직접적으로 회복받는 것을 선호할 수도 있다. 사업자로서도 자신의 이행부담과 비용을 피해를 직접적으로 구제하는데 집중시키고 분쟁을 조기에 종료하는 것이 낫다고 생각할 수 있다. 또한, 행정의 효율성 측면에서, 사실관계나 법적이론이 복잡하지 아니한 불공정거래행위 혹은 공정위 소관 특별법 위반 사건의 경우 동의의결이 통상의 심의·의결 절차를 진행하는 것보다 반드시 더 효율적이고 신속한지도 고민해 볼만하다.[60]

물론 동의의결에서 경쟁질서 회복과 피해구제 관계에 있어서는 우리나라 공정거래법 규제 체계, 그 중에서도 불공정거래행위 규제 체계의 특수성도 감안해야 한다. 경쟁당국이 반경쟁적인 행위를 중심으로 사건을 조사하고 시정조치를 행하는 유럽의 경우와 달리, 우리나라에서는 공정거래법의 적용과 공정위의 집행에 있어서 불공정거래행위가 매우 중요한 위치를 차지하고 있다. 그러므로 우리나라의 경우에는 동의의결 인정 요건에서 피해구제 문제를 아예 배제한다는 것은 현실적으로 어려울 뿐만 아니라 바람직한 것도 아니다. 따라서 사견으로는 거래상지위남용행위 같이 불공정성이 강조되는 행위유형에 있어서는 피해구제가 동의의결 시정방안에 있어서 상당한 위치를 차지하겠지만,[61] 경쟁제한성이

60) 한편 동의의결을 거래상대방의 피해구제가 중요한 하도급법상의 대금지급 내지 부당한 하도급 대금의 결정이나 가맹사업법, 대리점법 상의 위반행위에 확대할 필요가 있다는 견해(황태희, 앞의 글, 115-116면)와 전자상거래법, 약관법, 온라인 플랫폼 공정화법안'에도 동의의결제도가 도입되어야 하고 이를 통해 소비자와 소상공인의 피해를 신속하고 실효적으로 구제하여야 한다는 주장(정완, 앞의 글, 467-468면)이 있다.

61) 참고로 우리나라와 불공정거래행위 규제체계가 비슷한 일본의 경우를 살펴보면, 대규모유통사업자인 겐키가 종업원 파견 비용을 납품업자에게 전가하고, 납품업자에게 자신의 재고 식품을 구입하도록 요청하고, 납품업자에게 비용, 협찬 등을 이유로 금전을 지급하도록 요구하여 독점금지법상 우월적 지위남용행위 여부가 문제된 사건(2020.8.5)에서, 일본 공정거래위원회는 동의의결(확약) 절차를 통해서

중시되는 시장지배적지위남용행위, 기업결합, 불공정거래행위 행위유형에 있어서는 사안에 따라 경쟁질서 내지 거래질서 회복에 초점을 맞춘 유연한 동의의결 시정방안을 적극적으로 인용할 필요도 있다.

5) 추상적인 시정방안과 이행을 담보하기 어려운 이행강제금[62)]

이어서 동의의결의 시정방안과 관련하여 시정방안 내용의 추상성과 낮은 이행강제금 상한 문제를 검토해 본다.

동의의결을 신청인과 공정위 간의 약속이라는 관점에서 바라보면, 시정방안의 내용이 명확하여야 신청인이 동의의결 인용 이후 입장을 바꾸어 본인에게 유리한 안을 고수하는 것을 방지할 수 있고, 경쟁당국 역시 동의의결 인용 당시 예상하기 힘들었던 무리한 내용의 이행을 신청인에게 요구하지 않을 것이다. 그런데 공정위의 동의의결 시정방안 중 객관적인 수치(예; 금원 액수)가 제시되는 상생지원안에 있어서는 신청자의 이행여부가 비교적 쉽게 판단될 수 있지만, 주관적 내용을 내포하고 있는 경쟁질서 회복 방안에 있어서는 이행여부의 판단에 있어서 경쟁당국과 신청인 간에 추후에 이견이 발생할 소지가 있다.

예컨대 애플코리아 동의의결 사건의 경우, 확정된 시정방안들 중에서 "광고 기금의 객관적 기준과 협의 절차 규정", "미집행 광고 기금에 대한 합리적 처리방식 규정", "광고 비용의 적용 범위 조정", "이통사 광고 기금 중 일부에 대해 이통사의 자율권 부여" 같은 방안은 세부적인 내용에

사건을 종료하였는데 시정방안에는 종업원 파견비용 전가에 대한 납품업자의 금전적 가치 회복방안(납품업자 피해보상)이 포함되었다. 최지필, 동의의결제도의 활성화 방안 연구, 260-261, 280-281면.

62) 이하 내용은 공정위·한국공정거래조정원이 "동의의결 절차 및 이행관리의 향후 발전방안"라는 주제로 개최한 공동 학술행사(2021.12.10.)에서 필자가 토론(자료집 91면 이하)하였던 내용을 참고한 것이다.

있어서 주관적 해석의 여지가 있어 보인다.[63] 이와 관련하여 신청인이 동의의결을 미이행하게 된 이유나 사정을 정확하게 확인하기는 어려우나, 애플코리아 동의의결 확정 이후 공정위는 애플코리아가 정해진 기간 내에 국내 이동통신 3사와 6개 조항을 수정한 변경계약을 체결하지 아니하였다(동의의결 불이행)는 이유로 시정조치에서 정한 기간의 종료일 다음날부터 시정조치를 이행하는 날까지의 기간(1일)에 대한 이행강제금 2백만 원을 부과하는 결정을 내렸다.[64]

이어서 이행강제금에 대해서 언급하면, 현행 공정거래법은 신청인이 정당한 이유 없이 상당한 기간 내에 동의의결을 미이행하는 경우 이행기간을 초과한 날부터 동의의결이 이행되거나 취소되기 전날까지 1일당 200만원 이하의 이행강제금을 부과할 수 있도록 하고 있는데(법 제51조의 5), 1일당 200만원의 이행강제금이 거대 다국적 기업에게 있어서 시정방안의 성실한 이행을 담보할 수 있는 액수인지 의문이다. 위에서 예를 든 애플코리아 사건을 보더라도, 신청인은 상생방안으로서 1,000억원의 상당의 금액을 조성하기로 하였는데, 신청인으로서는 약속된 금액을 적시에 조성하지 아니하고 사건의 추이를 관망하면서 공정위에게 1일당 200만원의 이행강제금을 납부하는 것이 경제적인 측면에서는 오히려 이득이 될 수도 있다. 왜냐하면 만약 신청인이 1,000억원을 연 3%의 이율로 금융기관에 예치를 한다고 가정하면, 수취할 예금이자가 일 년간 30억원(1일에 약 822만원)에 해당하여 법상 이행강제금의 상한 200만원을 훨씬 뛰어넘기 때문이다.

다른 한편으로, 공정거래법(법률 제17290호로 2020.5.19.에 일부 개정)

---

63) 공정위, 보도자료, "공정위, 애플코리아의 동의의결 최종 확정 - 1000억원 규모의 소비자·중소사업자 상생지원안 포함-", 2021.2.4.

64) 공정위, 전원회의 의결, 제 2022-050호, 2022.2.21. 7면.

은 동의의결 이행관리 제도를 도입함으로써 공정위가 이행관리에 관한 업무를 한국공정거래조정원 또는 한국소비자원에 위탁할 수 있게 함으로써 이행관리 기관의 객관성·독립성·전문성을 강화하고 이행관리를 체계화하였다(법 제90조 제7항, 제8항).[65][66] 앞으로 동의의결 이행관리가 순조롭게 이루어지면 동의의결 절차의 객관성이 제고될 수 있고 공정위가 시정방안 미이행행위를 적시에 파악하여 동의의결을 취소하거나 이행강제금을 부과할 수 있다는 점에서 이는 동의의결 제도에 있어서 긍정적인 변화라고 생각한다.[67]

III. 정리

1. 동의의결제도에 대한 재해석

우리나라에서 동의의결제도가 안착하기 위해서는 '제재와의 균형'과의

65) 동의의결 이행관리 업무란, 신청인이 시정방안을 이행계획에 따라 적절하게 이행하고 있는지 여부를 점검하고 신청인에 대하여 그 이행에 관련된 자료제출을 요청하는 것이다. 동의의결 이행관리 절차에 대해서는 유영국, "공정거래법상 동의의결 절차에 있어서 '이행관리제도'의 체계상 지위와 실효적 운영을 위한 보완 방안", 「경쟁법연구」, 한국경쟁법학회(제45권, 2022), 321면 이하.

66) 송혜진·박혜주, "동의의결 제도의 실효성 확보를 위한 운영방안 연구: 동의의결 이행관리를 중심으로", 「정책연구」, 한국소비자원(20-11, 2021), 60-61면.

67) 그 동안 동의의결의 이행을 관리하는 기관이 신청인의 영향력 하에 있을 경우에는 이행관리에 있어서 객관성이 담보되지 않을 수 있고, 공정위의 심사관이 동의의결의 이행점검 업무를 꼼꼼하기 수행한다는 것은 쉽지 않기 때문에 현실적으로는 심사관의 이행점검은 신청인이 제출하는 자료에 의존하고 있다는 지적이 있었다. 송태원, 공정거래법상 동의의결제를 통한 경쟁규제집행의 책임성 확보 방안, 69-71면. 박준영·이광배, "공정거래법상 동의의결 이행관리 제도에 관한 연구", 「공정거래정책연구」, 공정거래조정원(2021-제1호, 2021), 15면.

요건 규정(법 제89조 제3항 제1호)을 공정거래법 체계와 제도의 취지에 부합하도록 개선하는 것이 가장 중요하고 시급하다고 생각된다. 이를 위하여 본문에서는 동의의결 제도, 특히 동의의결 시정방안의 의미를 재검토하고 동의의결 제도의 시정방안의 필요성과 비례성의 의미에 대하여 논하였다. 이를 바탕으로 '제재와의 균형' 조항을 개선할 수 있는 토대를 마련하고자 하였다.

사견으로 동의의결 제도는 '동태적 시장에 대한 미래지향적인 약속'이라는 측면에서 바라볼 필요도 있다고 생각한다. 우리나라에서는 동의의결 인용시 시정방안에 경쟁질서 회복뿐만 아니라 다른 사업자나 소비자의 피해를 구제하는 방안(상생지원안)을 자세히 나열하는 방식이 선호되고 있는데, 불공정거래행위가 중요한 위치를 차지하는 우리나라의 공정거래법 특성상 동의의결 시정방안에 있어서도 피해보상 내지 구제방안은 거래상지위남용행위와 같이 불공정성이 중시되는 행위유형에 있어서는 여전히 중시되겠지만, 시장지배적지위남용행위·기업결합·불공정거래행위 중 경쟁제한성이 중시되는 행위유형에 있어서는 사안에 따라 경쟁질서나 거래질서 회복을 중심으로 과감하게 동의의결을 인용할 필요도 있다고 생각한다. 만약 동의의결에 있어서 대상 행위의 성격을 불문하고 제재를 대신하는 과거지향적인 보상, 피해구제 수단의 성격이 지나치게 강조될 경우에는 동태적인 디지털 경제와 잘 어울리지 않게 된다.

그리고 동의의결제도를 적절히 개선하기 위해서는 동의의결 시정방안의 '필요성'과 '비례성' 개념이 정립되어야 한다. 동의의결의 시정방안은 대상행위로 인하여 발생한 경쟁질서·거래질서 훼손 우려를 해소함에 있어서 충분한 것이되 지나쳐서는 안 된다는 점에서 균형을 유지해야 하고, 대상행위로 인하여 발생한 경쟁질서·거래질서 훼손 우려를 해소하는데 있어서 필요한 것이어야 한다. 즉, 동의의결의 시정방안은 해당행위로 인하여 발생한 경쟁질서·거래질서 훼손 우려와 균형을 이루어야 하는 것이지 법위반으로 판단될 경우 예상되는 제재와 균형을 이루어야 하는 것은 아니라고 생각한다.

비교컨대 신축 아파트의 거실에서 심각한 누수 현상이 발생하였다고 가정해 보자. 이 경우 집주인으로서는 누수에 책임이 있다고 생각되는 시공사 등과 법원에서 시시비비를 가려서 금전보상을 받는 것도 의미가 있지만 누수 원인을 파악하여 그 원인과 현상을 조속히 근본적으로 해결하는 것이 중요하다. 이를 미루면 집 바닥과 가구가 썩는 등 심각한 피해가 발생할 수 있기 때문이다. 그런데 만약 시공사와 집주인이 누수에 대한 책임소재와 금전보상은 문제로 삼지 아니하되 대신 시공사는 누수 원인과 현상을 신속하게 해결하기로 합의하였다면, 시공사는 누수 원인과 현상을 해결하는데 인력과 비용을 집중함이 마땅하다. 이와 달리 시공사와 집주인이 누수와 무관한 다른 방의 도배, 집 청소, 화장실 세면기 교체 등을 보상으로 약속한다면 누수의 원인은 그대로 남아있게 된다. 또한, 시공사와 집주인이 이러한 방식으로 누수 문제를 조속하게 해결하기 위해서는, 시공사가 투입한 비용이 집주인이 시공사를 상대로 누수로 인한 손해배상소송을 제기하였더라면 법원 판결에서 인정될 수 있는 금액과 비슷해야 한다는 법규정이 있다고 가정해 보자. 이 규정은 매우 불합리한데, 당사자가 누수 원인과 현상의 빠른 해결에 집중하기로 하였다면 법원에서 인정될 손해배상 금액이 얼마인지는 이와 직접적인 연관성이 없고, 특히 손해배상 소송이 마무리되기도 전에 법원에서 손해배상 금액을 얼마나 인정할 것인가를 당사자에게 미리 가늠해 보라고 요구하는 것은 이치에 맞지 않기 때문이다.

2. 제도개선을 위한 구체적인 입법안

위에서 언급한 내용에 기초하여, 동의의결 관련 공정거래법 조문의 개선방안을 제시해 본다.

첫째로, 동의의결의 성격에 어긋나는 '시정조치나 제재와의 균형을 이룰 것' 규정(법 제89조 제3항 제1호)의 경우, "시정방안은 경쟁질서 내지 거래질서 침해 우려를 해소함에 있어서 필요한 것이어야 하고 이러한 침해 우려와 균형을 이룰 것을 요한다"고 변경한다.

둘째로, 고발요건에 해당하는 명백하고 중대한 법위반행위에 대해서는 동의의결을 할 수 없도록 하는 규정(법 제89조 제1항 제2호)은 동의의결 대상 여부를 고발요건 해당 여부와 직접적으로 결부시키고 있는데, 동의의결을 하지 말아야 할 것인지는 "해당 행위가 경제질서에 대단히 현저한 해를 가하고 중대한 경쟁제한 폐해를 발생시켰는지"와 같은 기준에 따라 판단하도록 바꾼다. 추가적으로 부당한 공동행위 전체를 일률적으로 동의의결 대상에서 제외하고 있는 제89조 제1항 제1호는 삭제하되, 공동행위에 있어서도 해당 행위가 동항 제2호의 기준(경제질서에 현저한 해를 가함)에 따라 동의의결 대상으로 삼을 것인지를 결정하도록 한다.

셋째로, 동의의결 제도의 주된 목적은 경쟁질서·거래질서 회복이 중심이고 이를 통하여 소비자나 거래당사자가 보호되는 것이고, 동의의결 제도에 있어서 거래상대방이나 소비자에 대한 직접적인 피해구제가 항상 요구되는 것은 아니라는 입장에 기초하여, 법 제89조에 존재하는 '소비자 피해구제', '소비자 피해의 직접 보상 필요성', '소비자, 다른 사업자 등의 피해를 구제하거나 예방'이라는 문구 대신 '소비자, 다른 사업자 등의 보호'라는 문구를 사용한다. 현행법 제89조 제3항 제2호는 시정방안의 요건으로 "공정하고 자유로운 경쟁질서나 거래질서를 회복시키거나 소비자,

다른 사업자 등을 보호하기에 적절하다고 인정될 것"을 기준으로 제시하고 있는데. 이를 참고하여 법 제89조와 제90조에 있는 '소비자나 다른 사업자 피해구제'를 '소비자나 다른 사업자 보호'라고 수정한 것이다.

넷째로, 동의의결 시정방안은 명확하고 무거운 것이어야 하는데, 현행 법상 1일당 200만원인 이행강제금 상한(법 제51조의 5)으로는 거대 다국적 기업 신청인의 성실하고 충분한 이행을 담보하기에는 부족하므로, 이행강제금의 상한을 사업자의 일일 평균 매출액의 퍼센트 방식(예: 1%)으로 바꾼다.

이에 따라 동의의결에 관한 법 제89조, 제90조, 제92조를 수정하는 방안을 기재하면 다음과 같다.[68]

제89조(동의의결)

① 공정거래위원회의 조사나 심의를 받고 있는 사업자 또는 사업자단체(이하 이 조부터 제91조까지의 규정에서 "신청인"이라 한다)는 해당 조사나 심의의 대상이 되는 행위(이하 이 조부터 제91조까지의 규정에서 "해당 행위"라 한다)로 인한 경쟁제한상태 등의 자발적 해소, **소비자나 다른 사업자의 보호**, 거래질서의 개선 등을 위하여 제3항에 따른 동의의결을 하여 줄 것을 공정거래위원회에 신청할 수 있다. 다만, 해당 행위가 다음 각 호의 어느 하나에 해당하는 경우 공정거래위원회는 동의의결을 하지 아니하고 이 법에 따른 심의 절차를 진행하여야 한다.

1. **삭제**
2. **해당 행위가 경제질서에 대단히 현저한 해를 가하고 중요한 경쟁제한 폐해를 발생시킨 경우**
3. 동의의결이 있기 전에 신청인이 신청을 취소하는 경우

② 신청인이 제1항에 따른 신청을 하는 경우 다음 각 호의 사항을 기재한 서면으로 하여야 한다.

68) 조문에서 수정한 부분은 표에서 굵은 글씨로 표시.

1. 해당 행위를 특정할 수 있는 사실관계
2. 해당 행위의 중지, 원상회복 등 경쟁질서의 회복이나 거래질서의 적극적 개선을 위하여 필요한 시정방안
3. 소비자, 다른 사업자 등을 보호하기 위하여 필요한 시정방안

③ 공정거래위원회는 해당 행위의 사실관계에 대한 조사를 마친 후 제2항제2호 및 제3호에 따른 시정방안(이하 "시정방안"이라 한다)이 다음 각 호의 요건을 모두 갖추었다고 판단되는 경우에는 해당 행위 관련 심의 절차를 중단하고 시정방안과 같은 취지의 의결(이하 "동의의결"이라 한다)을 할 수 있다. 이 경우 신청인과의 협의를 거쳐 시정방안을 수정할 수 있다.

1. **해당 행위로 인하여 발생한 경쟁질서·거래질서 침해 우려와 균형을 이룰 것. 이러한 침해 우려를 해소함에 있어서 필요한 것일 것**
2. 공정하고 자유로운 경쟁질서나 거래질서를 회복시키거나 소비자, 다른 사업자 등을 보호하기에 적절하다고 인정될 것

④ 공정거래위원회의 동의의결은 해당 행위가 이 법에 위반된다고 인정한 것을 의미하지 아니하며, 누구든지 신청인이 동의의결을 받은 사실을 들어 해당 행위가 이 법에 위반된다고 주장할 수 없다.

제90조(동의의결의 절차)

① 공정거래위원회는 신속한 조치의 필요성, **소비자 보호의 필요성** 등을 종합적으로 고려하여 동의의결 절차의 개시 여부를 결정하여야 한다.

③ 공정거래위원회는 제2항 각 호의 사항을 관계 행정기관의 장과 **검찰총장**에게 통보하고 그 의견을 들어야 한다. **단서 삭제**

제92조(이행강제금 등)

① 공정거래위원회는 정당한 이유 없이 동의의결 시 정한 이행기한까지 동의의결을 이행하지 아니한 자에게 동의의결이 이행되거나 취소되기 전까지 이행기한이 지난 날부터 **일일 평균 매출액의 1% 이하**의 이행강제금을 부과할 수 있다.

제8장

플랫폼과 구조적 조치

제1장에서 중개자와 판매자 역할을 겸하는 플랫폼의 지위에 대해서 언급하였다. 중개자이자 판매자로서의 이중적 지위를 가지는 수직통합된 플랫폼은 상당한 이해상충 우려가 발생시키는 경우가 많기 때문에 플랫폼은 이를 불식시키기 위해서 많은 노력을 끊임없이 기울여야 하고, 이를 게을리할 경우에는 언제든지 강한 규제론이 제기될 수 있다. 이러한 이중적 지위로 인한 이해상충 문제가 중요하다면, 이를 근본적으로 해소할 수 있는 방안으로서 기업분할이나 매각명령 같은 구조적 조치가 제시될 수 있겠다.

아래에서는 플랫폼의 이중적 지위와 이해상충 문제, 플랫폼의 독과점 이슈를 근원적으로 해소할 수 있는 방안 중 하나인 구조적 조치 문제를 정리한다. 이와 관련하여 프랑스 헌법재판소가 대규모유통사업자에 대한 구조적 조치 규정을 위헌이라고 결정한 사례가 있어 이를 소개한다. 구조적 조치는 플랫폼의 이해상충 문제를 해결하기 위한 획기적이고 근원적인 방안이 될 수는 있겠지만, 법집행시 법위반행위의 확실성, 문제된 행위와 독과점과의 인과관계성과 법위반행위와 수단과의 비례성 논란이 야기될 수 있어 이는 제한적으로만 사용될 수 있다. 추가적으로 영화산업에서 논의되었던 구조적 조치 법안과 논쟁을 이야기한다.

Ⅰ. 구조적 조치의 개념과 플랫폼 독과점 이슈

1. 구조적 조치의 개념

구조적 조치는 사업자들의 영업이나 자산, 사업단위에 대한 조정명령을 통하여 시장의 구조적 경쟁기반을 조성하기 위한 일련의 조치를 말한다. 그 예로는 사업자의 구조에 변화를 가져오는 자산매각·분할 등을 들 수 있다. 우리나라 공정거래법상으로는 기업결합제한 규정 위반이나 대규모기업집단 규제 위반시 부과하는 주식의 처분, 임원 사임, 영업 양도가 구조적 시정조치에 속한다고 할 수 있지만, 공정위가 구조적 조치를 적극적으로 활용한 빈도는 드물었고 일부 기업결합 사건을 제외하고는 행태적 조치가 주로 활용되어 왔다.[1)]

2. 플랫폼 사업자의 기업분할 논란

그런데 미국의 Elizabeth Warren 상원의원이 IT 시장의 경쟁을 회복시키려면 경쟁당국이 GAFA를 분할시켜야 한다는 주장을 한 이후 거대 플랫폼에 대한 구조적 조치 논의가 부상하였다. 이는 이미 완료된 아마존의 홀푸즈·자포스 인수, 페이스북의 왓츠앱·인스타그램 인수, 구글의 웨이즈·네스트·더블클릭 인수를 종전으로 되돌리겠다는 것을 뜻한다.[2)] 플랫폼에 대한 구조적 조치는 뉴 브랜다이즈 운동과도 연결되는데, Tim Wu 교수는 Elizabeth Warren의 GAFA에 대한 인수기업 분리 주장을 강력히 지지하였고, Lina Khan 역시 자신의 논문에서 아마존이 반경쟁적인 목적에서 경쟁사인 쿼드시를 인수하였다고 보았다.[3)]

---

1) 신영수, "영화산업 개편 수단으로서 구조적 시정조치의 타당성에 관한 검토", 「법학논총」, 국민대법학연구소,(제29권 제1호, 2016), 350, 353면.

2) 남수진, "대규모 IT 인수기업의 재분리 주장에 관한 경쟁법적 연구", 「법과 기업연구」, 서강대법학연구소(제9권 제2호, 2019), 70, 71면.

3) 남수진, 위의 글, 72, 75면

II. 프랑스에서의 대규모유통사업자 관련 구조적 조치 규정 논란과 헌법재판소의 위헌 결정[4)]

아래에서는 2010년대에 프랑스에서 논의되었던 대규모유통사업자의 지역독점 문제와 이를 해결하기 위한 대규모유통사업자에 대한 구조적 조치 안의 내용과 결말을 살펴 본다. 이 사안은 대규모유통사업자를 겨냥한 실제의 구조적 조치 규정에 대한 학자들의 견해, 특히 프랑스 헌법재판소의 결정 내용을 생생하게 볼 수 있다는 점에서 우리에게도 의미가 있다. 게다가 프랑스 대규모유통사업자에 대한 구조적 조치가 검토된 배경은 어느 대규모유통사업자가 특정 지역(Paris)의 식료품 유통에 있어서 일종의 게이트키퍼 역할을 한다는 취지이기 때문에 이는 게이트키퍼 플랫폼에 대한 규제 논의와 접점이 있다.

1. 배경: 대규모유통사업자들의 지역독점화 현상

프랑스 경쟁위원회의 2012년 '파리에서의 식품유통 경쟁상황에 대한 의견서(avis)'[5)] 발간을 계기로, 프랑스에서는 유통사업자의 지역독점 문제와 이에 대한 해결방안에 대한 논의가 활발하게 행해졌다. 2010년대 초에 불거진 지역독점 문제란, 대형유통사업자에 의한 식료품 소매 유통시장에 있어서 당시 프랑스 전체 시장 기준으로는 8개 대규모유통사업자가 균형을 이루고 있고(Carrefour 21%, E. Leclerc 17%, ITM Entreprises

4) 이하는 Sehwan Park, 「Les abus de puissance économique dans les relations commerciales déséquilibrées」, L'Harmattan(Paris), 2018과 박세환, "역학관계의 불균형과 경제적 약자들이 행한 부당한 공동행위에 대한 제재", 「경쟁법연구」, 한국경쟁법학회(제37권, 2018)을 주로 참고한 것이다.

5) Aut. conc., avis n°12-A-01 du 11 janvier 2012.

14%, Casino 10%, Système U 9%, Auchan 8%, Lidl 6%, Aldi 3%) 강한 시장지배력을 행사할만한 유통사업자가 없지만, 지역 단위에서는 심각한 독과점 현상이 나타나고, 이 경우 대규모유통사업자는 지역독점을 배경으로 식품 납품업자에 대해서 전국 시장점유율 보다 훨씬 큰 경제력을 행사할 수 있다는 것을 뜻한다. 예컨대 Casino는 프랑스 전체 기준으로 10%의 시장점유율을 가진 4위 사업자에 불과하지만, 파리 지역 식료품 유통시장에서는 50% 이상 점유율을 가진 강한 지배적지위를 가진 유통사업자에 해당하고, 파리 지역에 식료품을 납품하는 사업자에 대해서는 지역독점에 기반하여 강력한 협상력을 발휘한다는 것이다.

2. 유통사업자에 대한 구조적 조치를 허용하는 입법 추진

위 의견서에서 프랑스 경쟁위원회는 지역독점 상황이 발생하여 이미 과도하게 집중된 유통시장에 대해서는 경쟁당국이 사후적으로 구조적 조치를 취할 수 있는 수단을 보유할 필요성이 크다고 역설하였다. 다시 말하면 위 의견서는 정부와 지자체의 강한 대형마트 매장 신설·확장 억제 정책, Paris의 높은 지대와 여유 부지 부족현상으로 인하여 경쟁 유통사업자들은 높은 비용을 부담하면서 Paris에 오프라인 매장을 출점하여 Paris 내 1위 사업자인 Casino와 경쟁하는 위험을 감수하는 대신, 자신이 높은 시장점유율을 보유한 다른 지역에 추가적으로 오프라인 매장을 냄으로써 해당 지역을 보다 공고하게 장악하는 전략을 취하였는바, 이로 인하여 프랑스 각 지역별로 1위 유통사업자가 절반 가량의 시장점유율을 차지하는 지역독점 현상이 생겼다고 진단한다. 예를 들어 알자스(Alsace)의 스트라스부르(Strasbourg) 지역에서는 Auchan이 대형마트 유통시장에서 50%의 점유율을 차지하고 있다. 위 의견서는 사전적인 기업결합통제만으로는 이미 고착된 식료품 유통 시장에서의 지역독점을 해소하기 어렵기 때문에 사후적인 구조적 조치 수단을 강화할 필요가 있다는 의견을 제시하였다.[6)7)]

한편, 프랑스 입법자는 이미 2008년에 소매유통시장 집중을 해결하기 위한 사후적인 구조적 조치 규정(L.752-26)을 상법(Code de commerce)에 마련한 바 있다(la loi LME). 하지만 동 조항은 적용요건이 매우 까다로워서 사실상 활용되지 못하고 있는 상황이었다. 즉, 기존의 프랑스 상법 L.752-26상의 구조적 조치는 경쟁위원회가 유통사업자에 대해서 약정의 변경·해지뿐만 아니라 지분·자산·매장의 매각명령 같은 구조적 조치를 가할 수 있게 한다는 점에서는 강력하지만, 경쟁위원회가 소매유통사업자의 시장지배적지위남용행위나 경제력남용행위를 확인하고 특히 과징금 같은 금전제재나 행태적 시정조치만으로는 남용행위를 종료시킬 수 없다는 것을 입증할 것을 요구하기 때문에 그 적용요건이 매우 까다로워서 실제로는 사용되지 못하고 있었다.

이러한 상황을 감안하여 2015년의 마크롱 법안(projet de loi Macron pour la croissance et l'activité)[8)]은 유통사업자가 일정한 소매유통 시장

6) Aut. conc., avis, préc, p.53-54.

7) 프랑스 상법 L. 430-2는 소매 유통사업자간의 기업결합에 대해서는 경쟁위원회가 통제를 시작하는 기준점(당사자의 전세계 연매출액 합계가 7천5백만 유로 초과, 프랑스 내 연매출액이 5천만 유로 초과)을 통상의 기업결합(당사자의 전세계 연매출액 합계가 1억 5천만 유로 초과, 프랑스 내 연매출액이 1천5백만 유로 초과)보다 낮게 설정함으로써 소매유통시장에서의 집중을 보다 강하게 억제하고 있지만, 이러한 사전적 통제만으로는 소매유통시장에서 이미 발생한 지역독점에 효과적으로 대응하기에 부족하다는 것이다. 박세환, “대형유통사업자의 상거래행위를 특별히 규제하는 입법 방식과 적용범위에 대한 비교연구”, 「상사법연구」, 한국상사법학회(제38권 제2호, 2019), 432면.

8) Emmanuel Macron(현 프랑스 대통령)이 재정부 장관이었던 때에 재정부에서 만든 법안이다.

에서 50% 이상의 점유율을 차지하는 경우, 이러한 과도한 집중현상으로 인해서 해당 시장에서 유효한 경쟁이 저해되고, 관련분야에서의 일반적인 경우와 비교해서 과도하게 높은 가격이나 마진이 유지될 경우(법위반행위 불요), 경쟁당국은 체결된 약정의 변경·종료 뿐만 아니라 자산이나 매장의 매각명령과 같은 구조적인 조치를 유통사업자에게 명할 수 있다는 조항(제39조)을 프랑스 상법에 신설하려고 하였다. 당시 프랑스에는 해외영토(Overseas France: 태평양·인도양·대서양에 있는 섬들과 남아메리카에 있는 Guyane)[9]에 한정되어 적용되는 특별 조항 중에 마크롱 법안과 비슷하게 법위반행위의 확인 없이도 높은 가격 내지 마진을 이유로 지배적 지위를 가진 유통사업자에게 구조적 조치를 가할 수 있도록 하는 조항(la loi Lurel, L.752-27)이 이미 존재하였는데, 마크롱 법안은 해외영토에 관한 특별한 구조적 조치 조항을 유럽 내 프랑스 본토까지 확장시키고자한 셈이다. 마크롱 법안은 위에서 언급한 2008년 구조적 조치 규정(L.752-26, la loi LME)의 문제점(입증책임이 지나치게 엄격하여 실제 활용 안됨)을 해소하기 위하여, 구조적 조치 대상자가 법위반행위를 행하였을 것을 요구하지 아니하고 행태적 조치로는 남용행위를 종료시킬 수 없을 것을 요구하지 않음으로써 경쟁위원회가 보다 손쉽게 구조적 조치를 발동시킬 수 있도록 하였다는 특징이 있다.

3. 학계의 강한 비판과 프랑스 헌법재판소의 위헌 판결

하지만 위 마크롱 법안상 사후적 구조조치안은 적용요건인 과도하게

---

9) 프랑스 해외영토(Outre-Mer)는 la Guadeloupe, la Martinique, la Guyane, la Réunion, Mayotte, SaintBarthélemy, Saint-Martin Wallis-et-Futuna, Saint-Pierre-et-Miquelon 등을 의미한다.

높은 가격 혹은 마진에 대한 판단기준이 모호하고, 무엇보다도 법위반행위를 행하지 않은 채 다른 사업사업자들과의 가격·품질·혁신 경쟁을 통해서 높은 시장점유율을 가지게 된 유통사업자에게 불합리한 제재를 가할 수 있다는 점에서 대다수 프랑스 학자들로부터 강한 비판을 받았다. 즉, 경쟁법은 시장에서 지배적지위를 취득하는 것 자체를 금지하는 것이 아니라 시장지배적지위의 남용행위를 금지하는 것인데, 동 법안은 경쟁위원회가 사업자가 지배적지위를 남용하였을 것을 입증할 책임을 면제시킨다는 것이다. 또한 마크롱 법안이 지리적·경제적 특수성이 매우 강한 해외영토의 구조적 조치 규정을 프랑스 본토에 확장시킨 것에 대해서는 해외영토와 Paris의 시장상황이 서로 유사한가라는 비판도 제기되었다.[10)]

결국 프랑스 헌법재판소는 마크롱 법안상 구조적 조치 조항은 경제적 공공이익을 추구한다는 입법목적은 인정되지만, 영업의 자유와 재산권을 지나치게 침해하여 비례성 원칙을 명백하게 위반하였고, 사업자는 남용행위를 저지르지 않고도 자신의 장점에 의해 시장에서 지배적인 위치를 가질 수 있다는 이유로 2015년에 위헌 판결을 내리게 되었다.[11)]

이에 반해서 프랑스의 해외영토에 국한되어 법위반행위 없이도 유통사업자에게 구조적 조치를 할 수 있게 한 조항(la loi Lurel, L.752-27)에 대해서는, 프랑스 헌법재판소가 2013년에 누벨칼레도니의 매우 특수한 경제적, 지리적 상황을 고려할 때 영업의 자유나 재산권을 지나치게 침해한다고 볼 수 없고 경제적 공공질서에 부합한다고 보아 유효하다고 판단을 내린 적이 있는바, 이는 마크롱 법안과 대조된다.[12)] 대부분 섬인

---

10) Marie Malaurie-Vignal, 《L'injonction structurelle et le projet de loi Macron》, Recueil Dalloz, 2015, p.690. Martine Béhar-Touchais, "L'injonction structurelle sans faute ou les excès de la régulation", Revue des contrats, n°3, septembre 2015, p.537 등.

11) Conseil constitutionnel, 5 août 2015, n°2015-715 DC.

프랑스 해외영토의 경우, 시장이 작고 단절되어 있어 상품 공급을 프랑스 본토 사업자에게 의존하고 있기 때문에 유통경로가 독과점화되고 카르텔이 빈번하여 상품 가격이 매우 높게 형성되고 있다는 특수성이 있다.[13]

Ⅲ. 우리나라에서의 구조적 조치 활용에 대한 검토

이하에서는 우리나라에서 특히 플랫폼에 대하여 어떠한 상황에서 어떠한 요건하에서 구조적 조치를 활용할 것인가에 대하여 검토한다.

1. 종전의 논의

우리나라에서도 공정거래법상 구조적인 조치에 대해서는 인과관계나 비례성 등 측면에서 신중하게 접근해야 한다는 지적이 있다. 일례로 객관적인 발동기준을 설정하기 어려운 구조적 조치는 보충적, 최종적 수단으로 기능해야 하고, 구조적 조치는 비례의 원칙에 위반될 수 있고, 위반행위의 원인이 사업자의 구조자체에서 비롯된 것이면서 동일한 행위가 반복적으로 계속될 것이라는 것에 대한 상당한 개연성이 있어야 하며, 구조적 조치는 상당한 비용과 비효율성을 야기할 수도 있고 기업구조에 따라서는 사후 관리감독 비용이 많이 들 수 있다는 것이다.[14] 이에 비해 구조적 조치에 대한 긍정적인 견해는, 시장지배적지위남용행위가 반복되

12) Conseil constitutionnel, 1 oct. 2013, n°2013-3 LP.

13) 예컨대 뉴칼레도니아는 프랑스 본토로부터는 16,000km, 호주 Sydney로부터는 2,000km, 뉴질랜드 Auckland로터는 1,800km 떨어져 있다. Aut. conc., avis n° 09-A-45 du 8 sept 2009.

14) 신영수, 위의 글, 350면 이하.

어 행태적 제재만으로는 법위반행위의 억제가 어려운 경우 구조적 제재를 명할 수 있도록 입법을 할 필요가 있다고 한다.[15)]

2. 구조적 조치의 법적 적용요건

개인적으로는 마크롱 법안에 대한 프랑스 헌법재판소 위헌 결정에서 보듯이, 행태적 조치에 비하여 대상 사업자에게 심대한 영향을 미칠 수 있는 사후적인 구조적 시정조치는 적용요건을 엄격하게 검토할 필요가 있다고 본다. 따라서 플랫폼 사업자가 시장에서 강한 지위를 보유하고 있어 해당 시장이 상당히 집중되었다는 이유로 그 사업자에게 구조적 조치를 가하는 것은 법집행 측면에서 쉽지 않아 보인다. 이러한 사후적인 구조적 조치는 일단 영업의 자유와 사유재산권을 과도하게 침해하여 비례성 원칙에 어긋난다는 비판에 직면할 수 있고, 플랫폼 사업자가 관련 시장에서 강한 지위를 얻게 된 것은 법위반행위로 인한 것이 아니라 혁신과 장점에 의한 경쟁에 의한 것이라는 반론에 직면할 수 있기 때문이다. 또한, 사업자가 경쟁당국이 내린 구조적 조치에 불복할 경우 장기간의 법적 다툼이 진행될 수 있다.

3. 구조적 조치를 활용할 상황

위에서 본 프랑스 사례를 돌아보면, 법위반행위 없이도 높은 가격·마진과 시장점유율만으로 경쟁당국이 유통사업자에게 구조적 조치를 취할 수 있도록 한 규정에 대하여, 프랑스 헌법재판소가 그 적용대상이 주로

---

15) 김두진, "공정거래위원회의 제재 내용의 방향성에 관한 연구 - 시정명령을 중심으로 -", 「경쟁법연구」, 한국경쟁법학회(제21권, 2010), 258, 285면.

외딴 섬(해외영토)에 국한된 경우(la loi Lurel)에는 헌법에 위반되지 아니한다고 본 반면, 이를 프랑스의 유럽 본토에 대해서 확장하고자 한 마크롱 법안에 대해서는 위헌이라고 결정한 차이점에 주목할 만하다. 즉, 시장이 작고 주요 수입원으로부터 수천킬로미터 이상 떨어져 있으며 일부 수입상들이 유통경로를 장악하여 일반적인 경쟁이 행해지기 어려운 상황이 고착화된 해외영토와 시장이 크고 국내외 거래가 활발하며 경쟁자의 진입이 가능한 유럽 내 본토와는 상황이 다르다는 것이다.

그렇다면 우리나라에서 특정 플랫폼 분야가 프랑스의 본토에 가까운지 아니면 해외영토에 가까운지 고민해 볼만하고, 사견으로는 우리나라 플랫폼 분야의 상황이 프랑스 해외영토의 섬과 같이 단절되고 독점이 고착화된 상황에 직면하였다고 보기는 아직 이르다고 생각된다. 단단해 보이던 지배적인 일반 검색엔진 사업자의 지위도 ChatGPT의 등장으로 요동치기 시작하고 있다는 점도 참고할만하다. 다만, 특정한 플랫폼 분야에 있어서 외딴 섬과 같이 단절되고 독점이 고착된 상황이 장기간 지속되는 경우 제한적이고 엄격한 요건하에서 구조적 조치의 추진을 검토하는 것은 가능할 것이다.

4. 정리

플랫폼의 중개자이자 공급자로서의 이중적 지위와 이해상충이 문제의 핵심이라면, 이해상충을 근원적으로 해소하고 이와 더불어 독과점 이슈를 해결하는 방안으로써 겸영금지·기업분할·자산매각 같은 구조적 조치가 제시될 수 있다. 그런데 사후적인 구조적 조치는 법집행시 법위반행위의 확실성, 해당 행위와 독과점 결과와의 인과관계성과 법위반행위와 제재수단과의 비례성 논란이 야기될 수 있어 제한적으로 사용이 가능해 보인다. 프랑스 헌법재판소의 위헌결정에서 보듯이, 구조적 조치는 영업의 자유와 사유재산권을 과도하게 침해하여 비례성 원칙에 어긋난다는 비판에 직면할 수 있고, 사업자가 시장에서 강한 지위를 얻게 된 것은 법위반행위로 인한 것이 아니라 혁신과 장점에 의한 경쟁에 의한 것이라는 반론에 직면할 수 있다. 그리고 구조적 조치의 대상인 플랫폼 사업자가 속한 시장상황도 의미가 있는데, 해당 분야가 외부로부터 단절되고 독점이 고착화된 상황이 장기간 지속되고 있는지에 대한 검토도 필요해 보인다.

IV. 영화산업의 대형 멀티플렉스에 대한 구조적 조치 논쟁

한편, 넷플릭스, 티빙 등의 OTT가 출현하기 이전에는, 영화산업에서 대형 멀티플렉스가 게이트키퍼 플랫폼과 비슷하게 이중적 지위를 가지면서 거래 조건을 주도적으로 결정하고 이용자들 간의 교류를 통제하는 역할을 하던 시절이 있었다. 우리나라에서도 영화시장은 투자와 제작, 배급, 상영의 각 단계별로 시장지배적사업자 중심으로 산업이 집중되어 있고, 전 단계에 걸쳐서 특정 사업자들에 의한 수직적 통합구조가 형성되어 있어서 이들이 스크린을 독점하고 불공정한 행위를 행할 수 있다는 지적이 제기된 바 있다. 그리고 영화산업에 대하여 논의가 진행되었던 수직계열화, 시장집중, 자사우대(차별취급), 구조적 조치(배급-상영 겸영 금지), 자율규제 등은 플랫폼에 관한 논의와 가깝게 맞닿아 있다. 이하에서는 구조적 조치에 대한 논의가 진행된 바 있는 영화산업에 대해서 이야기 한다.[16)]

16) 물론 다면시장과 간접네트워크 효과라는 플랫폼의 특수성을 감안할 때 플랫폼과

1. 영화산업에 있어서 수직통합의 부작용(스크린 독점)

먼저 영화산업에서 수직계열화는 흥행리스크를 줄이고 비용을 절감할 수 있다는 장점이 있다. 영화 제작완료 전까지 작품의 품질과 내용을 평가하기 어렵고 영화가 개봉되기 전에는 흥행여부나 투자수익을 예측하기 어려운 영화산업의 특수성 때문에, 영화산업은 수직계열화되고 흥행실패 위험을 감수할 수 있는 대형 사업자 중심으로 시장이 형성되기 쉽다. 그러나 이처럼 수직통합된 영화시장에서 상영관 배정 차별, 자사영화 몰아주기, 예고편 차별, 마케팅 차별, 할인권 발행, 극장과 배급사 간의 수익배분비율의 불공정성 문제가 심화되었고, 이러한 문제의 근원은 대기업이 제작-배급-상영 단계를 장악하는 스크린 독과점에 있다는 비판이 제기되었다. 부연 설명하면 영화의 흥행은 개봉 초기에 얼마나 많은 스크린을 확보하고 확보된 스크린이 오래 유지되는지에 달려 있는데, 2016년 기준으로 CGV, 롯데시네마, 메가박스 3대 멀티플렉스 영화관의 매출점유율 합이 97.1%에 달하여 시장이 매우 집중되어 있는 상황에서, 멀티플렉스가 자사영화를 밀어줄 경우 영화수요자인 극장이 영화공급자인 배급사 및 제작자의 공급수량을 결정할 수 있게 된다. 결과적으로 멀티플렉스 극장은 영화 배급과 상영을 동시에 통제하게 된다.[17]

영화산업에서의 수직계열화가 정확히 대칭되는 것은 아니다. 또한 관객은 영화상영서비스에 대한 대가로서 입장권을 구매하여야 하고 이러한 입장권 판매액이 멀티플렉스의 직접적인 수익원이 된다는 점은 플랫폼의 경우와 다르다.

17) 신영수, "영화산업 개편 수단으로서 구조적 시정조치의 타당성에 관한 검토", 「법학논총」, 국민대법학연구소,(제29권 제1호, 2016), 337면 이하. 이혁, "영화산업에서의 수직결합 - 파라마운트 사건을 중심으로 -", 「경영법률」, 한국경영법률학회(제27권 제3호, 2017), 501면 이하. 김윤정, "스크린 독과점 해소를 위한 영화산업 규제체계의 모색", 「경쟁법연구」, 한국경쟁법학회(제39권, 2019), 369면 이하.

2. 수직계열화된 영화 사업자에 대하여 구조적 조치를 가하는 문제

그리하여 우리나라에서도 영화 제작에서 유통단계로 이어지는 수직적 구조를 해체해서 산업을 재편하자는 논의가 진행된 바 있다. 수직계열화된 영화업계의 구조를 분리하는 논의는, ① 영화관련 규정에 구조적 조치 규정을 삽입하는 입법적 해결안과, ② 공정거래법의 행정처분인 구조적 시정조치를 통하여 분리시키는 방식 양쪽으로 진행되었다.

(1) 영화 및 비디오물의 진흥에 관한 법률(이하 '영비법')에 구조적 조치 규정을 넣는 방안

영화상영업과 배급법의 경업금지, 대기업의 영화제작 참여 금지, 멀티플렉스 극장의 특정 영화 스크린 점유 제한 등을 통해 대기업의 수직계열화를 막는 강력한 내용의 영비법 개정안이 2016년에 발의되었는데 그 중에는 영화대기업의 수직계열화를 금지하는 내용이 들어가 있다. 공정거래법의 시정조치 만으로는 불충분하므로 영비법에 구조적 시정조치의 직접적 근거를 마련하자는 취지이다.

먼저 영비법 개정안(도종환 의원안, 의안번호 2003081)의 경우 "소수의 영화기업이 영화의 제작투자·배급·상영 등을 독점하여 영화산업 전반에 불공정한 거래관행을 고착시키고 있음. 특히 시장지배적 사업자의 지위에 있는 영화상영업자가 특정 영화를 과도하게 상영하여 다양한 영화를 관람하고 싶어 하는 관객들의 영화선택권을 침해"한다는 제안이유를 밝히면서, 아래와 같은 방안을 제시하였다.

- 영화배급업자 또는 영화상영업자가 대기업에 해당하는 경우에는 영화배급업 또는 영화상영업을 겸업할 수 없음(제26조의2 신설).
- 영화상영업자는 상영하고자 하는 영화에 대하여 시간대별·요일별 관객 수, 상영 시간대 및 요일 등을 고려하여 공평하게 상영관을 배정해야 함(제40조의2 제2항).
- 영화상영관 경영자 및 비상설상영장을 설치·경영하는 자는 복합상영관에서 한 개 이상의 전용상영관을 지정하여 영화진흥위원회가 인정한 예술영화 및 독립영화를 연간 영화상영일수의 100분의 60 이상 상영하여야 함(제43조의2 제2항)

이어서 다른 영비법 개정안(안철수 의원안, 의안번호 2003083)은, "최근 영화산업계는 소수의 업체가 전국 상영관의 약 90%를 점유하여 다양한 영화들이 제대로 된 상영기회를 고루 분배받지 못하고 있고, 전국 상영관의 약 90%를 점유하고 있는 위 업체들 중의 일부는 한국영화 배급시장 매출의 40~60%(12~15년)를 점유하고 있어 자사 또는 계열사 영화에 대해 상영기회를 몰아주는 부당지원을 하면서 더욱 비계열사 영화들의 상영기회를 잠식시키고 있음. 이와 같은 약탈적인 거래관행의 성립을 막기 위해서는 대기업이 영화상영업자인 경우 영화배급·상영업을 할 수 없도록 제한"한다고 제안이유를 밝힌 후 다음의 해결안을 제안하였다.

- 「대·중소기업 상생협력 촉진에 관한 법률」 제2조 제2호에 따른 대기업은 영화배급업, 영화상영업을 겸영할 수 없음(제26조의2 신설).
- 영화상영업자는 상영하는 영화에 대하여 시간대별·요일별 관객 수, 상영 시간대, 상영 요일 등을 고려하여 공정하게 상영관을 배정하여야 (제41조의2 신설).
- 복합상영관의 영화상영업자는 동시에 상영하는 영화 중 동일한 영화를 대통령령으로 정하는 일정비율 이상 상영하지 못함(제42조의2 신설)

그런데 대기업이 영화 배급업과 상영업을 같이 하지 못하게 하는 위 개정안들은 모두 임기만료로 폐기되었고, 겸영금지에 관한 조문인 제26조의 2는 현재 영비법에 존재하지 아니하고 있다. 이러한 영비법 개정안 내지 구조적 조치 활용방안에 대해서는 다음과 같은 신중론이 있다. 동 견해는 먼저 영화 관련 규범에 구조적 조치 규정을 넣는 방안의 경우 관련 규범의 성격이나 경쟁당국과 문화당국의 역할 등을 감안할 때 가능하거나 합리적인 대안이라고 보기 어렵고, 영화산업의 수직계열화 자체를 금지하거나 억제시키려는 접근법 보다는, 경쟁당국을 통해 감시하고 불공정행위가 발생했을 때 사후적인 시정조치를 강구하는 방안이 타당하고 현실적이라고 지적한다.[18)]

(2) 영비법상 구조적 조치 도입 주장의 배경이 된 미국 파라마운트 사건

영비법상 구조적 조치 도입 문제는 미국의 United state VS Paramount Pictures, Inc 판결과 관련이 있다. 1948년 파라마운트 사건 이전까지 할리우드는 메이저 스튜디오가 제작, 배급, 상영 전단계를 통제하는 수직적 통합과 각 단계별 분업화 및 표준화를 기본으로 하는 스튜디오 시스템으로 운영되었다. 메이저 영화사 스튜디오들은 영화관객 확보를 위해 전국 각지에 극장 체인망을 구축하기 시작하였고 전단계를 통합하는 수직적 독점 구조를 형성하였다. 최종적으로 메이저 영화사 스튜디오들은 미국 법무부와 동의판결의 합의에 이르게 되었는데, 여기에는 영화상영부분을 제작과 배급으로부터 완전히 분리하여야 하고, 게다가 배급과 상영부분의 결합뿐 아니라 프랜차이즈도 금지되는 것이 포함되었다고 한다.[19)]

---

18) 신영수, 위의 글, 368-371면.
19) 이혁, 위의 글, 509면 이하.

3. 영화산업에서 진행된 논의와 플랫폼

이처럼 영화산업에서의 스크린 독과점은 대형 배급사 또는 멀티플렉스 상영관의 계열사인 배급사가 투자·배급한 영화가 극장에서 집중적으로 상영되는 현상을 낳고, 결과적으로 중소제작자가 제작한 영화는 극장에서 상영될 기회를 박탈당하는 동시에 독과점적 지위를 가진 상영업자는 자기 계열사인 배급업자가 공급한 자사영화를 차별적으로 우대하는 것이 아니냐는 지적이 있어 왔다. 사업자의 상영관 편성은 영화 소비자들의 최종 선택에 있어서 결정적인 영향을 미치는데, 이는 상품의 유통과정에서 논의되고 있는 진열 문제와 유사하다는 것이다.[20] 위와 같이 영화 산업에서 논의되었던 스크린 독점, 수직계열화, 구조적 조치 문제는 현재 대형 플랫폼들에 대해서 제기되고 있는 게이트키퍼 역할, 차별취급, 자사우대, 기업분할 논의와 중첩되는 측면이 있다고 여겨진다.

다른 한편으로, 영화는 경제적 가치만으로는 환산할 수 없는 특수한 영역인 문화·예술·미디어 컨텐츠 산업에 속하고 이에 따라 국가가 스크린 쿼터제, 영상물등급제, 영화발전기금 징수 및 교부 등의 방법을 통하여 영화산업에 적극적으로 개입하고 있다. 이러한 점을 감안하면 영화산업은 국가의 진흥 내지 보호 성격이 강하다. 그런데 영화 산업에 있어서는 멀티플렉스에 대하여 자의적으로 규칙을 제정하여 이를 운영하는 자라고 부르지 아니하고 있고, 구조적 조치(대기업 영화 배급-상영 겸영 금지)를 부과하는 영비법 개정안은 임기만료로 폐기되었다. 추가적으로 이와 같은 영비법 개정안 발의 이후 불과 몇 년 만에 미디어 컨텐츠 시장이 급변하여 OTT 사업자(넷플릭스, 애플티비, 디즈니플러스, 쿠팡플레이 등)들이 급부상한 점도 의미가 있다. OTT 사업자들이자신의 OTT에서만

---

20) 김윤정, 위의 글, 369, 382면.

볼 수 있는 최신 영화를 경쟁적으로 출시함에 따라 이제 멀티플랙스 영화상영관은 최신 개봉영화를 볼 수 있는 유일한 수단 내지 장소가 아니게 되었다. 즉, 소비자들은 TV·컴퓨터·태블릿·휴대폰을 사용하여 여러 곳에서 최신 개봉영화를 접할 수 있게 되었고 결과적으로 소비자의 최신 영화에 대한 접근가능한 통로가 다양화되었다.

마지막으로 영화산업에서의 스크린 독점 문제에 대해서도 플랫폼과 비슷하게 '자율규제'가 논의된 바 있다는 점도 흥미롭다. '한국영화 동반성장 이행협약(2012)'을 필두로 한국 영화계의 자율규제 협약인 '한국영화 동반성장 이행협약 부속합의문(2013)'이 나온바 있다. 여기에는 ① 상영기간 보장, ② 영화상영 표준계약서 사용과 배급사 서면합의 없는 변칙상영 불가, ③ 공정한 예매오픈 시행과 영화개봉 주의 월요일을 예매일로 명시, ④ 스크린 수의 합리적인 배정 및 스크린 수 배정기준 공개 등이 담겨 있었다.[21] 이처럼 영화산업에서 추진되었던 자율규제 논의는 플랫폼 자율규제에 있어서도 참고가 될 수 있을 것이다.

21) 김윤정, 위의 글, 396, 397면.

제9장

EU Digital Market Act(디지털 시장법)의 집행

유럽집행위원회(European Commission, 이하 '집행위원회')는 2023.5.2. Digital Markets Act(이하 'DMA')[1]가 발효된 후 2023.9.6.에 6개 게이트키퍼(알파벳, 아마존, 애플, 바이트댄스, 메타, 마이크로소프트)와 이들의 핵심 플랫폼 서비스(Core Platform Service, 이하 'CPS[2]')들을 지정하였다. 이날 지정된 게이트키퍼들은 6개월의 준비기간이 끝나는 2024.3.7.전까지 컴플라이언스 보고서를 제출하고 DMA의 의무들을 준수할 준비를 마쳐야 하므로 DMA의 실질적인 작동일은 2024.3.7.이다.[3] 이후 집행위원회는 게이트키퍼가 제출한 보고서를 검토한 후, 2024.3.25. DMA 위반으로 의심되는 사항들(알파벳, 애플, 메타)에 대해서 '절차 개시 결정'을 내리고 애플에 대해서는 '새로운 비즈니스 조건'에 대해서 2024.6.24 '절차 개시 결정'을 내림으로써 게이트키퍼의 DMA 위반에 대한 본격적인 규율 행보를 시작하였다.

이 글은 DMA가 실질적으로 작동한 지 1년이 지난 현재 DMA가 어떻게 집행되고 있는지를 살펴본다. EU뿐만 아니라,[4][5] 국내에도 DMA의 조

---

1) Regulation (EU) 2022/1925 of the European Parliament and of the Council of 14September 2022 on contestable and fair markets in the digital sector and amending Directives (EU) 2019/1937 and (EU) 2020/1828 (Digital Markets Act)

2) 온라인 중개, 검색엔진, SNS, 비디오 공유 플랫폼, 번호 무관 개인간 메신저, 운영체계, 웹브라우저, 가상비서, 클라우드 컴퓨팅, 온라인 광고.

3) Commission, News announcement, "Designated gatekeepers must now comply with all obligations under the Digital Markets Ac", 2024.3.7. DMA의 제정과 시행을 주도한 인물은 Margrethe Vestager(전 집행위원회 부위원장)와 Thierry Breton (전 내부시장 위원)인데, 앞으로는 현 부위원장인 Teresa Ribera가 이를 주도할 것으로 보인다.

4) 유럽 경쟁법 학계에서 DMA에 찬성하는 견해를 예시한다. DMA 도입은 거대 디지털 플랫폼의 규제에 있어서 중요한 전기를 마련하였는데, DMA는 사전적 접근 방

식을 통해 경쟁법과는 독립적이면서도 보완적인 새로운 법체계의 출현을 가능하게 하는 중요한 혁신에 해당한다. DMA는 이러한 혁신과 경쟁법 고유의 기법을 재사용함으로써 의미 있는 경쟁법의 탄생을 예고하였다(Jean-Louis Fourgoux, "Le DMA, nouveau droit ou renouveau des droits de la concurrence", Contrat Concurrence Consommation n°3, mars 2023, dossier 5). DMA는 디지털 시장의 특수성을 감안하여 더 효과적인 방법을 제시한 것이다. 복잡하고 시간이 오래 걸리는 경쟁법 대신 게이트키퍼를 지정하여 즉시 실행가능한 의무를 부과하는 것이다. 그리고 DMA는 컴플라이언스 절차 도입과 집행위원회의 강력한 시장조사 개시 등을 통하여 규정의 이행을 확보할 수 있는 절차를 마련해 두었다(David Bosco, "DMA et antitrust, influences croisées", Contrat Concurrence Consommation n°2, février 2024, repère 2). GAFAM 같은 플랫폼은 '혁신 차단구역'을 형성하고 '리더에 의한 낙담효과'를 발생시키고 있다. 지난 25년간 GAFAM이 500개 이상의 사업자를 인수할 수 있었던 것은 반독점법 통제의 결함을 보여준다. TFEU 제102조 적용 및 이에 기한 과징금 부과는 많은 사업자에게는 억제효과를 가질 수 있지만 GAFAM에게는 그러하지 아니할 수 있다(Jean-Christophe Roda, "Le Digital Market Act(1er partie)", Communication Commerce électrinique n°2, février 2023, étude 4). DMA의 목표는 시장의 공정성을 보장하여 평등한 경쟁을 확보하고 시장의 경쟁 가능성을 보장하려는 것이다. 게이트키퍼의 핵심 플랫폼 서비스는 공공 서비스로 여겨질 수도 있는바, 공공의 이익은 거대 디지털 기업의 활동을 규제할 것을 요구하고 있고, 이는 DMA와 DSA의 정당성을 보여준다(Marie MALAURIE-VIGNAL, "Une politisation du droit du marché au service de l'intérêt général", Contrat Concurrence Consommation n°6, juin 2022, repère 6).

5) 유럽 경쟁법 학계에서 DMA에 반대하는 견해를 기재한다. DMA는 전통적인 경쟁법이 요구하는 복잡한 절차를 단축하고 규제당국의 신속한 개입을 가능하게 하는데, DMA의 도입은 경쟁법의 황혼기를 예고하는 것일 수도 있다. 이는 시장규제를 새로운 경제정책의 일부로 취급하고 경쟁을 단순히 형식적인 규제로 전락시킬 위험이 있다(Olivier Fréget, "Régulations et droit de la concurrence", Contrat Concurrence Consommation n°3, mars 2023, dossier 6). DMA 규정은 매우 불명확하여 게이트키퍼가 규칙에 부합하는지 판단하기 어렵다. DMA 제5조와 제6조에 기재되어 있는 행위들이 모든 게이트키퍼에게 동일한 경쟁 이슈를 일으킨다고 단언하기 어렵다. DMA는 잘못된 문제 인식에 기초하여 부적절한 해결책을 제공할 위험이 크다. 이러한 규제가 디지털 부문에 확산될 경우 효율성 향상이나 혁신을 저해하고 일부 시장에서의 경쟁을 감소시킬 수 있다(Laure Schulz, "Le DMA, une régulation qui offre des remèdes incertains à des problèmes mal identifiés",

문, 의무의 내용과 DMA식 규제의 당부에 대한 글은 많이 존재하지만, 집행위원회가 DMA를 집행하는 방안과 절차, 기관에 대해서 고찰한 국내 논문은 드물다. 따라서 이 글은 집행위원회가 DMA를 집행하기 위하여 고안한 방안과 절차, 집행을 행하는 기관에 주목함으로써, 거꾸로 DMA를 정확하게 이해하는 것을 목표로 한다. 그동안 국내의 관심은 게이트키퍼와 CPS의 지정에 집중되었는데, 이 글은 시장조사, 컴플라이언스 보고서, 구체화 절차, 위반 절차 개시에 주목해 본다. 추가적으로 집행위원회가 중심이 된 DMA 집행에 있어서, 회원국 경쟁당국과 기존의 경쟁법 규정의 역할에 대해서 검토한다.

Ⅰ. DMA의 주요 집행 방안과 절차

1. 게이트키퍼와 핵심 플랫폼 서비스의 지정

(1) 게이트키퍼와 CPS의 지정(제3조)

집행위원회는 2023.9.6. 6개의 게이트키퍼(알파벳, 아마존, 애플, 바이트댄스, 메타, 마이크로소프트)를 지정한 후, 2024.5.13. Booking.com을 게이트키퍼 목록에 추가하였다. 이에 따라 2025년 2월 현재까지 총 7개의 게이트키퍼와 이들이 제공하는 24개 CPS가 지정되어 있다.[6)7)] DMA

Contrat Concurrence Consommation n°5, mai 2023, étude 5).

6) Commission, Press release, “Commission designates Booking as a gatekeeper and opens a market investigation into X”, 2024.5.13.

7) DMA 제3조의 게이트키퍼 지정 요건은, 1) 내부시장에 대해 중대한 영향력을 가짐: 3개 이상의 회원국에서 CPS를 제공하고, 매출액 75억 유로 이상 또는 시가총액 750억원 이상, 2) 플랫폼 이용사업자가 최종 이용자에게 도달하는 중요한 관문

는 게이트키퍼를 비즈니스 이용자와 소비자 간의 중요한 관문(gateway) 역할을 하는 대형 디지털 플랫폼이라고 보면서, 게이트키퍼는 이러한 지위로 인하여 사적인 규칙 제정자로서의 힘을 가지게 되며, 디지털 경제에서 병목현상을 초래할 수 있어 게이트키퍼에게 작위의무와 부작위의무(DO, DON'T)를 가하고 있다.[8)]

일단 DMA가 정한 정량 기준을 충족할 것 같은 플랫폼은 집행위원회에 자신을 잠재적 게이트키퍼로 알려야 한다. 설사 대형 플랫폼이 이를 알리지 않더라도 집행위원회가 해당 플랫폼을 게이트키퍼로 지정함에 장애가 되는 것은 아니다. 집행위원회는 45 영업일 내에 게이트키퍼 지정 여부를 결정하게 된다. 그리고 집행위원회로부터 지정을 받은 게이트키퍼는 6개월의 DMA 준수 준비기간을 가지게 된다.[9)] 특히 게이트키퍼는 이 기간 내에 DMA의 의무 준수 방안을 설명하는 상세한 '컴플라이언스 보고서'를 제출해야 한다. 다만 합리적 이유가 있을 때에는 집행위원회는 게이트키퍼에 대해서 DMA 준수 기간을 연장할 수 있다.[10)]

역할을 하는 CPS를 운영함: 월평균 최종 소비자 수가 4,500만명 이상이고 이용사업자 수가 연간 1만개 이상, 3) 운영 서비스에 있어서 확고하고 지속적인 지위를 가지고 있거나 가까운 장래에 이러한 지위를 가지게 될 것

8) Commission, Press release, "DMA: rules for digital gatekeepers to ensure open markets start to apply", 2023.5.2.

9) 다만 기업결합 통지의무의 경우 DMA 준수 준비기간이 따로 없고 지정된 게이트키퍼에게 즉각적으로 적용된다.

10) 집행위원회는 메타의 Facebook Messenger에 대한 상호운용성 의무(DMA 제7조) 준수와 관련해서는 6개월의 기간 연장을 승인하였다. 대신에 메타의 Facebook Messenger에 관한 DMA의 다른 의무들은 바로 적용되었고 기간이 연장되지 아니하였다. Case DMA.100097. Commission, Press release, "Commission opens non-compliance investigations against Alphabet, Apple and Meta under the Digital Markets Act", 2024.3.25.

게이트키퍼 지정이나 CPS 지정에 대해서 플랫폼 사업자는 이의를 제기할 수 있음은 물론이다.[11] 해당 플랫폼 사업자들은 대부분 집행위원회에 이의를 제기했고, 실제로 집행위원회는 Gmail, Outlook.com, Samsung Internet Browser를 DMA의 CPS로 지정하지 않기로 결정하기도 하였다. 이에 따라 Samsung은 어떠한 핵심 플랫폼 서비스에 있어서도 게이트키퍼로 지정되지 않게 되었다.[12] 또한 게이트키퍼가 집행위원회의 지정 결정에 불복하여 EU 일반법원(General Court)로 향한 사례도 다수 존재한다.[13] 2023년 11월에는 바이트댄스가 온라인 소셜 네트워킹 서비스인 TikTok 플랫폼은 관문(gateway)이 아닌 도전자로서의 역할을 한다는 주장을 하면서 Genaral Court에 불복하였고, 애플은 온라인 중개 서비스인 App Store가 게이트키퍼로 지정된 것에 대해서, 메타는 Messenger와 Marketplace에 관한 지정에 대해서 명확한 설명을 요구하며 General Court에 각각 불복하였다.[14]

DMA의 게이트키퍼 정량기준은 사업자가 게이트키퍼 지위를 가짐을 추정하는 것에 불과하여, 해당 사업자는 정량기준을 충족하였더라도 게이트키퍼가 이를 반박하여 지정을 면할 가능성은 남아 있다.[15] 게이트키퍼 정량조건과 정성조건의 활용은, 일종의 추정 및 반증 구조와 비슷한

---

11) DMA 제4조는 집행위원회는 지정 결정을 언제든지 재검토, 변경, 취소할 수 있고, 최소 3년마다 정기적으로 게이트키퍼가 DMA 요건을 충족하고 있는지를 확인한다고 구정한다.

12) Commission, Press release, "DMA: rules for digital gatekeepers to ensure open markets start to apply", 2023.5.2.

13) Commission, "Report on Competition Policy 2023", 2024.3.6., p.29-30.

14) Case T-1077/23 - Bytedance v Commission. Case T-1080/23 - Apple v Commission - Gatekeeper Designation and iMessage Classification. Case T-1078/ 23 - Meta Platforms v Commission.

15) Jean-Christophe Roda, *op. cit.*, étude 4.

측면이 있다. 일정한 정량 기준을 충족한 경우 일단 요건을 구비한 것으로 보되 해당 사업자가 요건이 구비되지 않았음을 주장하고 입증하도록 하는 방식은 EU 경쟁법에서 종래부터 종종 활용되고 있는 방식이다.

그리고 다음과 같이 집행위원회가 심층적인 '시장조사(market investigation)'를 거친 후 게이트키퍼 서비스로 지정하지 않은 사례들이 있다.[16] 먼저 마이크로소프트와 애플은 비록 정량기준은 충족되었지만, 일부 핵심 플랫폼 서비스(MS의 검색엔진 'Bing', 웹브라우저 'Edge', 온라인 광고 서비스 'MS Adverting'/ 애플의 메시징서비스인 'iMessage')가 관문은 아니라고 주장하였다. 이에 따라 집행위원회는 2023.9.5. 위 4건에 대해서 시장조사를 개시한 다음,[17] 이해관계자들의 의견을 반영하고 '디지털 시장 자문위원회(Digital Markets Advisory Committee)'의 의견청취 절차를 거쳐, 2024.2.13. 위 4개 플랫폼 서비스에 대해서는 마이크로소프트와 애플을 게이트키퍼로 지정하지 않기로 결정하였다. 또한, 집행위원회는 이와 비슷한 절차를 거친 후 X의 온라인 소셜네트워크 서비스는 비록 DMA의 정량기준은 충족하지만 사업자 유저가 최종 유저에 도달하기 위한 중요한 관문은 아니어서 CPS로 지정되지 않는다고 2024.10.26. 결정하였다.[18] 반대로, 집행위원회는 애플의 태블릿 운영체제인 'iPadOS'가 정량적 기준을 충족하지는 않지만, 시장조사를 거쳐 비즈니스 사용자가 최종 사용자에게 도달하기 위하여 의존하고 있는 중요한 관문에 해당하

16) Commission, News article, "Commission closes market investigations on Microsoft's and Apple's services under the Digital Markets Act", 2024.2.13. Case DMA. 100015, DMA.100024, DMA.100028 and DMA.100034.

17) 애플은 집행위원회의 iMessage에 대한 시장조사 개시 결정에 대해서 불복하였다. Case T-1079/23 - Apple v Commission - iMessage Market Investigation.

18) Commission, Press release, "Commission concludes that online social networking service of X should not be designated under the Digital Markets Act", 2024.10.16.

고 애플은 'iPadOS'에 있어서 확고하고 지속적인 지위를 누리고 있다고 보아, 애플을 'iPadOS'에 있어서는 게이트키퍼라고 보았다.[19)]

이처럼 DMA의 게이트키퍼 지정에 있어서 일차적으로 플랫폼의 이용자 수와 매출액 같은 외형 내지 규모가 중요한 것은 물론이지만, 해당 플랫폼이 실질적으로 CPS에 있어서 중요한 관문 역할을 하는지도 중요하고 이에 대한 판단이 이루어지고 있기는 하다.

(2) 시장조사: 제16조 이하

게이트키퍼, CPS 지정과 DMA 준수 여부 확인에 있어서 시장조사(최대 12개월 이내)는 중요한 의미를 가진다.[20)] 특정한 서비스 제공자가 게이트키퍼의 정량요건을 충족하지 못하였을지라도 제17조의 게이트키퍼 시장조사 결과에 따라 게이트키퍼로 지정될 수 있고, 제19조의 새로운 서비스와 행위에 관한 시장조사 절차에 의하여 CPS도 영향을 받을 수 있다. 제18조는 지속적, 체계적 위반에 대한 시장조사를 규정하고 있다. 이러한 피드백 프로세스에 의하여 집행위원회는 사업자, 서비스, 사안별로 유연한 대응을 할 수 있게 되지만, 반대로 수범자는 자신이 DMA에 의하여 어떠한 의무를 부담하는가에 있어서 불확실성을 겪을 수 있다.[21)]

DMA의 시장조사는 집행위원회가 2020년 6월에 제안한 '새로운 경쟁도구'에서 비롯되었는데, 독일은 이를 도입하고 발전시켰고 네덜란드와

19) Case DMA.100047. Commission, Press release, "Commission designates Apple's iPadOS under the Digital Markets Act", 2024.4.29.

20) 실무상 집행위원회가 시장조사 과정에서 파악한 내용은 나중에 개별 사건에서 절차를 진행하고 법위반행위를 판단함에 있어서 참고로 활용될 수 있을 것으로 보인다.

21) Mehmet Bilal Unver, "Regulation of the Digital Markets in the UK, US, and the EU", In Kalpana Tyagi, Anselm Kamperman Sanders, Caroline Cauffman (Eds.), Digital Platforms, Competition Law, And Regulation (Conccurence 2024), p.190

스웨덴도 이러한 도구를 국내법에 도입할지 검토중이다.[22] 또한, 집행위원회가 게이트키퍼 지정을 위한 시장조사에서 '디지털 시장 자문 위원회'의 의견을 청취하는 것도 우리나라가 참고할 만하다.

2. 컴플라이언스 보고서(Compliance report): 제11조

컴플라이언스 보고서는 집행위원회가 게이트키퍼가 DMA를 준수하도록 하는 표준화된 도구이자 시작점이다. 컴플라이언스 브고서는 집행위원회가 지정된 게이트키퍼에 대한 DMA 규제를 실행함에 있어서 내용상·절차상 핵심적인 역할을 한다.[23] 게이트키퍼는 집행위원회의 '컴플라이언스 보고서 양식'에 맞게 보고서를 작성하여 지정 후 6개월 이내에 집행위원회에 제출하여야 하고, 최소 연 1회 이상 이를 업데이트해야 한다. 컴플라이언스 보고서는 지정된 게이트키퍼가 DMA를 효과적으로 준수하고 있는지를 평가하는데 필요한 모든 관련 정보를 상세하고 투명하게 담고 있어야 하고, 관련된 핵심 플랫폼 서비스 전부를 다루어야 한다(DMA 준수를 위하여 자신이 취한 조치 포함).[24] 이에 따라 2023.9.6.에 지정된 6개 게이트키퍼는 집행위원회에 2024.3.6 전에 자신의 컴플라이언스 보고서를 제출하였고, 공개 버전인 요약본은 집행위원회의 홈페이지에 게재되어 있다.[25]

공개된 요약본은 대체로 게이트키퍼가 DMA를 준수하였다는 취지에서

22) David Bosco, *op. cit.*, repère 2.

23) 게이트키퍼와 CPS 지정만으로는 게이트키퍼에게 어떠한 불이익이 현실화되지는 아니한다.

24) Commission, News article, "Commission publishes template for compliance report under the DMA", 2023.10.9.

25) https://digital-markets-act-cases.ec.europa.eu/reports/compliance-reports

DMA 준수를 위하여 자신이 새로 도입하거나 변경한 사항을 기재하고 있다. 게이트키퍼의 비공개 컴플라이언스 보고서는 플랫폼 운영 방식과 사업모델에 관한 중요한 내용을 담고 있을 것으로 여겨진다. 집행위원회는 제출된 컴플라이언스 보고서를 기초로 게이트키퍼의 DMA 위반 여부를 구체적으로 검토하게 되고, 만약 위반의 소지가 있다면 후술하는 '절차개시 결정'을 내리게 된다.

3. 보조적인 방안: 프로파일링 보고서, 합병 목록, 내부고발

(1) 소비자 프로파일링 기법 보고서: 제15조

게이트키퍼는 핵심 플랫폼 서비스에 적용된 소비자 프로파일링 기법에 대한 정보를 설명하는 보고서를 작성한 후 독립적인 검수자의 평가를 거쳐 이를 집행위원회에 제출해야 한다. 소비자 프로파일링이란 소비자 데이터를 활용해 개별 프로필을 생성하고 이를 통하여 타겟 콘텐츠를 제공하는 방식을 뜻한다. 이에 따라 2023.9.6.에 지정된 6개 게이트키퍼들은 집행위원회의 양식에 기초한 프로파일링 보고서를 2024.3.7. 전에 집행위원회에 제출하였고 공개된 요약본은 집행위원회 홈페이지에 게재되어 있다.[26] 이러한 프로파일링 기법 보고서 제도는 투명성을 강화한다는 의미는 있으나, 내용이 모호하고 구속성이 높지는 않아서 실질적인 효력이 있는지는 의문이다.[27]

---

26) Commission, News article, "Commission publishes template for reporting on consumer profiling techniques under the Digital Markets Act", 2023.12.12.

27) 동지, Jean-Christophe Roda, "Le Digital Market Act(2e partie)", Communication Commerce électrinique n°3, mars 2023, étude 6.

(2) 합병 목록 공지(List of acquistion): 제14조

게이트키퍼는 DMA 제14조 요건을 충족하는 모든 인수계획에 대해서는 집행위원회가 마련한 양식에 따라 집행위원회에 이를 통지해야 한다. 게이트키퍼가 집행위원회에 통보한 인수 목록은 집행위원회 홈페이지에 게재된다(예: 마이크로소프트의 2023.10.10. 블리자드의 인수). 한편, 일반적으로 지배력을 취득하기 어려운 소수 지분 취득에 대해서는 유럽 경쟁당국이 사전적인 합병 심사를 시행하는 것이 드문데, 마이크로소프트의 오픈AI 지분 취득 및 제휴를 계기로 게이트키퍼가 제휴(partnership) 계약 체결을 통하여 생성형 AI 사업자를 실질적으로 지배하는 것이 아니냐는 우려가 제기되고 있다.[28] 이러한 관점에서 DMA 제14조(Obligation to inform about concentrations)를 적극적으로 해석하여, 게이트키퍼는 소수 지분 취득 관련 정보도 집행위원회에 고지하고 공개하여야 한다는 지적도 있다.[29]

---

28) 예컨대 독일 연방카르텔청은 2023년 11월에 마이크로소프트와 오픈AI 간 투자와 제휴가 기업결합 신고 대상에 해당하는지를 검토하였다. 독일 연방카르텔청은 이는 직접적인 기업결합 규제 대상은 아니라고 하였으나, AI 시장에서 주요 사업자들이 신생 기업에 어떻게 참여하는지에 대하여 주의 깊게 살펴보겠다고 하였다. 그리고 연방카르텔청은 만약 마이크로소프트가 추후에 오픈AI에 대한 영향력을 확대한다면, 해당 기업들이 기업결합 신고의무가 있는지를 다시 검토할 것이라고 밝혔다. Bundeskartellamt, Press release, "Cooperation between Microsoft and OpenAI currently not subject to merger control", 2023.11.15. Bundeskartellamt, Annual Report for 2023/24, p.42.

29) Autorité de la concurrence, avis 24-A-05 du 28 juin 2024 relatif au fonctionnement concurrentiel du secteur de l'intelligence artificielle générative.

(3) 내부고발 촉진 위한 '휘슬블로어 장치(whistleblower tool)'[30]

집행위원회는 게이트키퍼의 모든 DMA 의무 위반을 쉽게 고발할 수 있는 내부고발 장치를 DMA 홈페이지에 설치하였다. 누구나 익명 혹은 실명으로, EU내 모든 언어로, 어떠한 형태로든(보고서, 메모, 이메일 교환, 내부 검토, 결정 등) 관련 정보를 제공할 수 있다. 집행위원회는 내부고발자가 제공한 모든 정보, 내부고발자와 집행위원회 사이의 모든 의사교환을 암호화함으로써 강력한 제보자 신원 보호장치를 마련하였다. 공정거래위원회도 기업집단 내부거래, 부당한 공동행위, 제약 리베이트 등 민감한 내부고발 정보를 암호화하여 내부고발자를 확실하게 보호하는 장치를 마련하는 방안을 강구할만하다.

4. 구체화 절차(Specification proceeding): 규제에 관한 집행위원회와 게이트키퍼 간의 협의

(1) DMA 제6조에 따른 의무의 구체화

DMA의 의무 규정은 해석의 여지가 있는 표현을 다수 사용하고 있어, 집행위원회는 DMA 집행에 있어서 상당한 해석 재량권을 가지게 된다. 통상적으로 경쟁법에서 사전규제는 명확하고 일의적인 내용을 담고 있고, 사후규제는 해석의 여지를 두고 있는 경우가 많은데, 이와 비교하면 DMA에서는 사전규제의 성격을 가지고 있는 의무 규정도 내용이 모호하고 범위가 넓은 편이다. 그런데 DMA의 의무 규정은 의도적으로 불명확하게 디자인된 측면도 있다. 즉 DMA 제5조는 명확하고 구체적인 자기집

30) Commission, Press release, "Commission launches Whistleblower Tools for Digital Services Act and Digital Markets Act", 2024.4.30. https://digital-markets-act.ec.europa.eu/whistleblower-tool_en

행적인 의무여서 바로 효력을 가질 수 있도록 하는 한편, 제6조는 충분히 특정되지 아니하여 구체화 절차를 예정하고 있다. 이처럼 DMA 제6조와 제8조에 기초한 집행위원회와 게이트키퍼 간의 규제 협의(regulatory dialogue)를 통해서 제6조의 의무는 구체화되고 합리화될 수 있다.[31] 이처럼 집행위원회와 게이트키퍼가 협의를 통하여 DMA상의 특정한 의무를 구체화하는 절차는 마치 경쟁법상 동의의결을 연상시키기도 한다.[32] 그런데 집행위원회의 이러한 '구체화 절차'는 집행위원회가 게이트키퍼가 DMA의 의무를 미준수하였음을 결정하는 권한(과징금과 이행강제금 부과 등)과 다른 별개의 방안이다. 즉, 구체화 절차는 준수해야 하는 의무 그 자체를 상세화하는 것이다.[33]

이에 대해서는 DMA 제5조와 제6조의 의무 구조는 복잡하고 예측가능성을 떨어뜨린다는 비판이 있다. 이러한 견해는 제5조와 제6조의 의무는 사실상 자동적으로(quasi-automatically) 적용되는 반면에, 제9조(유예)와 제10조(공중보건과 공중안전)에 기초한 예외 요건은 상당히 까다롭고 입증책임도 게이트키퍼에게 전환되기 때문에 적용 예외가 인정되기 어렵다고 지적한다.[34]

---

31) DMA 제6조는 제목에서부터 "제8조에 의하여 더 구체화될 수 있는 게이트키퍼의 의무"라고 규정하고 있다.

32) Oles Andriychuck, "The Digital Market Act Tailoring the Tailors", In Kalpana Tyagi, Anselm Kamperman Sanders, Caroline Cauffman (Eds.), *Digital Platforms, Competition Law, And Regulation* (Conccurence 2024), p.56-60. 이 글은 DMA 집행이 파편화됨으로써 협상력의 균형이 게이트키퍼에게 치우지치 아니하도록, DMA는 집행위원회에게 DMA의 집행을 일임하였고, 사적 집행보다 공적 집행을 중시하고 있다고 지적한다.

33) Commission, Press release, ""Commission starts first proceedings to specify Apple's interoperability obligations under the Digital Markets Act", 2024.9.16. Commission, Press release, "Commission seeks feedback on the measures Apple should take to ensure interoperability under the Digital Markets Act", 2024.12.19.

(2) 구체화 절차의 첫 사례: 애플의 상호운용성

집행위원회는 2024.9.16. 애플이 iOS 및 iPadOS 운영 체제에서 제어하는 하드웨어 및 소프트웨어 기능의 상호운용성과 관련하여 두 건의 구체화 절차를 개시하였다(6개월 내에 종결 예정).[35] 이러한 구체화 절차는 DMA 제6조 제7항의 의무 준수와 관련하여 집행위원회와 애플이 규제 협의를 시작하는 것을 의미한다.[36] 이와 관련하여 집행위원회는 애플에 예비 결과를 전달하고 이에 대한 애플과 제3자의 의견도 청취한다. Margrethe Vestager 전 부집행위원장은 구체화 절차에 대하여 애플이 상호운용성 의무를 효과적으로 준수할 수 있도록 건설적인 대화를 통해 안내하는 것이라고 말하였다.[37] 이를 토대로 집행위원회는 2024.12.18. 애플에게 DMA에 따라 상호운용성을 보장하기 위하여 취해야 할 조치를 제안하는 예비적 판단(preliminary finding)을 채택하였다. 이러한 예비적 판단은 해당 게이트키퍼와 제3자가 집행위원회가 구체화하려는 조치에 대해서 피드백을 주도록 하는 중간 단계(intermediate step)에 해당한다.[38]

이처럼 '규제 협의' 내지 '구체화 절차'에 따라 게이트키퍼의 CPS에 관한 제6조의 의무 내용은 달라질 수 있다. 따라서 반드시 DMA의 의무가

---

34) Mehmet Bilal Unver, supra, p.184-185.

35) 첫 번째 절차는 iOS의 연결 기능과 이를 활용하는 기기(스마트워치, 헤드폰, VR 헤드셋 등)에 초점을 맞추고, 두 번째 절차는 개발자가 iOS와 iPadOS에 관하여 애플에게 상호운용성을 요청하는 절차에 중점을 두고 있다.

36) DMA 제8조 제2항에 따라 집행위원회는 게이트키퍼가 실질적인 DMA 의무를 효과적으로 준수하도록 이행하여야 할 조치를 구체화할 수 있다.

37) Commission, Press release, "Commission starts first proceedings to specify Apple's interoperability obligations under the Digital Markets Act", 2024.9.16.

38) Commission, Press release, "Commission seeks feedback on the measures Apple should take to ensure interoperability under the Digital Markets Act", 2024.12.19. Case DMA.100203 and DMA.100204 Digital Markets Act, 2024.12.18.

게이트키퍼와 CPS들에게 동일하고 일률적으로 적용된다고 보기는 어렵다. 다만, 구체화 절차가 건설적이고 양방향 소통이 되는 대화를 통해 효과적인 방안을 도출하는 형태로 진행되는지, 아니면 집행위원회가 일방적으로 게이트키퍼에게 필요한 조치를 하명하는 방식인지는 좀 더 지켜볼 필요가 있다.

5. 위반(Non-compliance) 조사 절차

(1) 위반 조사 절차의 개시

게이트키퍼가 시행한 컴플라이언스 조치가 DMA의 의무를 효과적으로 준수하지 아니하고 있다고 의심될 때, 집행위원회는 대상 행위에 대하여 조사 단계(investigatory steps)를 밟게 된다(제20조). 이 과정에서 집행위원회는 제18조에 의하여 시장조사를 실시할 수 있고, DMA의 효과적인 이행과 준수를 모니터링하기 위하여 특정한 문서를 보관할 것을 게이트키퍼에게 명할 수도 있다.[39] 물론 위반 조사 절차가 개시되었다고 하여 법위반행위라고 단정되는 것은 아니다.

(2) 예비조사 결과 통보와 DMA 위반 최종 결정

조사 절차를 진행한 결과 DMA 의무 위반으로 여겨지면, 집행위원회는 해당 게이트키퍼에게 '예비조사 결과를 통보'하고, 집행위원회가 고려하고 있는 조치나 게이트키퍼가 취해야 할 조치를 설명하게 된다. 게이트키퍼는 집행위원회의 조사파일을 검토하고 예비조사 결과에 대하여 서면으로 답변함으로써 방어권을 행사할 수 있다.[40] 더 나아가 집행위원

39) Commission, Press release, "Commission opens non-compliance investigations against Alphabet, Apple and Meta under the Digital Markets Act", 2024.3.25.

회의 예비적 판단이 최종적으로 확인될 경우 집행위원회는 게이트키퍼의 행위가 DMA 위반이라는 결정을 내리게 된다. DMA 위반 최종 결정은 아직 진행된 바는 없으나, 이는 EU Regulation(CE) n°1/2003 2002.12.16.에 기초한 기존의 시장지배적지위남용행위 절차와 비슷할 것이다.[41]

II. DMA 위반에 대한 절차 개시 현황

이하에서는 집행위원회가 DMA 위반을 이유로 절차를 개시한 사례를 언급한다. 집행위원회는 2024.3.25. 알파벳·애플·메타가 제안한 해결책이 DMA를 준수하지 못하였다고 보아, 알파벳·애플·메타에 대한 5건의 non-compliance 절차 개시를 결정하였다. 이어서 집행위원회는 2024.6.24. 애플의 새로운 계약조건에 대해서도 non-compliance 절차 개시를 결정하였다.[42] 집행위원회는 절차 개시 후 12개월 이내에 조사를 마칠 예정이므로, 2025년 3월 경에는 복수의 DMA 위반 케이스의 조사가 종료될 예정이다. 조사 절차가 개시된 사건은 게이트키퍼의 사업모델과 직결되는 중요한 사항을 다루고 있다.

---

40) Commission, News article, "Commission sends preliminary findings to Apple and opens additional non-compliance investigation against Apple", 2024.6.24.

41) Jean-Louis Fourgoux, *op. cit.*

42) 집행위원회는 실질적인 DMA 시행일(2024.3.7)로부터 20일도 지나지 않은 2024.3.25.에 마이크로소프트, 애플, 메타에 대하여 절차개시 결정을 한 것으로 보아, 위 게이트키퍼의 대상 CPS에 대하여 이미 DMA 위반 여부를 검토해 온 것으로 추측된다.

1. 2024.3.25 알파벳 절차 개시[43]: 앱스토어 운영과 검색결과의 표시

(1) 앱스토어 구글 플레이 운영 규정 관련

DMA 제5조 제4항에 따르면, 게이트키퍼는 앱 개발자가 게이트키퍼의 앱 스토어 밖에서 제안이 이루어지도록 소비자를 유도(steer)하는 것을 무료로 허용해야 한다. 그런데 알파벳의 2024년 컴플라이언스 보고서에 따르면, 알파벳은 구글 플레이 스토어와 관련하여, 외부 링크를 허용하지만 초기 획득 수수료를 부과할 것이고, 이 수수료는 자동 갱신 구독의 경우 5%, 앱 내에서 소비가능한 기타 제안의 경우 10%라고 하였다. 또한, 알파벳은 구글 플레이의 보안 및 업데이트 서비스를 계속 제공하는 대가로 추가 수수료를 받을 것이라고 밝혔는데, 수수료율은 자동 갱신되는 구독의 경우에는 7%, 앱 내에서 소비가능한 기타 제안의 경우에는 17%가 된다. 하지만 집행위원회는 다양한 수수료 부과를 담고 있는 알파벳의 조치는 DMA를 준수하지 못할 수 있다고 보았다. 즉, 알파벳이 제시한 조치는 개발자가 자유롭게 소통하고 자신의 제안을 홍보하며 계약을 직접 체결할 능력을 제약한다고 보아, 집행위원회는 위반 절차를 개시하였다.

(2) 검색결과 자사우대 관련

또한, 집행위원회는 알파벳의 구글 검색 결과 표시가 유사한 경쟁서비스에 비하여 구글의 검색서비스(예: 구글 쇼핑 등)를 우대하는지를 판단

43) Case DMA.100075. Commission, Press release, "Commission opens non-compliance investigations against Alphabet, Apple and Meta under the Digital Markets Act", 2024.3.25.

하기 위하여 절차를 개시하였다. 집행위원회는 알파벳이 제시한 준수 조치에 의하더라도, 구글의 검색결과 페이지에 표시되는 제3자 서비스가 알파벳의 자체 서비스와 비교하여 공정하고 비차별적인 방식으로 처리되지 않을 수 있다고 우려하였다(DMA 제6조 제5항 위반 가능성).

2. 2024.3.25 애플 절차 개시

(1) 애플 앱 스토어 운영 규정 관련44)45)

DMA 제5조 제4항에 의하면, 애플의 App Store를 통하여 앱을 배포하는 개발자는 무료로 고객에게 저렴한 대체 구매 가능성을 알리고 고객을 자신의 제안으로 이끌 수 있으며 고객의 구매를 허용할 수 있어야 한다. 그런데 애플은 컴플라이언스 보고서에서 앱 개발자가 App Store 내에서 자신의 웹사이트로 연결시키는 것을 허용했지만, 이 링크를 통하여 7일 이내에 발생한 컨텐츠 구매에 대해 17%의 수수료(첫 해 이후에는 구독에 대해 10%)를 부과하겠다고 밝혔다. 애플은 비즈니스 사용자에게는 2024.3.7 이후의 새로운 비즈니스 조건(엄격한 조건 하에 앱 내 링크 허용)과 종전의 비즈니스 조건(앱 내 링크 불허) 중 양자 택일하도록 하였다. 하지만 집행위원회는 다양한 제한과 제약이 덧붙여진 애플의 이러한 준수 조치가 DMA를 준수하지 못할 수 있다고 보아 위반 조사 절차를 개시하였다. 즉, 이는 특히 개발자가 자유롭게 소통하고 자신의 제안을 홍보하며 계약을 직접 체결하는 능력을 제한한다는 것이다. 또한 집행위원회는 애플이 비즈니스 사용자와 계약 체결후 다양한 수수료를 반복적으

44) Case DMA.100109.

45) Commission, Press release, “Commission opens non-compliance investigations against Alphabet, Apple and Meta under the Digital Markets Act”, 2024.3.25.

로 부과하는 것도 검토한다고 하였다.

이어서 집행위원회는 2024.6.24. 위 사항이 DMA 위반이라는 예비적 판단을 애플에 통보하였는데, 이는 App Store 유도 규정을 포함한 앱 개발자에 관한 거래 조건이 앱 개발자가 고객을 자유롭게 유도하는 것을 허용하지 않는다고 본 것이다.[46] 즉, 애플은 'link-outs(링크 아웃)'을 통한 유도를 허용하기는 하지만,[47] 애플이 부과한 다양한 제한으로 인하여 앱개발자는 자신이 선택한 배포 채널을 통해서 고객과 소통하고 자신의 제안을 홍보하며 계약을 체결하는 것을 방해받고 있다는 것이다. 그리고 집행위원회는 애플은 App Store를 통해 앱 개발자가 신규 고객을 확보하는 것을 지원한 대가로 수수료를 받을 수 있지만, 애플이 부과하는 수수료는 위 보상에 필요한 범위를 넘어선다고 보았다. 이처럼 집행위원회는 공정성 측면에서 애플 앱스토어의 수수료 체계를 직접적으로 다루고 있는데, 적절한 수수료 판단에 대해서는 논란이 발생할 수 있다.

(2) iOS user 선택 의무 관련[48][49]

DMA 제6조 제3항에 따라 게이트키퍼는 최종 사용자가 운영 체계에서 소프트웨어 응용 프로그램을 쉽게 제거할 수 있도록 허용하고 기술적으로 가능하게 해야 한다. 애플은 컴플라이언스 보고서에서, ① 최종 사용자가 iOS에서 Safari, App Store, 설정, 전화, 메시지, 사진, 카메라를 제외

46) Commission, News article, "Commission sends preliminary findings to Apple and opens additional non-compliance investigation against Apple", 2024.6.24.

47) 즉, 앱 개발자는 고객을 계약체결이 가능한 웹 페이지로 다시 보내는 링크를 앱에 포함시킬 수 있다.

48) Case DMA.100185.

49) Commission, Press release, "Commission opens non-compliance investigations against Alphabet, Apple and Meta under the Digital Markets Act", 2024.3.25.

한 모든 소프트웨어 앱을 쉽게 삭제할 수 있도록 하고, ② 웹브라우저, 메일 앱, 마켓플레이스 앱, 비접촉결제 앱과 관련된 기본 설정을 iOS에서 변경할 수 있게 하였으며, ③ 사용자에게 아이폰상 브라우저나 검색엔진과 같은 대안적인 디폴트 서비스를 선택할 수 있도록 효과적이고 용이하게 선택 화면을 제공(Safari를 처음 열 때 최종 사용자가 기본 웹 브라우저를 선택할 수 있도록 선택 화면을 표시)하였다고 주장하였다. 하지만 집행위원회는 웹 브라우저의 선택 화면 디자인을 포함하여 애플의 준수 조치가 사용자로 하여금 애플 생태계 내에서 서비스 선택권을 온전히 행사하지 못하게 할 수 있다고 보아 절차를 개시하였다.

3. 2024.3.25. 메타 절차 개시[50)]

메타가 DMA 준수 조치로서 집행위원회에 제시한 'Pay or Consent model[51)]'에 대하여, 집행위원회는 이는 서로 다른 핵심 플랫폼 서비스 전반에서 개인 데이터를 결합하거나 교차 사용하려는 경우 사용자로부터 동의를 받아야 한다는 DMA 제5조 제2항을 위반하는지에 대한 절차를 개시하였다. 동 규정은 게이트키퍼는 지정된 핵심 플랫폼 서비스와 다른 서비스 간 개인정보를 결합하기 위해서는 사용자의 동의를 얻어야 하고, 만약 사용자가 동의하지 않으면 덜 개인화되었지만 동등한 대안을 제공해야 한다고 하고 있다. DMA 시행과 더불어, 메타는 2023.11 '결제 혹은 동의'라는 이분법적인 선택을 도입했는바, 결과적으로 EU 내 Facebook이나 Instagram 사용자들은 ① 개인정보를 맞춤형 광고 목적으

50) Case DMA.100055. Commission, Press release, "Commission opens non-compliance investigations against Alphabet, Apple and Meta under the Digital Markets Act", 2024.3.25.

51) Case 결정문에서는 'Consent or Pay advertising model'이라고 하기도 한다.

로 처리하고 결합하는데 동의하고, 개인화된 광고(맞춤형 광고)가 포함된 버전의 소셜네트워크를 무료로 이용하는 방안과, ② 위 동의를 거부하고 광고가 없는 버전의 소셜네트워크를 매월 유료 구독하는 방안 중에서 택일해야 한다. 요컨대 사용자가 맞춤형 광고를 위한 개인정보 제공에 동의하기 싫으면 무광고 버전을 유료 구독하라는 취지이다.

집행위원회는 메타의 '지불 혹은 동의 모델'의 경우, 사용자가 동의하지 않으면 사용자에게 실질적인 대안을 제공하지 못할 수 있고, 이로 인하여 게이트키퍼가 개인 데이터를 축적하는 것을 방지하겠다는 목표를 달성하지 못할 수 있다고 우려하였고, 집행위원회는 2024.7.1 메타의 모델이 DMA를 위반하였다는 예비조사 결과를 통보하였다.[52] 즉, 집행위원회는 메타의 이분법적인 선택 방식은 사용자에게 개인 데이터 결합에 동의하도록 강요하고 있고, 메타는 덜 개인화되었지만 동등한 버전의 소셜네트워크를 제공하지 않고 있다고 보았다. 온라인 플랫폼은 온라인 광고 서비스를 제공하기 위하여 자신의 서비스 및 제3자의 서비스에서 개인정보를 수집하는데, 게이트키퍼는 광범위한 사용자들에게 이용조건을 강요함으로써 막대한 양의 개인정보를 취득할 수 있다. 이러한 개인정보 축적은 경쟁자에게 있어서는 진입장벽으로 작용한다는 것이 집행위원회의 시각이다.[53]

---

52) Commission, Press release, "Commission sends preliminary findings to Meta over its "Pay or Consent" model for breach of the Digital Markets Act", 2024.7.1.

53) EU 사법재판소도 Meta Platforms 사건에서 디지털 시장에서는 개인정보가 중요하고 이는 경쟁정책과도 관련이 있다고 보았다. 그리고 사법재판소는 시장지배적지위남용과 관련해서 EU GDPR 위반 여부가 남용행위의 존재를 평가하는데 활용될 수 있다고 하였다. CJUE, 4 juil. 2023, aff. C-252/21. Jean-Christophe Roda, "Un an de droit de la concurrence dans l'univers numérique", Communication Commerce électrinique n°12, déc. 15 2023.

4. 2024. 6.24 애플 절차 개시[54)]

또한 집행위원회는 애플의 App Store에 관한 앱 개발자와의 새로운 계약조건에 대하여 절차 개시를 결정하였다. 집행위원회는 애플 App Store 규정이 앱 개발자가 앱 사용자와 자유롭게 소통하는 것을 막고 있는 것 아닌지를 우려하는데, 이에 관해서는 DMA 제5조 제4항 및 제7항, 제6조 제4항 및 제7항, 제13조 제4항 및 제6항이 문제 된다. 집행위원회는 애플의 비즈니스 조건이 앱 개발자와 최종 사용자가 대체 배포를 효과적으로 활용할 수 있도록 보장하는지, 애플이 새로운 계약 조건에서 부과한 수수료 구조, 특히 핵심 기술 수수료(Core Technology Fee)가 DMA를 준수하는지(제3자 앱스토어 제공자와 제3자 앱 개발자는 설치 건당 0.5 유로 지불), 사용자가 대체 앱 스토어나 앱의 다운로드 및 설치를 완료하기 위하여 거쳐야 하는 여러 단계의 과정과 애플이 사용자에게 보여주는 다양한 정보 화면이 DMA를 준수하는지, 아이폰에서 대체 앱 스토어를 제공하거나 웹에서 앱을 직접 배포하기 위하여 충족하여야 하는 개발자 자격요건이 DMA를 준수하는지를 살펴볼 예정이다.

Ⅲ. DMA의 집행기관, DMA와 경쟁법과의 관계

이하에서는 DMA를 집행에 관여하는 기관과 DMA와 기존의 규정과의 조화에 대해서 기술한다.

54) Case DMA.100206. Commission, News article, "Commission sends preliminary findings to Apple and opens additional non-compliance investigation against Apple", 2024.6.24.

1. 집행위원회 중심의 DMA 집행: 회원국 경쟁당국의 역할도 중요

대부분의 회원국들은 DMA를 집행하기 위한 국가 차원의 입법 방안을 도입하였는데, 회원국 차원에서는 통상적으로 회원국 경쟁당국이 DMA의 유일한 담당기관으로 지정되었다.[55] 그런데 집행위원회가 DMA에 따른 절차를 개시하면, 그 이후에는 회원국 경쟁당국이 조사를 새로이 행할 수 없고, 만약 회원국 경쟁당국이 DMA 사안을 조사 중이었다면 회원국 경쟁당국은 조사를 종료하고 집행위원회에 그간의 조사 결과를 전달하게 된다는 점에서(제38조 제7항), DMA의 주된 집행 주체는 집행위원회이다.[56] 하지만 DMA가 원활하게 작동하기 위해서는 집행위원회와 회원국 경쟁당국의 긴밀한 협력이 필요하다.[57]

이와 관련하여 DMA 제1조 제7항은 회원국 경쟁당국은 집행위원회의 DMA에 관한 결정에 상충되는 결정을 내리지 말아야 하고, 집행위원회는 DMA 집행에 관하여 회원국 경쟁당국에게 자문을 구할 수 있다고 한다. 더 나아가 DMA 제37조와 제38조는 집행위원회와 회원국 경쟁당국의 협

---

55) 프랑스에서는 상법 Article L. 450-11에 따라, 경쟁위원회와 경제부(DGCCRF)가 DMA 규정의 집행당국이 되었다. DGCCRF는 집행위원회에게 DMA 위반에 관한 조사를 행하도록 요구할 수 있다(프랑스 상법 Article L. 490-9). Irène Luc, "The DMA and its Intersection with French Regulation", In Gabriella Muscolo and Alessandro Massolo (Eds.), *Navigating The DMA, Application Across National Jurisdictions* (Concurrence, 2025), p.75, 76. DMA와 상관없이 경쟁위원회와 DGCCRF는 프랑스의 경쟁법 집행기관에 해당한다.

56) 이러한 집행위원회 중심의 DMA 집행은 유럽 경쟁당국 네트워크(ECN)를 강화하고 집행위원회가 경쟁법 집행 권한을 회원국 경쟁당국에게 이양하던 최근의 기류와는 다르다.

57) Gabriella Muscolo and Alessandro Massolo, "Overview", In Gabriella Muscolo and Alessandro Massolo (Eds.), Navigating The DMA, Application Across National Jurisdictions (Concurrence, 2025), p.14-18.

력에 대해서 규정하는데, 예컨대 집행위원회는 회원국 경쟁당국에게 시장조사를 실행하도록 요청할 수 있고, 회원국 경쟁당국이 DMA 위반 여부를 적극적으로 점검하는 역할(조사 포함)에 참여할 수 있도록 하고 있다.

한편, 집행위원회와 회원국 경쟁당국들이 DMA 집행에 관한 정보를 주고받고 협력(예: 공동 조사팀의 구성)하기 위한 플랫폼으로서 ECN(European Competition Network)이 주목을 받고 있다. 집행위원회는 이미 네덜란드, 이탈리아, 스페인, 벨기에, 룩셈부르크와 DMA 집행 협력에 관한 협정을 채결하였다고 한다.[58] 추가적으로 'DMA high-level group'이 DMA와 관련하여 중복 집행을 막고 관련된 규정을 조화롭게 적용하는 역할을 한다.[59]

그리고 DMA 제38조에 의하여 게이트키퍼에 대하여 조사를 시작하거나 의무를 부과하려고 하는 회원국 경쟁당국은 집행위원회에게 이를 알려야 하기 때문에, 집행위원회는 회원국에서 일어나는 게이트키퍼에 관한 조사와 조치를 알고 있게 된다. 제38조 제7항에 따라, 회원국 경쟁당국은 자국법에 따라 권한을 부여 받은 경우, DMA 의무 위반 여부에 대해서 자체적으로 조사할 수는 있다. 특히 이러한 권한은 해당 행위가 DMA, 경쟁법 또는 둘 다에 위배되는지가 명확하지 않을 때 의미가 있다. 하지만 제38조에 따라 집행위원회는 경쟁당국으로부터 정보를 제공받게 되고, 집행위원회는 DMA의 틀 안에서 조사를 개시하고 결정을 내릴 수 있기 때문에, 집행위원회가 게이트키퍼의 DMA 위반에 대해서 절차개시할 경우 실질적으로 집행위원회가 이를 마무리하게 되고 회원국 경쟁당국은 해당 사안에서 손을 놓게 된다.[60] 이처럼 집행위원회는 게이

58) Gabriella Muscolo and Alessandro Massolo, *supra*, p.14-18.
59) Irène Luc, *supra*, p.77.
60) Irène Luc, *supra*, p.75.

트키퍼의 DMA 위반행위에 관하여 조사상 우선권을 가지므로, 집행위원회가 게이트키퍼와 CPS를 지정하면 회원국 경쟁당국의 권한은 그만큼 제한되고, 실질적으로는 회원국 경쟁당국은 게이트키퍼 사업자에 있어서는 CPS로 지정되지 아니한 나머지 서비스에 대해서 집행할 권한을 가지는 셈이 된다.[61)]

이와 관련하여 독일 연방카르텔청이 구글의 데이터 처리 관행에 대하여 조사한 사건이 의미가 있다. 이 사건에서는 구글이 자신의 서비스들을 넘나드는 이용자의 데이터를 어떻게 수집하고 처리하는지, 사용자가 자신의 데이터를 충분히 제어할 수 있는지가 쟁점이었다. 구글은 이용자 데이터가 다양한 서비스에서 처리되는 것에 있어서, 이용자가 구체적인 정보를 제공받고서, 자유롭고 명확하게 동의를 할 수 있도록 하겠다고 약속하였다. 당시 구글은 이미 DMA에 따라 지정된 CPS[62)]에 대해서는 개인 데이터 처리 및 결합에 관한 DMA 제5조 제2항의 의무를 부담하고 있었으므로, 구글과 연방카르텔청 간의 약속은 구글의 다른 25개 서비스[63)]를 대상으로 하였다.[64)] 이 사건에서 집행위원회와 독일 연방카르텔청은 경쟁법과 DMA가 긍정적으로 상호작용하고 연방카르텔청이 내린 결론이 DMA 제5조 제2항과 어울리도록 조사 과정에서부터 서로 긴밀히

61) Sascha Dethof, Lea Josten, "Bundeskartellamt Gives Users of Google Services Better Control over their Data on the Basis of Section 19a of the German Competition Act, GWB (Germany)", Journal of European Competition Law & Practice, 15(2), March 2024, p.113-115.

62) Google Shoping, Google Play, Google Maps, Google Search YouTube, Google Android, Google Chrome, Google's online advertisement services.

63) Gmail, Google News, Assistant, Contacts, Google TV 등.

64) 디지털 경제에 대응하여 진행된 독일 경쟁제한방지법 제10차 개정의 취지와 내용에 대해서는, 유영국, "독일 경쟁제한방지법 제10차 개정(안)의 주요 내용과 독점규제법상 시사점", 「경쟁법연구」, 한국경쟁법학회(제42권, 2021), 216면 이하에 상술되어 있다.

협력하였다고 한다. 이를 통하여 회원국 경쟁당국의 조치가 DMA의 목적에 어긋나지 않고 일사부재리(ne bis in idem)의 이념에 어긋나지 않게 된다.[65]

2. 기존의 EU, 회원국 규정과 DMA

DMA는 EU와 회원국의 다양한 디지털 시장 규율 수단 중 하나로서 기존의 EU 법·경쟁법과 조화를 이루면서 이들을 보완하는 역할을 한다.[66] 한편, DMA 규정은 단독행위를 비롯한 EU와 회원국의 종래 경쟁법 규정의 집행에는 영향을 미치지 아니한다.[67] 그러므로 경쟁법은 디지털 시장을 규율함에 있어 중심적인 역할을 계속해 나갈 것이다. 왜냐하면 게이트키퍼의 리스트에 포함되지 않은 플랫폼은 여전히 DMA의 영역 밖에 있게 되고, DMA에서는 제5조와 제6조에 따른 의무만이 플랫폼에게 가해지기 때문이다. 그리고 DMA 제5조와 제6조의 영역에 있어서는, DMA가 규정하고 있는 행위에 대해서 경쟁법을 병행하여 적용하는 것이 가능하다.[68]

DMA 제1조 제5항은 회원국이 게이트키퍼에게 국내 규정을 적용하는 것을 배제하고 있지 아니하고,[69] 더 나아가 제6항은 DMA는 반경쟁적인

---

65) Simon Reetz and Alexander Iken, "The Digital Markets Acts and Competition Law Enforcement in the Digital Economy: A German Perspective", In Gabriella Muscolo and Alessandro Massolo (Eds.), *Navigating The DMA, Application Across National Jurisdictions* (Concurrence, 2025), p.86-87.

66) Gabriella Muscolo and Alessandro Massolo, *supra*, p.14-15.

67) Commission, "Report on Competition Policy 2023", 2024.3.6, p.29. 집행위원회의 위 경쟁정책 보고서 제5장(단일 시장의 새로운 보완 도구)은 DMA에 대하여 '경쟁정책의 확장'을 의미한다고 기술하였다. Laurence IDOT, "Les nouveaux outils complémentaire de la politique de concurrence: premier bilan", Europe n°4, avril 2024, alerte 28.

68) Irène Luc, *supra*, p.74.

합의, 사업자단체의 결정, 담합, 시장지배적지위 남용행위를 금지하는 TFEU 제101조, 제102조와 회원국 경쟁법에 영향을 주지 않는다고 명시하고 있다. 그 외에 단독행위를 금지하는 다른 회원국 규정, 예컨대 우리나라의 거래상지위남용행위와 비슷한 역할을 하는 프랑스 상법의 심각한 불균형 금지 조항(déséquilibre significatif, significant imbalance)[70]도 게이트키퍼가 아닌 플랫폼을 겨냥하거나 DMA 제5조, 제6조가 아닌 다른 의무를 게이트키퍼에게 부과하는 경우에는 적용될 수 있다.[71]

3. 사적 집행(private enforcement)과 DMA

EU에서도 경쟁법 위반행위에 대한 사적 집행(보상, 무효)은 점점 중요해지고 있는데, 집행위원회가 DMA를 집행함에 있어서 사적 소송을 어느 정도 허용할 것이지가 논란이 되고 있다. 일부 견해[72]는 사적 집행 체계가 관할권마다 다양한 상황에서 DMA에 관한 사적 소송이 많아질 경우 DMA 집행이 파편화될 수 있다는 점을 우려하여, 집행위원회가 게이트키퍼에 대한 법위반 결정을 내린 이후에만 사후적으로 회원국 법원이 개입할 수 있다고 주장한다. 이에 반해 다른 견해[73]는 사적 집행이 DMA 집행에 있어서 중요한 역할을 해야 한다며 회원국 법원의 독자적인 역할을

---

69) 다만, 회원국이 DMA에 기초한 공정성과 경합성을 보장하기 위한 추가적인 의무를 게이트키퍼에게 부여하지는 못한다.

70) 프랑스 상법 Article L.442-1.

71) Irène Luc, supra, p.74, 75.

72) Assimakis Komninos, "The Digital Market Act and Private Enforcement: Proposals for an Optimal System of Enforcement", In Nicolas Charbit and Sébastien Gachot (Eds.), Antitrust Ambassador to the world (Concurrence 2021).

73) Magnus Strand, "Private Enforcement Under the Digital Market Act: Rights and Remedies Revisited", Nordic Journal of European Law, 7(2), 2024, p.120.

중시한다.[74]

이와 관련하여 DMA 제39조 제5항은 회원국 법원은 집행위원회의 DMA 집행에 반하는 결정을 할 수 없다고 규정함으로써, 집행위원회의 결정이 회원국 법원과 경쟁당국에 대해서 구속력을 가지도록 하고 있다. 사견으로는 이러한 구속력을 감안할 때, 전자(파편화 방지 중시)의 견해가 현실적이라고 여겨진다.

프랑스에서는 반경쟁적인 행위에 관한 소송을 전담하고 있는 법원과 재판부가DMA에 기초한 사적 소송도 마찬가지로 담당하게 되었다. 즉, 8개의 사법법원(judicial courts)과 8개 상사법원(commercial courts), 항소의 경우 '파리 항소법원(Paris Court of Appeal)의 특별 재판부'에 DMA 사적 소송이 집중되었다.[75] 이는 DMA 사적 소송이 효율적으로 진행되게 하고 재판의 완성도와 일관성을 높이기 위함이다.

IV. 정리

1. 신속한 절차 진행과 상시적·집중적인 게이트키퍼 감시체계

DMA는 기존의 경쟁법만으로는 다른 CPS 사업자가 시장에 새로 진입할 수 있는 환경을 만들기 어렵고, 설사 신규사업자가 등장하더라도 다른 게이트키퍼일 것이라는 인식에 바탕을 두고 있다.[76] 물론 다른 게이트키퍼가 특정한 CPS 시장에 새로이 진입할 경우 경쟁이 늘어난다는 측

74) Gabriella Muscolo and Alessandro Massolo, *supra*, p.16-17.

75) Irène Luc, *supra*, p.76.

76) Oles Andriychuck, *supra*, p.62.

면에서는 긍정적이겠지만, DMA가 추구하는 경합성과 공정성은 게이트키퍼가 아닌 일반 플랫폼 사업자도 CPS 시장에 신규 진입할 수 있고 기존의 게이트키퍼와 대등하게 경쟁할 수 있는 환경을 조성하는 것을 목표로 하는 것으로 보인다.

이러한 관점에서 DMA는 집행위원회에 강력한 집행 권한을 부여함과 동시에, 제5조와 제6조의 의무 규정에 다의적 해석이 가능한 용어들을 둠으로써 집행위원회에 상당한 해석 재량도 부여하고 있다. 게다가 DMA는 집행위원회로 집행기관을 집중함으로써 파편화를 방지하고, 집행위원회가 구체화 절차나 위반 절차 등에서 게이트키퍼에 대하여 협상력을 발휘할 수 있도록 하였다. 또한 집행위원회는 DMA의 효과적인 운용을 위해 다양한 장치와 절차를 구비해 두었다. 게이트키퍼와 CPS의 지정, 시장조사, 컴플리언스 보고서, 소비자 프로파일링 기법, 합병 목록 공지, 내부고발 장치, 구체화 절차와 위반 절차, 예비조사 결과 통보 등의 절차는, 결국 집행위원회가 이를 통해 연중 상시적, 집중적으로 게이트키퍼와 CPS를 관리, 감독하는 체제를 구축하였음을 보여준다. 즉, 전통적인 반경쟁적인 행위의 조사가 '하나의 과정'으로 길게 진행되었다면, DMA는 사전규제적 성격을 가진 제도를 혼합하고(지정, 자기집행적 의무), 위반의 기준이 되는 표준점(컴플리언스 보고서)을 미리 설정하고, 관련 시장을 미리 파악하고(시장조사), 불명확한 의무 내용은 미리 구체화하며(구체화 절차), 위반 의심시 절차를 개시하고 예비적 판단을 통보함으로써 조사와 제재를 상시적으로 준비하고 집행을 신속화하는 체제를 갖추었다.

더 나아가 DMA는 개별 절차마다 단기의 집행기한을 설정함으로써 집행위원회가 최대한 신속하게 위반 여부를 판단하고 제재를 진행하도록 하고 있다. 실제로 게이트키퍼와 CPS 지정, 시장조사, 컴플리언스 보고서 제출, 구체화 절차, 절차개시 결정 등에 있어서 집행위원회는 매우 빠른 진행 템포를 보이고 있다.[77] '빨리빨리'와는 거리가 멀고, 조직의 성과를 위하여 개인의 사정(휴가 등)을 희생하지 않는 유럽의 근로 문화를 감안하면, DMA의 빡빡한 기한 설정은 상당히 이례적이다. 그만큼 집행위원회가 게이트키퍼에 대한 신속한 DMA 집행에 심혈을 기울이고 있다고 생각된다. 그 결과 기존의 시장지배적지위남용행위와 비교할 때 DMA의 사건처리 시간은 상당히 단축될 것으로 예상된다.

실제로 집행위원회는 2025.4.23. 애플이 앱 개발자로 하여금 외부의 저렴한 대안적인 배포 채널을 활용하지 못하게 하고, 앱 개발자가 소비자에게 이러한 선택지를 알리는 것을 막은 것은 DMA 위반에 해당한다고 결정하였다(즉, 앱 개발자가 앱 내에서 외부 결제 수단이나 자신의 웹사이트로 소비자를 유도하는 것을 막음). 그리고 집행위원회는 같은 날 메타의 '동의 또는 지불' 광고모델(맞춤형 광고를 위한 개인정보 결합에 동의하거나 아니면 구독료를 지불하고 광고 없는 서비스를 이용해야 함)과 관련하여, 메타는 개인정보를 덜 사용하는 동등한 서비스를 선택할

77) 예컨대 사업자가 DMA 게이트키퍼 기준을 충족할 가능성이 있다고 집행위원회에게 알린 경우, 집행위원회는 45일의 working day 이내에 게이트키퍼 지정 여부를 결정한다. 시장조사는 12개월 내에 완료한다. 게이트키퍼로 지정된 경우 게이트키퍼는 DMA의 요구 사항을 6개월 내에 충족시켜야 하고, 그 기간 내에 집행위원회에 컴플라이언스 보고서와 소비자 프로파일링 보고서를 제출해야 한다. 집행위원회의 절차 개시 결정으로 개시된 조사는 그로부터 12개월 내에 완료한다. 집행위원회는 DMA 실질 시행일 컴플라이언스 보고서 제출 마감일로부터 20일도 지나지 않은 2024.3.25.에 MS, 애플, 메타에 대하여 절차개시 결정을 하였다. 집행위원회는 2024.3.25 애플과 메타에 대해서 절차개시 결정한 후, 3달여 만에 애플의 App Store 운영규정, 메타의 '결제 또는 동의' 모델이 DMA를 위반하였다는 예비조사 결과를 통보하였다. 집행위원회는 2024.9.16. 애플이 iOS 및 iPadOS의 상호운용성과 관련하여 두 건의 구체화 절차를 개시하였는데, 3개월이 지난 2024.12.18. 애플에게 필요한 조치를 제안하는 예비적 판단을 채택하였다.

수 있는 권리를 소비자에게 보장하라는 DMA의 의무를 위반했다고 결정하였다.[78] 이러한 최초의 DMA 위반 결정에 기초하여 집행위원회는 애플에 5억 유로, 메타에 2억 유로의 과징금을 각각 부과하였다. 위 2개 결정은 집행위원회가 절차를 개시한 지 1년여 만에 이루어진 것으로 집행위원회의 DMA에 의한 사건처리가 종전보다 빠름을 보여준다.

또한, DMA에 대해서는 지정 절차나 법위반행위 판단이 획일적이라는 지적이 가능하나, 다양한 대화·협상·의견 제출·이의제기를 통해서 게이트키퍼와 집행위원회의 물밑에서의 줄다리기가 끊임없이 이루어지고 있는 것은 아닌지 확인해 볼필요도 있다.[79] 또한, 집행위원회는 이해관계자와 디지털 시장 자문위원회의 의견도 청취하고 있다. 특히 게이트키퍼의 의무에 있어서 불명확한 부분이 어떻게 구체화되는지는 애플 사건에서 처음으로 실시한 집행위원회와 게이트키퍼 간의 '규제 협의(구체화 절차)'에 주목할 만하다. 동의의결과 일견 비슷해 보이기도 하는 DMA의 '구체화 절차'가 상호 소통을 통하여 합리적인 결론을 도출하는 과정이 될지, 아니면 규제당국의 일방통행식 명령 전달 방식으로 진행될지 궁금하다.

---

78) Commission, Press Release, "Commission finds Apple and Meta in breach of the Digital Markets Act", 2025.4.23. 한편 메타는 집행위원회와 수차례의 논의를 거친 끝에, 2024년 11월에 개인정보를 덜 사용하는 새로운 무료 맞춤형 광고모델을 도입하였는데, 집행위원회는 이러한 새로운 모델이 DMA에 부합하는지를 검토 중이라고 한다. '동의 혹은 지불'모델에 대한 집행위원회의 2025.4.23. 과징금 부과 결정은 DMA가 법적인 구속력을 갖게 된 2024년 3월부터 메타가 새로운 광고 모델을 도입한 2024년 11월까지의 행위에 대해서 내려진 것이라고 한다.

79) 집행위원회는 각주 78)의 보도자료에서, DMA 위반 결정과 관련하여 해당 사업자와 폭넓은 대화를 나누었고 사업자가 자신의 견해를 충분히 제시할 수 있도록 하였다고 주장하였다(*The two decisions come after extensive dialogue with the companies concerned allowing them to present in detail their views and arguments*).

추가적으로 DMA의 집행에 있어서는 집행위원회가 중심적인 역할을 하게 되겠지만, 회원국 경쟁당국이 집행위원회와 협력하여 DMA 집행을 뒷받침하는 것도 중요하다. 또한 DMA와 기존의 EU법과 경쟁법 규정이 조화를 이루는 것도 필요한데, 이 역시 회원국 경쟁당국과 법원이 집행위원회와 긴밀하게 정보를 주고받고 협력을 하여야 가능한 일이다. 이를 위한 ECN과 DMA high-level group의 조정자 역할이 주목된다.

2. DMA의 위반에 대한 절차 개시

DMA를 준수하기 위하여 게이트키퍼들이 컴플라이언스 보고서에서 스스로 제시한 해결방안만 보더라도, 그동안 애플, 알파벳, 메타 등이 수용하지 않던 중요한 조치들을 전향적으로 담고 있다. 그럼에도 불구하고, 집행위원회는 더 나아가 게이트키퍼가 '실질적', '효과적'으로 DMA를 준수하고 있는지를 확인하고 있다. 게다가 집행위원회는 절차개시 결정과 예비결과 통보를 통하여 게이트키퍼에게 DMA 위반 가능성을 알리고 법 위반 판단시 강력한 제재가 행해질 것임을 예고하고 있다. 집행위원회는 DMA 위반시 사업자의 전세계 총매출의 최대 10%에 해당하는 과징금을 부과할 수 있고, 반복 위반시 이는 최대 20%까지 늘어날 수 있으며, 조직적인 위반일 경우에는 게이트키퍼에게 사업 또는 그 일부를 매각하거나 관련된 추가 서비스의 인수를 금지하는 조치를 할 수 있다(제30조).

이처럼 DMA 시행 이후 EU에서는 거대 플랫폼 서비스의 운영 규정과 방식이 요동치고 있다. 예컨대 그동안 제3자 결제를 위한 앱 내 링크는 허용하기 어렵고, 앱 구매 수수료 30%도 변동이 어려운 숫자처럼 인식되어 왔는데, DMA 시행 이후 EU에서 앱 구매 수수료 등에 있어서 상당한 변화가 나타나고 있다. 이와 관련하여 게이트키퍼는 컴플라이언스 보고서에서 DMA 요구하는 기준에 맞추려면 보안, 프라이버시가 침해되고 현재 제공되고 있는 서비스 질과 범위가 하향될 것이라고 반박하였는데(특히, 애플), DMA에 따른 시정조치 후 EU에서 게이트키퍼의 주장이 현실화될 것인지 주목된다.

3. DMA의 비 EU 국가에의 영향

DMA를 통한 과감한 게이트키퍼의 규율은, EU를 넘어 다른 국가에게도 영향을 미칠 수 있다. DMA는 European Economic Area에만 적용되지만, 게이트키퍼는 자신의 비즈니스 모델을 다른 나라에서도 DMA에 맞게 수정함으로써 추가 비용과 노력을 줄이려 할 수 있다.[80] 그리고 국가별 거대 디지털 플랫폼 규율 방식은 규제를 줄여 혁신을 촉진하는 미국식, 공정성과 경합성을 중시하는 EU식 혹은 그 중간적인 형태를 취할 것으로 예상된다. 만약 어떤 국가가 입법을 통한 플랫폼 규제를 추구한다면, 일본과 같이 적용범위를 특정 부문(스마트폰 소프트웨어)로 한정하는 방식을 택할 수도 있고,[81] 적용범위는 특정 부분에 한정하지는 아니하면서 사전규제·사후규제·제재의 경직도를 낮추고 해당 사업자의 반증을 허용하는 형태를 택할 수도 있겠다. 방법적으로 기존의 법을 활용하는 방안과 특별법을 새로 제정하는 방안도 있다. 이처럼 시장지배력을 가진 대형 플랫폼 사업자를 따로 규제하는 입법을 추진할 것인지 여부, 만약 추진한다면 어느 방식이 적합한지에 대해서는 국가별로 다양한 의견이 제

80) Allen Grunes and Rosa Baum, "US Competition Law in Digital Markets", In Kalpana Tyagi, Anselm Kamperman Sanders, Caroline Cauffman (Eds.), Digital Platforms, *Competition Law, And Regulation* (Conccurence 2024), p.234.

81) The Act on Promotion of Competition for Specified Smartphone Software in Japan, 2024.6.12.

시될 수 있는데, 이에 대해서는 그 나라의 대형 플랫폼 관련 현행 법체계, 시장구조, 경쟁 상황, 산업 상황, 거래상대방 보호, 소비자 후생 등이 종합적으로 고려될 수 있겠다.

참고문헌

강지원, "빅테크 규율 강화하는 미국과 EU", 「나라경제」 해외입법동향, KDI경제정보센터(372권, 2021.11).

강지원·임지영, "온라인 플랫폼 사업자의 자사우대에 대한 경쟁법상 허용 범위의 한계 - 네이버쇼핑 사건과 EU Google Shopping 사건, 영국 Streetmap 사건을 중심으로 -", 「경쟁법연구」, 한국경쟁법학회(제44권, 2021).

고형석, "온라인 플랫폼 중개거래의 공정화에 관한 법률안에 관한 연구", 「유통법연구」, 한국유통법학회(제8권 제1호, 2021).

곽윤직·김재형, 「민법총칙[민법강의 I]」, 박영사(제9판, 2013).

구성림, "공정거래법상 동의의결제도 관련 쟁점 및 개선방안 연구", 「법학연구」, 충남대법학연구소(제32권 제3호, 2021).

권오승·서정, 「독점규제법 이론과 실무」, 법문사(제5판, 2022).

권오승·홍명수, 「경제법」, 법문사(제14판, 2021).

김두진, "공정거래위원회의 제재 내용의 방향성에 관한 연구 – 시정명령을 중심으로 -", 「경쟁법연구」, 한국경쟁법학회(제21권, 2010).

김윤정, "스크린 독과점 해소를 위한 영화산업 규제체계의 모색", 「경쟁법연구」, 한국경쟁법학회(제39권, 2019).

김형배, 「공정거래법의 이론과 실제」, 도서출판삼일(전면개정판, 2022).

남수진, "대규모 IT 인수기업의 재분리 주장에 관한 경쟁법적 연구", 「법과 기업 연구」, 서강대법학연구소(제9권 제2호, 2019).

모준성·고수윤, "미국의 온라인 플랫폼 규제 동향과 시사점 –미 연방하원 법제사법위원회의 디지털 경쟁 조사를 중심으로-", 「외법논집」, 한국외국어대학교 법학연구소(제45권 제4호, 2021).

박세환, "EU 차원의 불공정거래행위 규제방안에 대한 연구", 「경쟁법연구」, 한국경쟁법학회(제38권, 2018).

박세환, "대형유통사업자의 상거래행위를 특별히 규제하는 입법 방식과 적용범위에 대한 비교연구”, 「상사법연구」, 한국상사법학회(제38권 제2호, 2019).

박세환, “동태적시장에 관한 미래지향적 약속으로서의 동의의결”, 「경쟁법연구」, 한국경쟁법학회(제47권, 2023).

박세환, “상거래의 공정을 추구함에 있어서 사적자치와 경제적 공공질서 간의 조화”, 「상사판례연구」. 한국상사판례학회(제32편 제3권, 2019).

박세환, “역학관계의 불균형과 경제적 약자들이 행한 부당한 공동행위에 대한 제재”, 「경쟁법연구」, 한국경쟁법학회(제37권, 2018).

박세환, “온라인 검색광고 중개플랫폼의 시장지배적지위남용행위 규제. 「상사법연구」, 한국상사법학회(제40권 제1호, 2021).

박세환, “온라인 플랫폼과 경영간섭”, 상사법연구, 한국상사법학회(제43권 제3호, 2022).

박세환, “착취남용의 관점에서 온라인 플랫폼 사업자를 규율하는 방안에 대하여”, 「경쟁법연구」, 한국경쟁법학회(제43권, 2021).

박세환, “혁신으로 인한 결과물의 경쟁사업자와의 공유문제”, 「비교사법」, 한국사법학회(제28권 제1호, 2021).

박준영, “디지털 경제하 공정거래법상 임시증지명령 도입방안 – EU의 Interim Measures에 대한 비교법적 고찰을 중심으로 -”, 「경제규제와 법」, 서울대법학연구소(제14권 제1호, 2021).

박준영·이광배, “공정거래법상 동의의결 이행관리 제도에 관한 연구”, 「공정거래정책연구」, 공정거래조정원(2021-제1호, 2021).

배진아, “포털의 공적 책무성과 자율규제”, 「언론정보연구」, 언론정보연구소(제54권 제4호, 2017).

백대용, “공정경쟁 실현을 위한 자율규제의 역할과 방향”, 「법학연구」, 연세대법학연구원(제89호, 2021).

선지원, “규제 방법의 진화로서 자율규제의 실질화를 위한 연구”, 「행정법연구」, 행정법이론실무학회(제64호, 2021).

송창룡, “넛지에 대한 트리즈 분석과 활용”, 지식경영연구(제21권 제4호, 2020).

송태원, "공정거래법상 동의의결제를 통한 경쟁규제집행의 책임성 확보 방안", 「안암법학」, 안암법학회(제56권, 2018).

송혜진·박혜주, "동의의결 제도의 실효성 확보를 위한 운영방안 연구: 동의의결 이행관리를 중심으로", 「정책연구」, 한국소비자원(20-11, 2021).

신동권, 「경제법 II, 중소기업보호법」, 박영사(초판, 2020).

신영수, "빅데이터의 경쟁제한효과에 대한 법적 판단기준 연구", 「법학논고」, 제69집(2020).

신영수, "영화산업 개편 수단으로서 구조적 시정조치의 타당성에 관한 검토", 「법학논총」, 국민대법학연구소(제29권 제1호, 2016).

신영수, "영화산업 개편 수단으로서 구조적 시정조치의 타당성에 관한 검토", 「법학논총」, 국민대법학연구소,(제29권 제1호, 2016).

신현윤, 「경제법」, 법문사(제8판, 2020).

오금석·김윤수·윤성운·강일 외, 「대규모유통업법 이론과 실무」, 박영사(개정판, 2017).

유영국, "공정거래법상 동의의결 절차에 있어서 '이행관리제도'의 체계상 지위와 실효적 운영을 위한 보완 방안", 「경쟁법연구」, 한국경쟁법학회(제45권, 2022).

유영국, "독일 경쟁제한방지법 제10차 개정(안)의 주요 내용과 독점규제법상 시사점", 「경쟁법연구」, 한국경쟁법학회(제42권, 2021).

유영국, "온라인거래상 다크패턴의 규제 방향에 관한 검토", 「법학연구」, 경상대학교 법학연구소(제30권 제3호, 2022).

유진희·최지필, "공정거래법상 동의의결 제도의 내용과 문제점 검토", 「고려법학」, 고려대법학연구원(제64호, 2012).

이기종, "온라인 소매 플랫폼과 입점업체 간의 최저소매가 보장약정에 대한 공정거래법의 적용", 「경제법연구」, 한국경제법학회(제15권 제2호, 2016).

이봉의, "독과점시장과 착취남용의 규제 - 독점규제법 제3조의2 제1항 1호를 중심으로 - ", 「경쟁법연구」 한국경쟁법학회(제22권, 2010).

이봉의, "디지털플랫폼의 자사 서비스 우선에 대한 경쟁법의 쟁점", 「법학연구」, 연세대법학연구원(제30권 제3호, 2020).

이봉의·김건식·복홍석, "동의의결제도의 규범적 정당성 및 실효성에 관한 연구", 「한국공정거래조정원 연구보고서」, 2015.

이선희, "온라인 플랫폼에서 소매가격 최그우대조항의 경쟁법적 문제", 「경쟁법연구」, 한국경쟁법학회(제35권, 2017).

이승민, "온라인 플랫폼과 자율규제 논의의 기초", 「경제규제와 법」, 서울대법학연구소(제30권, 2022).

이혁, "영화산업에서의 수직결합 – 파라마운트 사건을 중심으로 -", 「경영법률」, 한국경영법률학회(제27권 제3호, 2017).

이호영, "공정거래법상 시장지배적 사업자 규제의 쟁점과 과제", 「저스티스」, 한국법학원(제104호, 2008).

이호영, "빅데이터의 경쟁법적 함의에 관한 연구", 「법경제학연구」, 제15권 제3호(2018).

이호영, "수직통합 온라인 플랫폼의 자사우대 행위의 경쟁제한성 판단기준에 관한 연구", 「경쟁법연구」, 한국경쟁법학회(제47권, 2023).

이호영, 「독점규제법」, 홍문사(제6판, 2020).

이호영, 이상규, 최난설헌, 박세환, "온라인 플랫폼 분야 경쟁법 집행기준 마련을 위한 연구", 공정위 연구용역, (사)한국경쟁법학회, 2020.

이희정, "온라인 플랫폼 자율규제에 관한 시론", 「경제규제와 법」, 서울대법학연구소(제30호, 2022).

임영철·조성국, 「공정거래법 이론과 실무」, 박영사(개정판, 2021).

정상조·박준석, 「지적재산권법」, 홍문사(제3판, 2013).

정완, "경쟁법상 동의의결제도의 문제점과 개선방안", 「홍익법학」, 홍익대법학연구소(제22권 제3호, 2021).

정인석, "디지털플랫폼의 규제와 경쟁정책에 관한 고찰", 「산업조직연구」 (사)한국산업조직학회(제29권 제2호, 2021).

정혜련, "주요국의 온라인 플랫폼 규제 동향", 「법학논총」, 단국대학교 법학연구소 (제46권 제1호, 2022).

정호열, 「경제법」, 박영사(전정 제7판, 2022).

지인엽·전주용, "플랫폼 경제와 최근의 미국 내 반독점 관련 논의 : 뉴 브랜다이스(New Brandeis) 운동을 중심으로”, 「산업조직연구」, (사)한국산업조직학회(제29권 6호, 2021).

채향석, “빅데이터 시대의 개인정보보호 자율규제 활성화 방안”, 「고려법학」, 고려대법학연구원(제85호, 2017).

최난설헌, “공정거래법상 동의의결제도에 대한 불복절차에 관련한 비교법적 검토”, 「경쟁법연구」, 한국경쟁법학회(제26권, 2012).

최난설헌, “디지털 시장에서의 독과점 규제 적용 가능성에 대한 검토 – 독일의 Facebook 사례를 중심으로 –”, 「법학논총」, 단국대법학연구소(제42권 제2호, 2018).

최난설헌, “최근 동의의결의 동향과 향후 과제”, 「상사법연구」, 한국상사법학회(제40권 제4호, 2022).

최승재, “동의의결제 입법이후 적용사례로 본 입법상 보완필요성”, 「인권과 정의」, 대한변호사협회(제447호, 2015).

최은진, “온라인플랫폼법(안)의 향방과 주요국의 플랫폼 규제 동향”, 「상사법연구」, 한국상사법학회(제41권 제1호, 2022).

최지필, “동의결제도의 활성화 방안 연구 –일본 확약제도를 중심으로-”, 「상사판례연구」, 한국상사판례학회(제34권 제4호, 2021).

최철호, “행정법상의 자율규제의 입법형태에 관한 연구”,「법학논총」, 숭실대법학연구소(제23호, 2010).

한국법제연구원 글로벌법제연구실, “독일의 거래상 지위남용 법제 및 규제현황”, Global Issue Paper 17-03, 2017.

홍명수, “불공정거래행위 규제의 의의와 개선논의의 기초”, 「안암법학」, 안암법학회(제45권, 2014).

황성기, “온라인 플랫폼 자율규제 방안에 관한 연구”, 「경제규제와 법」, 서울대법학연구소(제30호, 2022).

황태희, “공정거래법제에 있어서의 동의의결 활성화 방안”, 「경쟁법연구」, 한국경쟁법학회(제44권, 2021).

Allen Grunes and Rosa Baum, “US Competition Law in Digital Markets”, In Kalpana Tyagi, Anselm Kamperman Sanders, Caroline Cauffman (Eds.), *Digital Platforms, Competition Law, And Regulation* (Conccurence 2024).

Anne-Sophie Choné-Grimaldi, “Les abus de position dominante dans le secteur numérique (réflexions à partir de la décision Google-Android)”, Recueil Dalloz, 2020.

Assimakis Komninos, “The Digital Market Act and Private Enforcement: Proposals for an Optimal System of Enforcement”, In Nicolas Charbit and Sébastien Gachot (Eds.), Antitrust Ambassador to the world (Concurrence 2021).

Catherine Prieto, “Numérique et abus de position dominante”, Cahiers de droit de l’entreprise, n°3, mai 2019, dossier 18. Isabelle de Silva, “Actualité 2016 du droit européen et français de la concurrence”, Contrat Concurrence Consommation n°7, juillet 2017, dossier 2.

Catherine Prieto, “Synthèse – Fondamentaux du droit européen de la concurrence”, Lexis 360 encyclopédies, 30 juin 2020.

Daniel Fasquelle, “Le droit de la concurrence à la croisée des chemins face à l’émergence du numérique”, Contrat Concurrence Consommation, n°7, juillet 2019, dossier 11.

Daniel Mainguy, Jean-Louis Respaud et Stéphane Destours, Malo Depincé, “Droit de la distribution, Chronique”, La Semaine Juridique Entreprise et Affaires, n°50, déc. 2020.

Daniel Mainguy, Malo Depincé, Mathilde Cayot, 「Droit de la concurrence」, LexisNexis, 3ème éd., 2019.

Dans Rosk, “Commission européenne: nouvelle condamnation de Google pour abus de position dominante”, La Semaine Juridique Entreprise et Affaires n◦20, 16 mai 2019, act. 324.

David Bosco, “Abus d’exploitation : l’Autorité de la concurrence sanctionne le dispositif ATT d'Apple", Contrats Concurrence Consommation n°6, Juin 2025, comm. 87.

David Bosco, "DMA et antitrust, influences croisées", Contrat Concurrence Consommation n°2, février 2024, repère 2.

David Bosco, "L'ère de la « post-modernisation », ouverte par l'Autorité de la concurrence", Contrat Concurrence Consommation, n°3, mars 2020, comm. 46.

David Bosco, "Nouvelle décision contre Google suspecté d'abuser des éditeurs de presse", Contrat Concurrence Consommation n°6, juin 2020, comm. 101.

David Bosco, "Publication de la décision de la Communication dans l'affaire Google Android", Contrat Concurrence Consommation, n°11 novembre 2019, comm. 182.

David Bosco, "Un bilan peu flatteur de l'interdiction française des clauses de parité tarifaire de Booking.com", Contrats Concurrence Consommation, n°4, avril 2017, comm. 82.

David Bosco, "Une troisième amende colossale pour Google en 2 ans", Contrat Concurrence Consommation, n°6, juin 2019, comm. 106.

Emmanuel Claudel, "La temporalité des règles de concurrence est-ellle adaptée au numérique?", Cahiers de droit de l'entreprise n°3, mai 2019, dossier 21.

Farid Fatah, "La souveraineté à l'ère du numérique: enjeux stratégiques pour l'État français et les institutions européennes", Revue de l'Union européenne, 2020.

Fayrouze Masmi-Dazi, "Droits voisins, Acte II: en appel, Google dévoile un pan de son plan de bataille", Dalloz actualité, 21 octobre 2020.

Fayrouze Masmi-Dazi, Droit voisins: l'Autorité de la concurrence impose une négociation, 11 mai 2020.

Frédéric Marty, "Abus d'éviction –Mesures conservatoires- Publicité en ilgne“, Concurrences, n°3-2019.

Gabriella Muscolo and Alessandro Massolo, “Overview”, In Gabriella Muscolo and Alessandro Massolo (Eds.), *Navigating The DMA, Application Across National Jurisdictions* (Concurrence, 2025).

Gaël Chantepie et Mathias Latina, “La réforme du droit des obligations”, Dalloz, 2016.

Guillaume Mallen, “L’appréhension des pratiques restrictives par les autorités françaises et européennes de la concurrence: Analyse des pratiques contractuelles abusives entre professionnels à l’épreuve du droit des pratiques anticoncurrentielles”, Harmattan, DL 2014.

Harry Brignull, “Dark Patterns : Deception vs. Honesty in UI Design”, november 1, 2011, Interaction Design Journal, issue 338.

Irène Luc, “The DMA and its Intersection with French Regulation”, In Gabriella Muscolo and Alessandro Massolo (Eds.), *Navigating The DMA, Application Across National Jurisdictions* (Concurrence, 2025).

Jean-Christophe Roda, “Google dans la tournemente concurrentielle”, Recueil Dalloz, 2020.

Jean-Christophe Roda, “Le Digital Market Act(1er partie)”, Communication Commerce électrinique n°2, février 2023, étude 4.

Jean-Christophe Roda, “Le Digital Market Act(2e partie)”, Communication Commerce électrinique n°3, mars 2023, étude 6.

Jean-Christophe Roda, “Un an de droit de la concurrence dans l’univers numérique”, Communication Commerce électrinique n°12, déc. 15 2023.

Jean-Louis Fourgoux, “Le DMA, nouveau droit ou renouveau des droits de la concurrence”, Contrat Concurrence Consommation n°3, mars 2023, dossier 5.

Jérôme Foucault, “La loi Hamon, un instrument imparfait de rééquilibrage des relations entre fournisseurs et distributeurs", AJCA, 2014.

Jullette Crouzet, "Digital Services Act à l'approche", La Semain Juridique Edition Générale, n°24, 20 juin 2022, docr. 761.

L'honnen-Frossard, "Un an de droit de la publicité", Communication Commerce électronique, n°7-8, juillet 2019, chron. 9.

Laure Schulz, "Le DMA, une régulation qui offre des remèdes incertains à des problèmes mal identifiés", Contrat Concurrence Consommation n°5, mai 2023, étude 5.

Laureline L'honnen-Fossard, "Un an de droit de la publicité", Communication Coomerce électronique, n°7-8, juillet 2022, chronn. 9.

Laurence Franceschini, "Le droit voisin des éditeurs de presse face aux GAFA-, -David contre Goliath?", La Semaine Juridique Edition Générale, n°4, 27 janvier 2020. doctr. 109.

Laurence Idot, "Chronique Droit européen de la concurrence : pratiques anticoncurrentielles - Mise en oeuvre dans la sphère publique et importance de la décentralisation : l'application en France des articles 101 et 102 TFUE", RTD Eur. 2020.

Laurence Idot, "Concurrence: l'application par les autorités nationales", Europe n°2, février 2020, comm. 79.

Laurence Idot, "L'année 2017 en droit de la concurrence-. - Rappor introductif", Contrat Concurrence Consommation n°8-9, août 2018, dossier 2.

Laurence IDOT, "Les nouveaux outils complémentaire de la politique de concurrence: premier bilan", Europe n°4, avril 2024, alerte 28.

Laurence Idot, "Un nouveau par vers un droit européen de la concurrence déloyale", Europe, n°5, mai 2019, alert 30.

Laurence Idot, Chronique Droit européen de la concurrence : pratiques anticoncurrentielles - Mise en oeuvre dans la sphère publique et importance de la décentralisation : l'application en France des articles 101 et 102 TFUE.

Linda Arcelin, “Propos conclusif”, Cahiers de droit de l’entreprise n°3, mai 2020, dossier 20.

Louis Vogel, 「Droit de la concurrence : [droits européen et français]」, Paris : LawLex ; Bruxelles : Bruylant, 2015,

Luc-Marie Augagneur, “Les aspects relatifs à la circulation des données dans les programmes de conformité en droit de la concurrence”, Revue Internationale de la Compliance et de l’Éthique des Affaires, n°3, juin 2020, étude 111.

M. Stucke et A. Etrazhi, “Competition overdose: How free market mythology transformed us from citizen kings to market servant”, 17 mars 2020.

Magnus Strand, “Private Enforcement Under the Digital Market Act: Rights and Remedies Revisited”, Nordic Journal of European Law, 7(2), 2024.

Marie Malaurie-Vignal et Dominique Heintz et Marion Lécole, “Comment appréhender les abus et l’utilisation des données dans la relation d’une plateforme avec ses partenaires contractuels ?”, Contrats Concurrence Consommation, n°12. déc. 2020, dossier 16.

Marie Malaurie-Vignal et Dominique Heintz et Marion Lécole, “Comment appréhender les abus et l’utilisation des données dans la relation d’une plateforme avec ses partenaires contractuels ?”, Contrats Concurrence Consommation, n°12. déc. 2020, dossier 16.

Marie Malaurie-Vignal, “Fasc. 139: Droit de la concurrence et algorithmes”, JurisClasseur Concurrence-Consommatiom, 15 juillet 2022.

Marie Malaurie-Vignal, “Le consommateur captif des nouvelles technologies”, Contrat-Concurrence-Consommation, n°1, janv., 2022.

Marie MALAURIE-VIGNAL, “Une politisation du droit du marché au service de l’intérêt général”, Contrat Concurrence Consommation n°6, juin 2022, repère 6.

Marie Malaurie-Vignal, 「Droit de la concurrence interne et européen」, Sirey, 6ème éd., 2013.

Marie Malaurie-Vignal, « L'injonction structurelle et le projet de loi Macron », Recueil Dalloz, 2015.

Marie Maurie-vignal, 「Droit de distribution」, Sirey, 3ème édi., 2015.

Marie Postel-Saville, "Dark patterns: l'étau législatif se resserre(enfin ?) sur les interfaces manipulatrices ou trompeuses", Revue pratique de la prospective et de l'innovation, n°2, nov. 2022.

Martine Behar-Touchais, "L'article L.442-6, I, 2° du Code de commerce qualifié de loi de police par la Cour de cassation", La Semaine Juridique Entreprise et Affaires, n°41, 8 oct., 2020, 1375.

Martine Béhar-Touchais, "L'injonction structurelle sans faute ou les excès de la régulation", Revue des contrats, n° 3, septembre 2015.

Mathur, A. et al., "Dark patterns at scale: Findings from a crawl of 11K shopping websites", Proceedings of the ACM on Human-Computer Interaction, Vol. 3/CSCW, 2019.

Mehmet Bilal Unver, "Regulation of the Digital Markets in the UK, US, and the EU", In Kalpana Tyagi, Anselm Kamperman Sanders, Caroline Cauffman (Eds.), *Digital Platforms, Competition Law, And Regulation* (Conccurence 2024).

Muriel Chagny, "Vers une autorégulation des marchés numériques ?", Cahiers de droit de l'entreprise n°3. mai 2019, dossier 22.

Nicolas Petit, "Droit européen de la concurrence", Montchrestien, 2013.

Nocolas Mathey, "Les dispositions de l'article L.442-6 ancien sont des lois de police", Contrats-concurrence-consommation, n°10, oct. 2020, 140.

OECD, "Dark commercial patterns", OECD digital economy papers, oct. 2022, no 336.

Oles Andriychuck, "The Digital Market Act Tailoring the Tailors", In

Kalpana Tyagi, Anselm Kamperman Sanders, Caroline Cauffman (Eds.), *Digital Platforms, Competition Law, And Regulation* (Conccurence 2024).

Olivier Fréget, “Régulations et droit de la concurrence”, Contrat Concurrence Consommation n°3, mars 2023, dossier 6.

Pascal Wilhelm, “L’altération du contrat par l’effet du droit de la concurrence”, La Semaine Juridique Entreprise et Affaires n◦48, 28 novembre 2019, 1533.

Samir Merabet, “Le Digital Services Act: guide d’utilisation de lutte contre les contens illicites”, La semaine juridique Édition générale, n°42, oct. 2022.

Sascha Dethof, Lea Josten, “Bundeskartellamt Gives Users of Google Services Better Control over their Data on the Basis of Section 19a of the German Competition Act, GWB (Germany)”, Journal of European Competition Law & Practice, 15(2), March 2024.

Sehwan Park, 「Les abus de puissance économique dans les relations commerciales déséquilibrées」, L’Harmattan(Paris), 2018.

Simon Reetz and Alexander Iken, “The Digital Markets Acts and Competition Law Enforcement in the Digital Economy: A German Perspective”, In Gabriella Muscolo and Alessandro Massolo (Eds.), *Navigating The DMA, Application Across National Jurisdictions* (Concurrence, 2025).

Stephan Waldheim et Maren Steiert, “The German Federal Court of Justice rules that an online hotel booking platform’s “narrow” best price clause violates antitrust law (Booking.com)“, e-Concurrence, mai 2021, art. n°101165.

Stéphane Zinty, “Fasc. 1210: Droit commun des plateformes numériques — Le déroulement de la relation entre la plateforme et les usages”, JurisClasseur Contrats-Distribution, nov., 2019.

Yves Petit, “Le complément européen de la loi Egalim : la directive sur les pratiques commerciales déloyales dans la chaine d’approvisionnement alimentaire”, Revue de droit rural, n°479, 2020.

찾아보기

지은이 **박세환**

서울대학교 법학과 졸업
서울대학교 법학대학원 석사(수료)
프랑스 스트라스부르 대학교 법학박사
법무법인 충정 변호사(사법시험 46회)
공정거래위원회 사무관
현 서울시립대 법학전문대학원 부교수

유민총서 30

플랫폼과 공정거래

초판 1쇄 인쇄 2025년 12월 03일
초판 1쇄 발행 2025년 12월 10일

지 은 이 박세환
편 찬 홍진기법률연구재단
주 소 서울특별시 종로구 동숭3길 26-12 2층
전 화 02-747-8112 팩 스 02-747-8110
홈페이지 www.yuminlaw.or.kr

발 행 인 한정희
발 행 처 경인문화사
편 집 부 김지선 한주연 김한별 양은경 정효민
마 케 팅 하재일 유인순
출판번호 제406-1973-000003호
주 소 경기도 파주시 회동길 445-1 경인빌딩 B동 4층
전 화 031-955-9300 팩 스 031-955-9310
홈페이지 www.kyunginp.co.kr
이 메 일 kyungin@kyunginp.co.kr

IISBN 978-89-499-6898-8 93360
값 23,000원

| 유민총서 목록 |

번호	제목 및 서지정보
1	**유민 홍진기 법률논문 선집** 홍진기 저 / 홍진기법률연구재단 편
2	| 제1회 홍진기법률연구상 수상논문 | | 2018 세종도서 우수학술도서 | **신탁의 기본 법리에 관한 연구** – 본질과 독립재산성 이계정 저
3	**–1. 헌법주석** [국회, 정부] 제40조~제100조 이성환, 방승주, 명재진 저 외 **–2. 헌법주석** [법원, 경제질서 등] 제101조~제 130조 이국운, 이헌환, 석인선 저 외
4	| 2019 대한민국학술원 우수학술도서 | **한국과 일본에서 행정소송법제의 형성과 발전** 하명호 저
5	**행정소송법** (Verwaltungsprozessrecht) 볼프 뤼디거 쉔케 저 / 강현호 번역
6	| 제3회 홍진기법률연구상 수상논문 | **국제투자협정의 예외조항 연구** – 규제권한과의 균형을 위한 예외조항 모색 김보연 저
7	| 제4회 홍진기법률연구상 수상논문 | **공정거래절차의 법리** – 당사자의 권리보장과 제3자 절차참여를 중심으로 박준영 저
8	**의료·의약품 산업과 경쟁법** 정재훈 저
9	| 2022 대한민국학술원 우수학술도서 | **판례·사료로 읽는 한국법사강의** 심희기 저
10	| 2022 대한민국학술원 우수학술도서 | **이슬람법입문** (An Introduction to Islamic Law) 조셉 샤흐트 저 / 명순구 번역
11	| 2022 대한민국학술원 우수학술도서 | **계약법과 도산법** – 민법의 관점에서 도산법 읽기 최준규 저
12	| 2022 세종도서 우수학술도서 | **법도그마틱과 은유** – 전형상 준거 헌법해석 이덕연 저
13	**단체의 법이론** – 유민 홍진기의 법이론 양천수 저
14	| 제5회 홍진기법률연구상 수상논문 | **공법상 당사자소송 중 확인소송에 관한 연구** 이승훈 저
15	**규범적 과제로서 기능적 분화** 고봉진 저
16	| 2023 대한민국학술원 우수학술도서 | **영업비밀보호법의 철학적·규범적 토대와 현대적 적용** – 존 로크의 재산권 철학을 바탕으로 나종갑 저
17	| 2023 세종도서 우수학술도서 | **4차 산업혁명 시대의 인공지능 알고리즘에 의한 법 분야 위험 예측** 양종모 저
18	**공용수용의 공공필요 검증론** 정기상 저
19	| 제7회 홍진기법률연구상 수상논문 | | 2023 세종도서 우수학술도서 | **금융기관 부실 개선제도 연구** 박상현
20	| 제7회 홍진기법률연구상 수상논문 | | 2024 대한민국학술원 우수학술도서 | **데이터세트 보호 법제에 관한 연구** 이상용 저
21	| 2023 세종도서 우수학술도서 | **4차 산업혁명과 조세** 김영순
22	| 제6회 홍진기법률연구상 수상논문 | | 2024 세종도서 우수학술도서 | **디지털 정보에 대한 강제처분에서의 정보 프라이버시권 보장 방안** – 미국과의 비교를 중심으로 전치홍 저
23	| 2024 대한민국학술원 우수학술도서 | **특허, 특허권, 특허법의 연구** – 자연권 및 공리주의적 도구주의의 발전과 서구 자본주의 경제윤리의 형성 나종갑 저
24	**손해배상산정론** 최우진 저
25	| 제7회 홍진기법률연구상 수상논문 | | 2025 대한민국학술원 우수학술도서 | **조약법상 준비문서** (Travaux Préparatoires)**의 지위** 황준식 저
26	| 2025 대한민국학술원 우수학술도서 | **공정이용의 역설** – 시소에 올라탄 거인, 균형의 복원 남형두 저
27	| 제8회 홍진기법률연구상 수상논문 | **국제조세레짐** – 국제적 조세회피 문제를 중심으로 윤준석 저
28	**–1. 국제난민법** (The Refugee in International Law) 가이 S. 굿윈길 및 제인 맥아담 저 / 이일 번역 **–2. 국제난민법** (The Refugee in International Law) 가이 S. 굿윈길 및 제인 맥아담 저 / 이일 번역
29	| 제9회 홍진기법률연구상 수상논문 | **부당한 공동행위 억지를 위한 사적집행 강화방화** 박경미 저
30	**플랫폼과 공정거래** 박세환 저